高等院校通识教育“十三五”规划教材

通识教育规划教材编写组 ◉ 编
靳小青 ◉ 主编
耿波 杨凝清 秦洪晶 ◉ 副主编

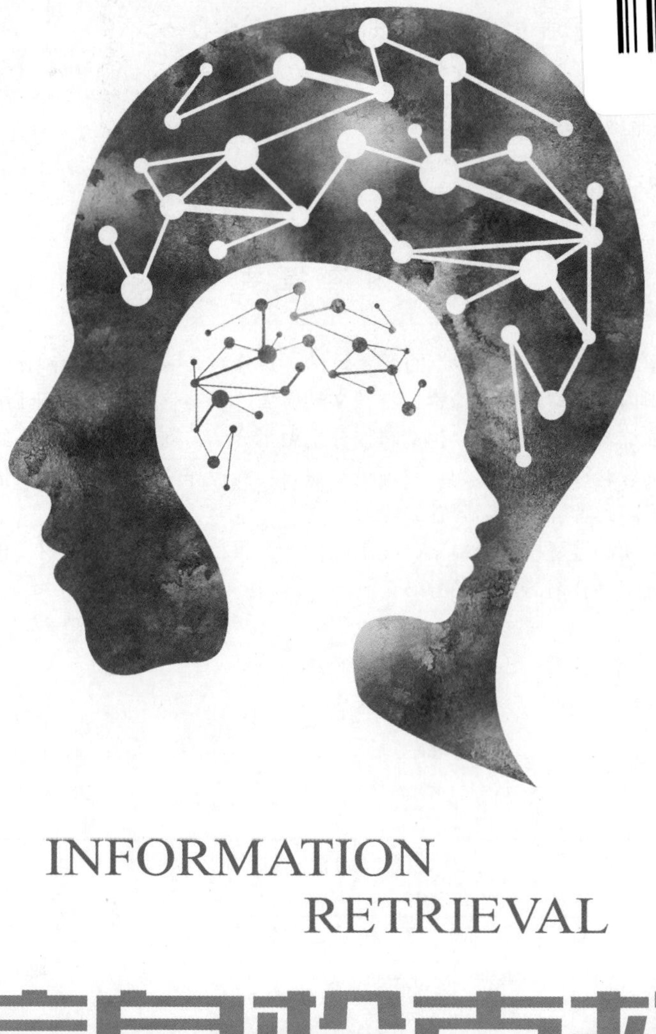

INFORMATION RETRIEVAL

新编信息检索教程

慕课版

人 民 邮 电 出 版 社
北 京

图书在版编目（CIP）数据

新编信息检索教程 ： 慕课版 / 通识教育规划教材编写组编. -- 北京 ： 人民邮电出版社，2019.2（2021.1重印）
高等院校通识教育“十三五”规划教材
ISBN 978-7-115-46094-3

Ⅰ. ①新… Ⅱ. ①通… Ⅲ. ①情报检索－高等学校－教材 Ⅳ. ①G254.9

中国版本图书馆CIP数据核字(2017)第164790号

内容提要

本书是人邮学院慕课“信息检索”的配套教材，共分为 7 章，系统地阐述信息检索系统及基本概念，重点介绍国内外典型数据库检索、特种文献检索、网络信息检索及其使用方法等，并对全文传递服务、信息的综合利用、查新、论文写作分别做了介绍，在每章后附有小结和练习题。全书按照“边学边练”的理念设计框架结构，将理论知识与实践操作交叉融合，讲授信息检索应用技能，注重实用性，以提高读者解决实际问题的能力。

本书可作为普通高等院校信息检索、文献检索、情报检索类课程的教材，也可作为科技人员和图书信息部门进行信息查询的自学参考书。

◆ 编　　通识教育规划教材编写组
主　　编　靳小青
副 主 编　耿　波　杨凝清　秦洪晶
责任编辑　王　平
责任印制　焦志炜

◆ 人民邮电出版社出版发行　　北京市丰台区成寿寺路 11 号
邮编　100164　　电子邮件　315@ptpress.com.cn
网址　http://www.ptpress.com.cn
北京隆昌伟业印刷有限公司印刷

◆ 开本：787×1092　1/16
印张：12.75　　2019 年 2 月第 1 版
字数：324 千字　　2021 年 1 月北京第 11 次印刷

定价：39.80 元

读者服务热线：(010)81055256　印装质量热线：(010)81055316
反盗版热线：(010)81055315
广告经营许可证：京东市监广登字20170147号

前言

Preface

信息检索技能是一门在日常生活、科学试验和论文写作中不可或缺的技能。随着 Internet 的普及，人们已普遍意识到信息检索是人们有效参与信息社会的一个先决条件，是终身学习的必需，是实现创新能力的基础。早在 1984 年，教育部就提出在大学基础教育中开设“文献检索与利用”课程，30 多年过去了，人们从以手工检索工具为主逐渐过渡到以 Internet 为主的各种网络数据库资源检索，检索手段发生了巨大变革，但检索目的一如既往，并随着时代的变迁，赋予“文献检索与利用”课程新的内涵。

为了让读者能够快速掌握信息检索的方法，人民邮电出版社潜心研究，充分发挥在线教育方面的技术优势、内容优势、人才优势，为读者提供了一种“纸质图书 + 在线课程”的全方位学习信息检索的解决方案。读者可根据个人需求，利用图书和人邮学院平台上的在线课程进行系统化、移动化的学习。

本书是基于目前高等院校开设相关课程的教学需求和社会上对信息检索的需求而编写的，具有如下特点。

（1）内容实用。本书按照“边学边练”的理念设计框架结构，精心选取信息检索的一些学术性和日常生活类的数据库，将知识点分成小的学习模块，各模块结构形式为“理论知识 + 上机练习”，同时还专门安排了“信息的综合利用”一章内容，便于读者对信息的收集、管理、调研、分析有所了解。此外，本书还对科研选题、论文写作、发表及与知识产权相关的法律法规一一做了介绍。

（2）名师授课。登录人邮学院（http://www.rymooc.com/）即可进行在线学习。视频课程由金牌作者、资深信息检索培训专家靳小青、耿波主讲，内容包含了老师们多年讲授和从事信息检索相关工作的经验及技巧。

（3）互动学习。读者可在人邮学院慕课平台上进行提问，通过交流互动，轻松学习。

由于时间仓促和作者水平有限，书中难免存在不足之处，欢迎广大读者给予批评指正。

编 者

2018 年 5 月

目录

Contents

Contents

Contents

Chapter 01

第1章 信息检索概述

信息、物质与能量构成现代社会的3大资源，成为社会发展的巨大推动力。信息技术的迅猛发展，一方面使信息资源的重要性日益突出，另一方面信息匮乏似乎渐行渐远，取而代之的是信息爆炸、信息泛滥。是否有一种办法能够帮助人们快速、准确、全面地查找所需要的信息呢？这正是时代赋予信息检索的职责，这也是信息检索课程的任务。俗话说，“工欲善其事，必先利其器”，抓住信息检索这把利器，我们可以从茫茫的信息海洋中找出精华、去除糟粕。本章将带领大家开启信息检索的大门。

1.1 信息概述

信息化社会的热点之一就是“信息”。那么，什么是信息呢？信息检索有什么意义呢？本节将帮助读者找出答案。

1.1.1 信息

1. 信息

信息检索概念

信息无处不在，无时不有，它已成为21世纪的标志之一。那么什么是信息呢？近一个世纪以来，信息的定义经历了百年演绎，它与时俱进。人们从不同的研究领域出发，提出了多种信息的定义。例如，美国数学家、信息论的创始人克劳德·艾尔伍德·香农（Claude Elwood Shannon）在《通信的数学理论》一文中指出：“信息是用来消除随机不定性的东西”。钟义信对信息的定义为：信息是被反映的物质属性。逆香农对信息的定义为：信息是确定性的增加。通信经济学中对信息的定义为：信息是世界上一切事物的状态、特征和变化的反映，其最高形式是人类的思想理论。从哲学的角度来说，信息是事物运动的存在或表达形式，是一切物质的普遍属性，实际上包括了一切物质运动的表征。传播学研究的信息是在一种情况下能够减少或消除不确定性的任何事物，它是人的精神创造物。我国情报学家严怡民对信息的定义为：生物以及具有自动控制系统的机器，通过感观器官和相应的设备与外界进行交换的一切内容。《信息与文献术语》（GB/T 4894—2009）对信息有以下两种解释。

4.1.1.3.8

信息（1）information（1）

被交流的知识（4.1.1.3.16）。

4.1.1.3.9

信息（2）information（2）

在通信（4.1.1.3.1）过程中为了增加知识（4.1.1.3.16）用以代表信息（1）（4.1.1.3.8）的一般消息（4.1.1.3.5）。

综上所述，可以认为信息是以物质介质为载体，传递和反映世界各种事物的存在方式、运动规律及特点的表征。它反映了物质客体及其相互作用、相互联系过程中表现出来的种种状态和特征。例如，事物发出的消息、信号以及信号中的指令，就可通过一定的物质形式（声波、电磁波）传送给人或动物某种信息。不同的事物具有不同的状态和特征，因此会产生各种不同的信息。人类就是由大脑经感觉器官来接收自然界和社会中的种种信息以区别各种事物，从而认识世界和改造世界的。

2. 信息的特征

信息一般由信息源、内容、载体、传输和接收者 5 部分构成。信息具有以下 7 个主要特征。

（1）普遍性

信息源于自然界、人类社会以及人类的一切思维活动，其可谓无处不在、无时不有、无人不用。因此，信息可以被看作物质的一种普遍属性，是物质存在的方式、运动状态的体现。

（2）存储性

信息可以用不同的方式寄存在不同的介质上，即信息必须依附物质才能存在。大脑本身就是一个天然的信息载体存储器，纸张、图像、摄影、录音、光盘、计算机存储器等都可以进行信息存储。

（3）可识别性

信息是客观事物经过感知或认识后的再现，狭义的“认识论信息”认为，那些信息接收主体感觉不到的“某个事物状态及状态的变化方式”，或感觉到了但不能理解的东西，都不叫信息。因此，信息还必须具有可识别性，识别又可分为直接识别和间接识别，直接识别指通过感官识别，间接识别指通过各种测试手段进行识别。不同的信息源有不同的识别方法。

（4）传播性

发出信息与接收信息就是信息的传播。信息的传播性是信息的本质特征。信息如果不能传播，信息的存在就失去了意义。信息只有经过传播才能被接收和利用，语言、表情、动作、报纸、书刊、广播、电视、电话、传真和网络等，是人类常用的信息传播方式。

（5）共享性

信息具有扩散性，同一信源可以供给多个信宿，因此信息是可以共享的。

（6）时效性

信息具有很强的时效性是毋庸置疑的，及时的信息可以产生积极的效果，过时的信息则可能贻误战机。

（7）可塑性

任何信息，人们都可根据需要对其进行加工、整理，将其转换成另一种形态，如自然信息可转换为语言、文字和图像等形态，也可转换为电磁波信号或计算机代码。

3. 泛在信息社会

2006 年 10 月 18 日，日立信息通信集团总裁篠本学先生在第六届亚太城市信息化论坛上提出了“泛在信息社会（Ubiquitous Information Society）”的概念。泛在的英文为 Ubiquitous，它源自拉丁语，含义是“无

泛在信息社会

所不在，普遍存在”。泛在信息社会强调“4A”，即在任何时间（Anytime）、任何地点（Anywhere）、任何人（Anyone）、任何物（Anything）都可以顺畅地通信。泛在信息社会是信息技术高度发达而形成的信息无处不在、信息交流无处不能的信息社会，是IT技术不断发展所形成的人类未来的生活模式，其核心思想是信息技术在任何时候、任何情况下都可通过无线通信达到互联的状态，不仅包括人与人之间，还有人与物、物与物之间。当前世界各国正在由电子社会过渡到泛在信息社会，构建泛在信息社会已上升为国家的信息化战略。在泛在信息社会中，人们的生活方式、学习模式、工作理念及教育环境将发生巨大变化，信息成为人类的必需品，提高信息素养成为现代信息人的生存之道。

泛在信息社会的特点可概括如下。

（1）信息泛在。如信息的获取可以在4A条件下实现、泛在图书馆（Ubiquitous Library）的出现、泛在学习的实现等，都是信息泛在的结果。

（2）技术泛在。如云计算下的一些信息技术，基础设施即服务（IaaS）、平台即服务（PaaS）、软件即服务（SaaS）等技术已经虚拟化、泛在化，无处不在。技术泛在化趋势和实现泛在信息社会必需的基础设施建设目标是一致的，也将朝着设施泛在要求发展，射频识别（Radio Frequency Identification，RFID）设施及技术、物联网设施及技术也将虚拟化和无处不在。

（3）服务泛在。泛在服务已经出现，如机器人进行手术、机器人保姆护理重症病人、机器人管家智能管控（照料老人、儿童，干家务）等。泛在服务将朝着精细和宽泛的方向发展。

以上特点将对公民的信息素养提出新的要求。

1.1.2 结构化信息与非结构化信息

信息的种类繁多，按照不同的形式划分可有不同的称谓，下面从存储信息的数据结构入手，对结构化信息与非结构化信息做一阐述。

1. 结构化信息

数据分为结构化数据、半结构化数据和非结构化数据。

结构化信息是结构化数据的产物，是指经过严格标引后的数据，一般以二维表的形式存在，也就是通常所说的可以数字化的数据信息，这些数据信息可以方便地通过计算机和数据库技术进行管理。如电子商务信息以及多数出版商发行的各种文摘、数值、全文数据库皆属于此。也有人从信息的表现形式上将其称为显性信息。目前所介绍的信息检索，主要是针对结构化信息而言的。

结构化信息与非结构化信息

2. 非结构化信息

非结构化信息是非结构化数据的产物，是指各种看似相关性比较弱、无法用关系型数据库等结构化的方式来获取和处理的信息，通俗地说是没有经过人为处理的不规整的信息，即无法完全数字化的信息，如档案文件、图纸资料、缩微胶卷、多媒体信息、企业内外部的新闻邮件、合约、票据、文书处理、电子表格、简报档案、采购记录、Internet上的消息等。也有人从信息的表现形式上称非结构化信息为隐性信息。这些信息中隐性包含了决定企业命运的关键信息，隐含诸多提高企业效益的机会。

非结构化信息有其自己的一些特点，其所有内容都是不可预知的，格式多样化，无统一标准，不像结构化信息一目了然。特别是多媒体数据中蕴涵大量的非结构化信息。因此对非结构化信息进行整合、存储、检索、发布等都是一种挑战。

据报道，95% 以上的信息都在“结构化”世界之外。它们在证券、银行、保险、工商、地税及图书馆等行业中得到广泛应用。因此，如何有效地开发非结构化数据，对其进行管理，提取当中的隐含信息，对决策进行支持，已成为当今世界亟待解决的主要问题。

1.1.3 信息检索

信息检索一词最早来源于英语“Information Retrieval”，表示将信息按一定的方式组织和存储起来，形成各种“信息库”，并根据用户的需要，按照一定的程序，从“信息库”中找出符合用户需要的信息的过程。因此，广义的信息检索包括信息的存储与检索两个过程，如图 1-1 所示。

信息检索

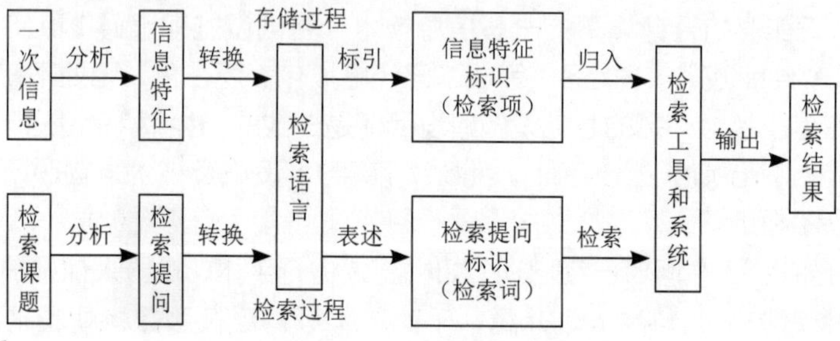

图 1-1　信息检索过程

信息存储（标引）过程就是解决如何建立检索系统，编制、标引检索工具或数据库，这主要由专业信息标引人员、图书情报部门的专职人员依据检索语言进行编制、标引。一般图书情报部门都把这部分编制、标引出的“信息库”放在图书馆的检索室、服务器或图书馆主页中。

信息检索（检出）过程则是根据已知的检索工具和数据库，按照一定的检索规则（检索语言）将所需的文献资料查找出来的过程。

狭义的信息检索仅指信息的检出过程。

因此，信息检索通俗来讲就是怎样利用二次文献、数据库查找资料。我们把通过直接浏览一次文献（书、刊、手册、网络等）来搜索资料的方法，称为直接检索法（浏览法），而把利用二次文献或数据库查找资料的方法，称为间接检索法。

间接检索法有以下 4 个优点。

（1）使盲目、分散的检索成为有目的的集中检索，避免浏览法产生的盲目性、分散性和偶然性。

（2）文献质量得到了一定的保证。

（3）加速文献检索的过程，提高了效率。

（4）消除了语言障碍。

1.1.4 信息检索类型

信息检索的种类很多，在此仅按检索对象和检索手段两种划分方式进行阐述。

1. 按检索对象划分

根据检索对象的不同，信息检索可归纳为以下 3 种类型。

（1）数据检索（Data Retrieval）

数据检索指以各种数据或数值为检索对象，从已有的“信息库”中查找特定数据的过程，其检索结果是数值性数据。例如：查天气预报、股票价位等即为数据检索。

（2）事实检索（Fact Retrieval）

事实检索指以某一客观事实为检索对象或对已有的数据进行处理（逻辑推理）后得出新的事实过程，其检索结果是数值性数据和相关的资料，例如：在同类型的汽车中，哪种牌号的汽车最省油；本学年成绩优秀的学生有多少。

信息检索类型

（3）文献检索（Document Retrieval）

文献检索指以文献为检索对象，从已有的“信息库”中查找特定文献的过程，其检索结果是文献资料。凡是查找某一课题、某一著者、某一地域、某一机械、某一事物的有关文献，以及这些文献的出处和收藏处所等，都属于文献检索的范畴，例如：“关于儒家文化对韩国经济的影响”都有哪些参考文献。

数据检索和事实检索是要检索出包含在文献中的具体信息，是确定性的检索。其检索范围包括各种数值、要领、事项、科技成果、市场动态、统计数据、人物传记、机构名录以及各种公式、规格、标准等。因此数据检索和事实检索，使用的工具主要有百科全书、字典、辞典、年鉴、手册、人名录、地名录、机构指南及其相对应的数据库和网络资源等。文献检索是要检索出包含所需要信息的文献，是一种不确定性的检索，其检索结果是与某一课题有关的若干篇论文、书刊的来源出处以及收藏地点等。因此，文献检索一般使用文摘、目录、索引、全文等检索工具及其相对应的数据库和网络资源。表 1-1 所示为国内常见的检索工具，表 1-2 所示为国内常见的数据库。

表 1-1 国内常见检索工具一览表

<table>
<tr><td colspan="2">美国</td><td>EI、CA、JEL、PROMT、MR、TTD、SCI、BA</td></tr>
<tr><td colspan="2">英国</td><td>SA（PA、EEA、CCA、IT）、WPI、WTA</td></tr>
<tr><td colspan="2">俄罗斯</td><td>文摘杂志</td></tr>
<tr><td colspan="2">日本</td><td>科技速报、特许公报</td></tr>
<tr><td rowspan="3">中国</td><td>文摘</td><td>管理科学文摘、计算机应用文摘、硬件软件文摘、机械制造文摘、中国数学文摘、中国汽车文摘、中国化工文摘、中国食品文摘</td></tr>
<tr><td>目录</td><td>全国新书目、国内外科技资料馆藏目录、国家标准目录及信息总汇、中国近代期刊篇目汇录</td></tr>
<tr><td>索引</td><td>全国报刊索引、报刊资料索引、《人民日报》索引、《光明日报》索引、中国专利索引、中国科学引文索引、国外社会科学论文索引、中国近代现代丛书目录索引</td></tr>
</table>

表 1-2 国内常见数据库一览表

中文数据库	超星数字图书馆、书生之家数字图书馆、读秀学术搜索、 中国知网期刊库、维普中文期刊库、万方期刊库、龙源期刊网、 中国生物医学文献服务系统、国家科技图书文献中心、 万方学位论文全文数据库、万方数据资源系统会议论文、 中国社会科学引文数据库、人大复印报刊资料全文数据库、 中国资讯行、中经网统计数据库、新华在线——道琼斯财经咨询教育平台
外文数据库	Web of Science 核心合集、EI Village2、Elsevier、Springer、Wiley Online Library、EBSCO、Calis-CCC、Taylor & Francis、Emerald、INFORMS、Literary Reference Center、ASME、ACS、RSC、TTC、IEEE、ACM、PQDD、Ovid-lww、AIP、APS、SIAM、HighWire CALIS 文献传递、CASHL 文献传递、NSTL 文献传递

以上 3 种检索中，文献检索是典型、重要也是常用的信息检索方式，因此本书重点介绍文献检索。

2. 按检索手段划分

（1）手工检索

手工检索简称“手检”，指无须借助任何辅助设施即可使用的检索工具。这类工具主要是传统的印刷型检索工具，如文摘、目录、索引，因此用户使用起来直观、便于阅读、检准率高，但漏检严重、检索速度慢。手工检索是专门为查找一次文献服务的。

（2）计算机检索

计算机检索简称“机检”，是对借助计算机、通信设施、数据库及其他辅助设备进行检索的统称。计算机检索包括联机检索、光盘检索和网络检索。机检与手检相比，检索效率高、速度快、范围广、查全率高，但检索费用高、查准率低。随着计算机技术、网络通信技术的发展，计算机检索正在逐步取代手工检索，成为信息检索的主要形式。

1.2 信息素养与创新能力

何为信息素养？它与创新能力又是什么关系？布拉格宣言给我们做了很好的诠释：信息素养是人们有效参与信息社会的一个先决条件，是终身学习的一种基本人权。本节的内容将会做出更好的解答。

1.2.1 信息素养的内涵

2013 年 8 月，国务院出台促进信息消费政策，以国发〔2013〕32 号印发《关于促进信息消费扩大内需的若干意见》（以下简称《意见》）。该《意见》分总体要求、加快信息基础设施演进升级、增强信息产品供给能力、培育信息消费需求、提升公共服务信息化水平、加强信息消费环境建设和完善支持政策 7 个部分。2014 年 2 月 27 日，中央网络安全和信息化领导小组（现为中国共产党中央网络安全和信息化委员会）宣告成立，强调总体布局统筹各方创新发展，努力把我国建设成为网络强国。这充分体现了我国最高层全面深化改革、加强顶层设计的意志，显示出保障网络安全、维护国家利益、推动信息化发展的决心。

信息素养的内涵

美国将 10 月定为全民信息素养意识宣传月，旨在强调信息社会公民信息素养的重要性。这再次说明信息素养在国家和民众生活中的地位，网络安全和信息化牵一发而动全身。

信息素养（Information Literacy，IL）是 1974 年美国信息产业协会主席保罗 · 泽考斯基（Paul Zurkowski）在提交给美国全国图书馆和情报科学委员会（National Commission on Libraries and Information Science，NCLIS）的一份报告中首次提出的概念，他当时把信息素养解释为“利用大量的信息工具及主要信息源使问题得到解答的技术和技能”。进入 20 世纪 80 年代后，随着计算机技术的发展和普及，信息素养的含义不断深化，涉及领域更加广泛。1989 年，美国图书馆协会（American Library Association，ALA）下设的信息素养主席委员会发表的一份有关信息素养的权威报告，对信息素养的定义是至今使用较为广泛的一种："具有信息素养的人必须在需要时能够识别、查找、评价和有效地使用信息"。1997 年 9 月，美国纽约州立大学图书馆馆长理事会对信息素养的定义为："能清楚地意识到何时需要信息，并能确定、评价、有效利用信息以及利用各种形式交流信息的能力"。

2003 年 9 月 20—23 日，联合国教科文组织（United Nations Educational, Scientific and Cultural Organization UNESCO）和 NCLIS 在捷克共和国首都联合召开的信息素养专家会议（Information Literacy Meeting of Experts，Prague，The Czech Republic）上发表了布拉格宣言：走向具有信息素养的社会。这次会议共有来自世界 23 个国家的 40 位代表讨论了信息素养问题。会议认为如何使人们从 Internet 时代的信息和通信资源及技术中受益是当今社会面临的重要挑战。会议将信息素养定义为一种能力，它能够确定、查找、评估、组织和有效地生产、使用和交流信息，并解决面临的问题。布拉格宣言宣称：信息素养是人们有效参与信息社会的一个先决条件，是终身学习的一种基本人权。

2005 年 11 月，联合国教科文组织、国际图书馆协会联合会、美国全国信息素养论坛联合召开了国际高级信息素养和终身学习研讨会，发表了《信息社会灯塔：关于信息素养和终身学习的亚历山大宣言》，宣言称：信息素养和终身学习是信息社会的灯塔，照亮了通向发展、繁荣和自由之路，信息素养是终身学习的核心，它能使人们在整个一生中有效地寻求、评价、利用和创造信息，以便达到个人的、社会的、职业的和教育的目标，它是数字社会的一种基本人权，能促进所有国家的社会内涵。

总之，信息素养是一种综合信息能力，即在信息社会中，人们所具备的信息觉悟，信息处理所需的实际技能和对信息进行筛选、鉴别、传播和合理使用的能力，具体包括以下内容。

1. 信息意识

信息意识是人们利用信息检索系统获取所需信息的内在动因，是人的大脑对信息存在的反映，具体表现为对信息需求的意念、洞察信息的敏感性、寻求信息的兴趣和对信息的判断捕捉能力及消化吸收能力等。信息意识是信息素养的前提，其包含信息认知、信息情感和信息行为倾向 3 个层面。

2. 信息知识

信息知识指一切与信息有关的知识和方法，既包括信息理论知识，又包括信息技术方面的内容，如对图书信息知识的了解程度，对检索技术、计算机技术及相关学科的掌握程度等。它是信息素养的基础，不具备一定的信息知识，信息素养就无从谈起，只会成为空中楼阁。

3. 信息能力

信息能力指人们有效地利用信息存储机构，如图书馆、Internet 等系统获取、分析、评价、处理、创新和传递信息的能力，具体包括优选信息源和信息媒体、掌握检索语言、熟练使用各种数据库的能力、对检索效果进行判断和评价的能力、加工提炼信息的能力、整合创建信息的能力、交流传播信息的能力等。信息能力是信息素养的核心，没有信息能力，信息素养就难以实现。

4. 信息道德

信息道德指个人在信息活动中的道德情操及行为规范，包括学习了解信息与信息技术相关的法律、道德伦理、经济法规，摘取利用信息资源时能够合法、合情、合理地使用信息，并遵守一些约定俗成的规则等。总之，信息道德是对信息创造者、信息服务机构和信息用户之间相互关系的行为规范进行约束的准则。

1.2.2 信息素养与创新能力

信息素养与创新能力

创新能力（见图 1-2）是人们运用知识和理论，在科技和实践活动中除旧立新，创造具有经济价值、社会价值的新思想、新理论、新方法和各种新发明的能力。创新一般都有发现问题、分析问题、提出假设、论证假设、解决问题的过程，应对事物勇于批判、敢于质疑。创新能力构成的基本要素有创新意识、创新智能、科技素质和创新环境等。创新意识是创新的前提，是激发创新能力的动因；创新智能（包括观察能力、思维能力、想象能力、操作能力）决定了创新的成功和水平；科技素质是创新的基础；创新环境则为创新营造氛围，是提高创新能力的重要条件。

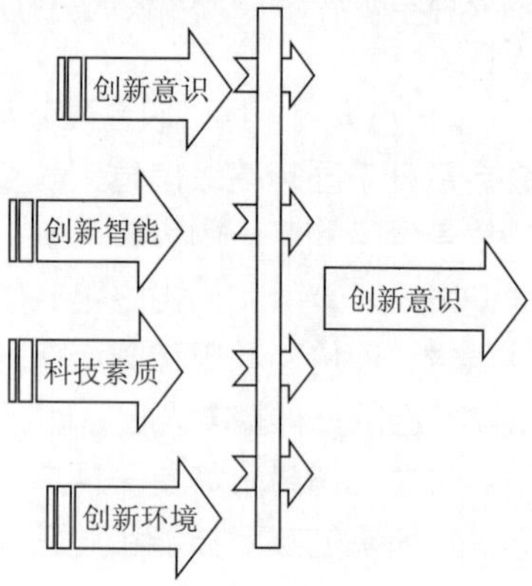

图 1-2 创新能力

创新能力是民族进步的灵魂、经济竞争的核心。当今社会的竞争，与其说是创新能力的竞争，不如说是人才的竞争。众所周知，大学生是国家的栋梁，是未来创新国家的希望。21 世纪需要的是具有创新意识、创新精神和创新能力的人才。为了培养创造型人才，教育必须创新。目前，高校实施的信息素养教育是孕育创新能力的沃土。信息素养教育主要培养大学生主动获取各种信息的意识，使其掌握信息获取和利用的能力，使其恪守信息道德，构建终身学习环境和氛围，为创新能力的培养夯实基础，这样才能不被时代抛弃，顺应未来社会的发展。

信息素养和创新能力的培养与提高不是一蹴而就的，需要进行长期、有计划、有步骤地训练。培养和提升大学生的信息素养既是个人终身发展的要求，又是信息时代对高等教育的必然要求，关系着国家的前途和发展。我们应借鉴“美国高等教育信息素养能力标准”，以信息技术教育为基础，以信息能力和创新能力的培养为核心，注重大学生信息道德、文化、社会责任感等方面的发展，为全面建设小康社会培养大批高素质的优秀人才。

1.3 小结

本章主要讲述了信息及信息检索的定义、信息检索的类型及信息检索的目的，其目的是培养大学生的信息素养，提高大学生的创新能力。

1.4 习题

1. 什么叫信息？举例说明泛在信息社会。

2. 什么是结构化信息？什么是非结构化信息？

3. 信息检索按检索对象划分可分为哪几类？判断以下两题属于何种信息检索类型。

   ① 搜索效液相色谱测定苯甲酸含量方面的期刊论文。

   ② 检索一下，我国自2008年以来，每年接受来华留学生人数及其国家分布情况。

4. 信息素养包括哪几方面的内容？

Chapter 02

第2章 信息检索系统

信息检索系统是信息检索赖以生存的重要资源，正如美国未来学家奈斯比特在《大趋势》一书中指出的，“我们淹没在信息中，但是却渴求知识”。为什么当各类信息像洪水一样向我们涌来时，我们仍然缺乏所需要的信息呢？这是因为在知识经济和信息化社会中“失去控制和无组织的信息不再是一种资源”。

广义的信息检索系统指集信息收集、加工、存储、检索和管理于一体的信息服务系统。一般来说，组成信息检索系统的基本要素有文献信息、检索设备、检索语言、信息存储方法与检索方法、系统管理维护人员和用户。狭义的信息检索系统主要指文献信息源、检索设备、检索语言、检索技术等，这几大要素的运行情况直接反映信息检索系统的服务效果。

为了掌握信息检索，要先从信息检索的源头入手，了解信息检索系统中的“基本组件”，以便为后续章节内容打下扎实的基础。

2.1 信息源与信息媒体

信息源与信息媒体

本节从信息产生的“源头”开始追溯，主要介绍承载信息源的两种文献型信息媒体。

2.1.1 信息源

顾名思义，“信息源”就是获取信息的来源。联合国教科文组织出版的《文献术语》对其定义为：组织或个人为满足其信息需要而获得信息的来源，称为“信息源”。从绝对意义上看，只有信息产生的“源头”，才能称为信息源。但信息源是一个相对的概念，凡能产生、拥有和传递信息的所有物质都称为信息源。由此看来，信息源内涵丰富，它不仅包括各种信息载体，而且包括各种信息储存、传递、生产机构。但在图书情报界则认为：人们在科研活动、生产经营活动和其他一切活动中所产生的成果和各种原始记录，以及对这些成果和原始记录加工整理得到的产品都可称为信息源。因此，又有口头型信息源、实物型信息源和文献型信息源之说。

2.1.2 信息媒体

信息媒体指信息传播的介质、信息表示的载体，也称为信息媒介或信息载体。这些信息媒体可以是文字、图形、图像、动画、声音、视频等信息表示形式，也可以是扬声器、磁盘阵列服务器、电视机等信息的展示设备，还可以是传递信息的光纤、电缆、电磁波等中介媒质，以及存储信息的缩微胶卷、磁盘、光盘、磁带等存储实体。在图书情报界则从文献型信息源的研究视角出发，将信息媒体大致划分为传统文献信息媒体和电子文献信息媒体两大类。

文献信息媒体是将人类知识用文字、图形、符号、声频、视频等手段在物质载体上记录下来的用于交流传播的信息载体。而文献是记载着知识内容的物质载体。具体来说，凡是用文字、图形、符号、声频、视频等手段在物质载体上记录下来的知识，都可称为文献。

1. 传统文献信息媒体

传统文献信息媒体主要指传统图书馆收录的各种文献信息媒体总汇。若把传统文献信息媒体再进行细分，又可分为多种类型。

传统文献信息媒体

（1）按文献信息载体形式划分

- 印刷型：指以纸张为载体的文献记录形式，也是目前使用的主要形式，包括油印、铅印和胶印。其优点是阅读方便、便于流通；缺点是笨重、占空间大、存储密度低、管理困难。
- 缩微型：以感光材料为载体、缩微照相为记录手段的文献记录形式，包括缩微胶卷、平片等。其优点是体积小、质量小、存储密度高、便于保存转移；缺点是不能直接阅读，必须借助专门的阅读设备。
- 机读型：即计算机可读型，是以磁性材料为存储介质，通过编码和程序设计，把文献资料转换成机读语言，成为供计算机使用的新型载体，包括磁带、磁盘和光盘等。其优点是存储密度高、存取速度快，原有记录可改变更新；缺点是需要计算机才能使用，价格高、技术要求高。
- 声像型：又称视听型，以磁性或感光材料为存储介质，采用录音、录像或摄影技术等手段直接记录声音、视频、图像，如唱片、录音带、录像带、电影等就可直接脱离文字记载。其优点是给人以生动直观的感觉，尤其对科学家启迪思路有积极的作用；缺点是需要专用设备、成本高。

（2）按文献信息媒体内容特征或加工程度划分

- 零次文献：是绝对意义上的原始文献，主要指尚未载入正规载体的文献，如书信、手稿、患者病历、生产日记和会议记录等。
- 一次文献：又称原始文献，但是相对意义上的原始文献，是指以作者本人的生产或科研工作成果为依据而创作的文献并且载入正规载体的一类文献，如期刊论文、专利说明书、学位论文和会议文献等。
- 二次文献：将一次文献按一定方法进行加工、整理、浓缩和组织成为系统的、便于查找的检索工具，如各种目录（题录）、索引和文摘，这些文献专供了解或查找一次文献而用。
- 三次文献：是在合理利用二次文献的基础上，选用一次文献的内容，根据一定的需要和目的，进行深入分析、研究之后，综合概括而成的文献，如专题述评、综述以及各种参考工具书等。

（3）按文献信息媒体的内容形式划分

- 图书：是用于全面而系统地阐述某一方面或学科的科学理论或发展，传授科学技术以及查阅某些知识的文献形式。一般来说，图书的内容比较系统、全面、成熟、可靠，缺点是出版周期长、新颖性欠佳。图书按使用功能可分为以下两类。

阅读型图书：教科书、专著、科普读物。

查阅型图书：参考工具书、检索工具书。

- 连续出版物：采用统一名称定期或不定期连续性发行的出版物，主要指报纸、期刊和年度出版物。连续出版物一般有连续的卷期或年月日顺序号，优点是出版周期短、报道文献快、内容新颖、信息量大。
- 会议文献：一般指国内外各个科学技术学会、协会及有关主管部门召开的学术会议或专业会议上提交、宣读或交流的论文或报告。因此会议文献代表着一门学科或专业的最新研究成果，反映了当时的发展水平或动态。会议文献通常有会前预印本、会后会议录、论文集、期刊等出版形式。因此会议文献也是科研人员利用率较高的信息媒体之一。
- 专利文献：主要指专利说明书，也包括各种专利检索工具、专利公报及专利法律文件等。专利文献具有新颖性、创造性和实用性的优点，并具有垄断性、地域性、时间性、公开性和法定性的特征，因此专利文献是一种集技术与法律于一体的实用性很强的文献信息媒体，且重复率很高。
- 科研报告：是指科研工作成果的正式报告或是对科研进展情况的实际记录。其特点是连续出版，刊有机构名称、报告号，自成一册，在内容上专深具体，往往是最新成果，比期刊论文详尽，数据也比较完整。世界上许多国家都出版各自的科技报告，其中美国政府出版的科技报告数量较大、较系统，较有名的 4 大报告为军事系统的 AD 报告、政府部门的 PB 报告、能源部的 DOE 报告和美国宇航局的 NASA 报告。科技报告对了解国内外军事、国防工业及尖端技术等方面的情况特别重要。我国出版的《科技研究成果报告》分为内部、秘密和绝密 3 个级别，一般为内部控制使用。
- 标准文献：指对工农业产品、卫生教育、行政机关和工程建设的质量、规格、检验方法及管理等所做的技术规定，是人们从事管理、设计、生产和检验的一个共同技术依据。标准作为一种规章性的技术文献，具有一定的法律约束力。
- 学位论文：这是高等学校或研究机构的毕业生为评定各级学位而撰写的论文。目前多数国家的学位分为学士、硕士和博士 3 级。学位论文质量参差不齐，但带有一定的独创性和新颖性，特别是博士论文具有较高的专业水准，参考价值较大。
- 政府出版物：一般指由各国政府部门及其专设机构所发表出版的配合政府工作的行政性文件和科技文献，如法律法规、统计、科普资料、技术政策等。
- 产品目录与样品：指厂商为推销其产品而印发的宣传性资料。通常对产品的性能、构造、用途、使用方法及产品规格都有详细介绍，技术上较成熟，数据较可靠，并有外观照片、结构图等，直观性强，因此对产品推广、制造和设计具有一定的参考作用，颇受消费者和设计人员青睐。
- 技术档案：指记录和反映一个单位或部门在行政管理、生产建设和科学研究等活动中，所形成的具有一定保存价值的、具体工程对象或项目的技术的文件、图样、图表、照片、原始记录的原件及复印件。技术档案是生产建设和科研工作中用以积累经验、吸取教训和提高质量的重要文献。技术档案一般具有保密和内部使用的特点。

电子文献信息媒体

2．电子文献信息媒体

电子文献信息媒体指以数字编码的形式，把文字、图像、动画、声音、视频等信息存储在磁、光等介质上，通过计算机或其他辅助设备阅读使用的一种新型文献信息媒体，实质是一种机读型信息媒体。电子文献信息媒体是信息技术发展的产物，它的产生、发展和应用，给人们展示了一个全新的虚拟世界。电子文献信息媒体种类繁多、划分多样，下面介绍几种划分方式。

（1）根据载体的存储形态划分

- 光盘文献信息媒体：是以光盘作为信息存储载体和检索对象的有形电子文献信息媒体，它对电子文献信息媒体做出了巨大贡献。由于光盘文献信息媒体具有储存能力强、介质成本低、数据可靠、便于携带、检索费用低等优点，因此许多常用的联机数据库都配备其相应的光盘产品，如 EI CompendexWeb 等。但目前光盘文献信息媒体多用在镜像站和数据备份上。
- 联机文献信息媒体：指联机检索系统提供的那些电子文献信息媒体。目前联机检索和网络检索都是通过 Internet 进行检索，联机数据内容全、准确、权威，但收费高。
- 网络文献信息媒体：以 Internet 形式向全世界发布的各种各样的电子文献信息媒体，如搜索引擎，主题网关，经济、医学、教育、科研、军事、商业、新闻、企业公司的网站网页，网络书刊，报纸，专利，标准，电影，音乐，博客，网上论坛和新闻组等，它是目前世界上较大的电子文献信息媒体，使用方便快捷，免费信息居多，颇受用户喜爱，但信息杂乱、可靠性欠佳。

（2）根据数据库的检索对象进行划分

- 参考数据库：只为用户提供信息线索的数据库，用户使用此类数据库后，一般还需依据其文献出处进一步索取原文。参考数据库包括书目数据库和指南数据库。书目数据库包含文摘、目录、题录、索引等数据库，实为印刷型二次文献，即检索工具的电子化产物。书目数据库的数据结构简单，记录格式比较固定。指南数据库是有关机构、人物等相关信息的简要描述，包括各种机构名录数据库、人物传记数据库、产品信息数据库等。
- 源数据库：指能直接获取原始资料或具体数据的数据库。源数据库包括数值数据库、文本—数值数据库、全文数据库、术语数据库、图像数据库和多媒体数据库等。

（3）根据网络传输协议进行划分

网络信息媒体指借助计算机网络进行传递的文本、数值、音频与视频等各种信息媒体的总和。随着 Internet 的发展，这部分信息媒体在时间和空间上将得到极大的拓展。网络信息媒体的种类繁多，下面具体介绍几种。

- WWW 信息媒体：广域网（World Wide Web，WWW）也称万维网或 Web。WWW 是一个基于超文本传输协议，在客户机和服务器之间展现和传递各种媒体信息，并以直观的图形页面为用户提供服务的信息检索系统。WWW 能够将位于 Internet 上不同地点的信息有机地编织在一起，提供一种非常友好的信息查询接口：用户仅需提出查询要求，而到什么地方查询及如何查询则由 WWW 自动完成。WWW 是由互联网之父——蒂姆·伯纳斯·李（Tim Bemers-Lee）爵士于 20 世纪 90 年代初，在日内瓦的欧洲粒子物理实验室里开发出的世界上第一个网页浏览器，一经推出就受到学术界、政界和商界的广泛关注，现已成为 Internet 上发展较快、信息较丰富的一种检索方式，被公认为 Internet 的代名词。
- FTP 信息媒体：文件传输协议（File Transfer Protocol，FTP）的主要功能正

如其名，在 Internet 上完成从一个计算机系统到另一个计算机系统的文件传输，既可以从远程计算机上下载信息到本地计算机，又可以从本地计算机上传信息到远程计算机。

- Telnet 信息媒体：Telnet 是 Internet 远程登录协议，只要用户在本地计算机上输入用户名和密码，成功登录后便可作为 Internet 的远程终端实时访问主机，共享远程主机中对外授权的各种信息资源，包括硬件资源和软件资源。目前，许多图书馆、商用数据库都是通过 Telnet 对外开展服务的。
- Gopher 信息媒体：Gopher 是一种基于菜单的网络服务，其服务形式类似于 WWW 的分布式客户机 / 服务器，但不像 WWW 那样展示给用户的是直观性很强的页面，而是一些令人费解的菜单说明。

由此可见，人们在获取信息时，信息媒体的来源渠道至关重要。由于种种原因，同一条信息需求的内容在不同的信息媒体中可能会存在差异。这时用户应以信誉度高的信息媒体为主，但必须对其他相关信息媒体进行考查，以识别信息的真伪。

2.2 数据库结构

随着计算机和通信技术的快速发展，传统的手工检索工具已逐渐被由计算机进行编辑、加工、存储的各种新型数据库所取代。

根据 ISO/DIS 5127（文献与情报工作术语），数据库是至少由一种文档（File）组成，能满足特定目的或特定数据处理系统需要的数据集合。从用户的使用角度考虑，数据库主要由文档、记录和字段构成。

数据库的结构

2.2.1 文档

在计算机信息检索中，文档包含两层含义。其一，文档可以作为数据库的一个子库，即为数据库中一部分记录的集合。许多数据库组成庞大，为使用户检索方便，会按照学科专业或年限时间分成若干文档，如 EBSCO 数据库有 350 个子库，Dialog 系统有 600 余个子库、1200 多个文档，知网、万方也都有许多子库。其二，由数据库的定义可知，文档是数据库的信息处理单位，按其组织方式可分为顺排档（Sequential File）[也称主文档（Master File）]、倒排档（Inverter File）等，顺排档是完整的顺序信息记录，倒排档则是将主文档中的可检属性抽出重排而派生出的数据记录。

2.2.2 记录

记录（Record）是文档的基本单元，是对某篇文献信息的全部内容进行揭示的结果。在文献型数据库中，一条记录就是一篇文献的文摘、题录或全文。

2.2.3 字段

字段是构成文档中记录的基础，一条记录一般由 5 ~ 25 个描述性字段组成，且有供计算机识别的字段标识符，数据库中的一些常见字段标识符如下。

AU——著者字段
TI——题名字段
PY——出版年字段

一般情况下，组成记录的每一个字段都可作为检索路径或检索入口词。

2.3 检索语言

检索语言是信息检索系统与用户赖以组织、存储和检索文献信息的重要理论依据，有了检索语言，标引人员就可按其规则组织、存储文献信息，用户也可按其规则检索、获取文献信息，这样存进去的文献信息才能被有效地揭示、检出，从而确保检索系统存储、检索文献信息的畅通无阻。

2.3.1 检索语言分类

检索语言是根据文献标引与检索的需要，在自然语言的基础上规范化的人工语言，它贯穿于文献存储与检索的全过程，是沟通标引人员和检索人员双方思想的约定语言，也有人称其为“标定符号”或“标识系统”。

检索语言的种类颇多，按描述文献信息的特征进行划分是目前常见的一种划分方式，如表 2-1 所示。

检索语言分类

表 2-1　检索语言分类

<table>
<tr><td rowspan="10">检索语言</td><td rowspan="3">文献信息的外表特征</td><td colspan="2">题名语言</td></tr>
<tr><td colspan="2">著者语言</td></tr>
<tr><td colspan="2">号码语言</td></tr>
<tr><td rowspan="7">文献信息的内容特征</td><td rowspan="3">分类语言</td><td>体系分类语言</td></tr>
<tr><td>组配分类语言</td></tr>
<tr><td>混合分类语言</td></tr>
<tr><td rowspan="4">主题语言</td><td>单元词语言</td></tr>
<tr><td>标题词语言</td></tr>
<tr><td>叙词语言</td></tr>
<tr><td>关键词语言</td></tr>
</table>

由于描述文献信息外表特征的检索语言，其文献标识与检索依据简单明了，如书名、著者、号码等不必再另行制订符号加以标注，因此，通常所称的检索语言，实际上是描述文献信息内容特征的检索语言，即分类语言和主题语言。

2.3.2 分类语言

分类语言是将文献信息按学科、事物性质的等级体系加以排列，用分类号来表达文献主题概念的检索语言。分类语言的具体表现形式就是分类表（法）。分类表（法）是分类和组织文献信息以及用户检索文献的共同依据。

分类语言有 3 种，较常用的是体系分类语言。体系分类语言以文献内容的科学性质为对象，从学科分类观点出发，运用概念划分的方法，将知识分门别类地按逻辑次序，从总到分、从一般到具体、从低到高、从简到繁进行层层划分、层层隶属，逐级展开一个层类制的等级结构体系。如《中国图书馆分类法》（原称《中国图书馆图书分类法》，简称《中图法》）、《中国科学院图书馆分类法》（简称《科图法》）、《杜威十进制分类法》、《国际十进制分类法》都是比较典型的体系分类语言。

下面以《中图法》为例说明其构成。《中图法》是我国建国后编制出版的一部具有代表性的大型综合性分类法，自 1975 年第一版出版以来，不断修订，现已成为国内图书情报部门使用较广泛的一部分类法。为适应不同图书信息机构及不同类型文献分类的需要，它还有几个配套版本:《中国图书资料分类法》、《中国图书馆图书分类法(简本)》和《〈中国图书馆图书分类法〉期刊分类表》等。第五版印刷本于 2010 年 9 月出版，此后还发布了 Web 版、期刊版、光盘版等多种版本。

《中图法》将全部知识分为 5 大部分，即马列主义、毛泽东思想、邓小平理论，哲学，社会科学，自然科学和综合性图书。在 5 大部分下又展开为 22 个基本大类（一级类目），如表 2-2 所示。

表 2-2 《中图法》基本大类

一级类目分类号及类目名称	
A 马克思主义、列宁主义、毛泽东思想、邓小平理论	N 自然科学总论
B 哲学、宗教	O 数理科学和化学
C 社会科学总论	P 天文学、地球科学
D 政治、法律	Q 生物科学
E 军事	R 医药、卫生
F 经济	S 农业科学
G 文化、科学、教育、体育	T 工业技术
H 语言、文字	U 交通运输
I 文学	V 航空、航天
J 艺术	X 环境科学、安全科学
K 历史、地理	Z 综合性图书

《中图法》的标记符号采用汉语拼音字母、阿拉伯数字和圆点相结合的混合制号码作为分类号，一般用大写字母表示基本大类（一级类目），在字母后用数字表示基本大类下类目的划分，但工业技术或某些新增大类下也用两位字母表示二级类目。《中图法》的分类号越长，代表的内容越具体，检索出的文献越精准。图 2-1 和图 2-2 所示是根据《中图法》（第五版）编制的 D 大类下的部分类目表。一级分类类目 D 代表“政治、法律”，二级分类类目 D0、D1……D8、D9、DF 分别代表“政治学、政治理论，国际共产主义运动……外交、国际关系，法律，法律”（见图 2-1），三级分类类目 D81 代表“国际关系”，四级分类类目 D815 代表“国际问题”，五级分类类目 D815.8 代表“国籍问题”（见图 2-2）。

中图分类号查询系统(第五版)： [ ] 查询

中图分类号 >> 政治、法律 >> 分类列表

图书分类号	图书分类名
D0	政治学、政治理论
D1	国际共产主义运动
D2	中国共产党
D33/37	各国共产党
D4	工人、农民、青年、妇女运动与组织
D5	世界政治
D6	中国政治
D73/77	各国政治
D8	外交、国际关系
D9	法律
DF	法律

↑返回上一页

中图法资讯： 第五版简介 ，中图分类号修订(第1期) ，中图分类号修订(第2期) ，中图分类号修订(第3期) ，中图分类号修订(第4期) ，中图分类号修订(第5期) ，中图分类号修订(第6期)

图 2-1 《中图法》D 大类下二级类目图

中图分类号查询系统(第五版)： [ ] 查询

中图分类号 >> 政治、法律 >> 外交、国际关系 >> 国际关系 >> 国际问题 >> 分类列表

图书分类号	图书分类名
D815.1	裁军问题
D815.2	禁止和销毁核武器问题
D815.3	领土争端和边界问题
D815.4	中东及巴勒斯坦问题
D815.5	国际安全问题，国际反恐怖、缉毒活动
D815.6	难民问题
D815.7	人权问题
D815.8	国籍问题
D815.9	其他国际争端问题

↑返回上一页

图 2-2 《中图法》D 大类下五级类目图

首先，分类法按学科或专业集中文献，能够较好地满足族性检索要求，查全率较高；其次，分类法采用概念划分的方法，具有等级结构，调整检索范围收缩自如；最后，分类法用字母和数字表示类目，简单明了，便于组织图书资料排架及目录系统。但分类法的缺陷也随之显现，因使用号码语言作为检索标识，专指度不高也不直观，在检索文献时，容易产生差错，造成误检或漏检。此外，分类法是一种先组式标引语言，增加新类目困难，不适应新兴学科和边缘学科的查找，因此，分类法要不断地进行修订。值得一提的是，随着 Web 版分类法的推出，用户不仅可以方便地查找从分类号到主题词的对应表，还可以逆向检索从主题词到分类号的对应表。

2.3.3 主题语言

主题语言是直接使用自然语言作为主题概念标识，并用字顺排列标识和参照系统等方法来间接表达各种概念之间的相互关系的一种检索语言。主题语言的具体表现形式是主题词表，主题词表也像分类表一样是文献标引人员与用户检索文献的共同依据。

主题语言根据构成原则与编制方法不同，可分为 4 种：标题词语言（标题词法）；单元词语言（单元词法）；叙词语言（叙词法）；关键词语言（关键词法）。

这 4 种语言可统称为主题法系统。其中标题词法、单元词法、叙词法是用规范化名词标引和检索文献的主题概念语言，按这些规范化名词的字顺编排的词表分别称为标题词表、单元词表和叙词表；关键词法是直接选用文献标题或内容中具有实质意义的自然语言作为标引和检索文献的语言，因此，关键词法是未经规范化处理的自然语言，无受控词表。下面分述这 4 种语言的特点。

1. 标题词法

标题词法是用规范化的自然语言作为文献主题标目和检索依据，并以事先固定的词表组配方式进行标引和检索的一种主题语言。标题词法属于先组式主题语言，标题词预先确定组配关系是其主要特征。美国 EI 的在 1993 年以前就是使用标题词法标引和检索文献的典型检索工具，其正文按《工程标题词表》编排，有主、副两级标题词之分，且主、副标题词之间遵循一定的组配关系。

主题语言（标题词法－单元词法）

2. 单元词法

单元词法是以不能再分解的概念单元的规范化名词作为文献主题概念的标识。它不选用词组或短语表达复杂的概念，这是它与标题词法的主要区别。例如，对于“制冷材料”这一概念，单元词法是通过“制冷”和“材料”这两个元词组配来表达该概念，而标题词法直接选用“制冷材料”这个词组来表达它。实际上，表达事物概念，除了单一概念外，还有许多的复合概念。随着科技的不断发展，单元词法已被更先进的叙词法所取代。

3. 叙词法

叙词法是以规范化的自然语言词汇为基础，以概念组配为基本原理来对文献的内容特征进行描述的后组式标识系统。叙词法是主题法的高级形式，它综合了多种检索语言的原理和方法，扬长避短，这主要体现在以下几方面：吸取了单元词法后组式特点；采用了组配分类法的概念组配来代替单元词法的字面组配，并适当采用标题词法的预先组配的方法；吸取和继承了分类法的基本原理编制范畴索引和词族索引；借鉴了关键词法的轮排方法；采用了标题词法的参见系统并加以完善，以及直接引入体系分类表或分面分类表。

主题语言（叙词法－关键词法）

目前，已在使用的叙词法有美国国防部和工程师联合会协作编制的《工程和科学术语叙词表》（Thesaurus of Engineering and Scientific Terms，TEST）、英国电气工程师学会编辑出版的《INSPEC 叙词表》以及我国编辑出版的《汉语主题词表》等，它们都是使用叙词法标引和检索文献的词表。EI 自 1993 年起更新了其主题词表，改用叙词法编制的《EI Thesaurus》。

4. 关键词法

关键词是直接从文献的篇名、正文和文摘中抽选出来的，用以揭示文献内容特征的具有实际意义的自然词汇。

关键词法无须像标题词法、单元词法、叙词法那样有受控词表，相比主题法系统里的其他几种语言，关键词法选词方便、简单迅速，尤其是使用计算机进行检索，就会更加显示其优越性，可帮助用户快速了解最新信息。但用关键词法编制的检索工具的质量比较粗糙。

主题语言比分类语言表达概念准确、灵活、专指度高，便于读者检索，特别是对一些新兴学科、边缘学科的查找尤其方便。此外，主题语言还可打破传统学术分类的条条框框，把分散于各个学科里的有关某课题的文献集中于同一主题之下，有利于综合性研究。

2.4 检索技术

传统的手工检索是靠“手翻、眼看、大脑判断”完成检索任务，机检则是通过“选词、制订检索策略、机器匹配”来执行检索。其中，制订检索策略的关键是构造检索表达式，用单一检索词检索，只适合一些简单的检索。对于复杂课题的检索，就需根据课题的要求找出两个或多个检索词用检索算符进行组配，形成完整的检索提问式。俗话说，“工欲善其事，必先利其器”，在计算机信息检索中，无论是数据或事实数据库、光盘数据库、联机数据库，还是搜索引擎、主题网关、专利及标准网站，都支持基本的检索技术——逻辑检索。此外，为使检索结果全面准确，多数检索系统还支持截词检索、全文检索（位置检索）、词表助检等辅助检索技术。另外，像国际联机检索、EBSCO 数据库、Web of Science 检索平台等，还可用指令进行检索。因此，我们只要掌握“布尔逻辑检索、截词检索、位置检索、指令检索”这些基本检索规则，就可以在网络信息资源中遨游，至于在各种数据库、搜索引擎、主题网关及某些网站中可能会采用不同的标识符号表示，那只是个代号而已，关键是抓住代号所表示的含义。

2.4.1 布尔逻辑算符

逻辑检索是一种开发较早、比较成熟、比较流行的检索技术，目前信息检索系统大多采用这种技术。

布尔逻辑组配是现行计算机检索的基本技术，主要使用的是布尔代数里的逻辑运算符“与”“或”“非”进行检索。

布尔逻辑算符

1. 逻辑“与”算符

逻辑“与”算符，多数检索系统用“并且”、“AND”或“*”表示。这是一种用于交叉概念或限定关系的组配。使用该算符，可对检索词加以限定，使检索范围缩小，增强检索的专指度和特指性。

例如，“A AND B”表示被检中的文献必须同时含有 A 和 B 这两个词，如图 2-3 所示的阴影部分。

2. 逻辑“或”算符

逻辑“或”算符，多数检索系统用“或者”、“OR”或“+”表示。这是一种用于并列概念或平行关系的组配。使用 OR 算符，相当于增加检索词的同义词与近义词，扩大了检索范围，即增加了检索的泛指性，避免文献的漏检。

例如，“A OR B”表示被检中的文献含有两词之一或同时包含两词，如图 2-4 所示的阴影部分。但二者重复部分只计算一次。

3. 逻辑“非”算符

逻辑“非”算符，多数检索系统用“不含”“NOT”表示，有的检索系统用“-”号表示。这是一种用于排斥关系的组配，该组配用于从原来的检索范围中排除不需要的概念或影响检索结果的概念。NOT 算符与逻辑“与”的作用类似，可使检索范围缩小，增强检索的正确性。

例如，“A NOT B”表示数据库中凡含有检索词A而不含检索词B的文献才为命中文献，如图 2-5 所示的阴影部分。

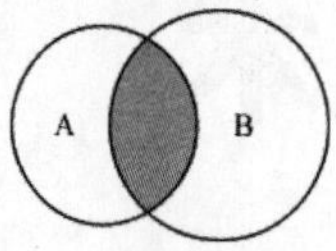

图2-3　A AND B

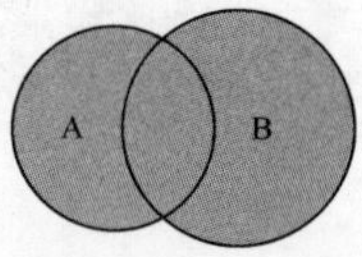

图2-4　A OR B

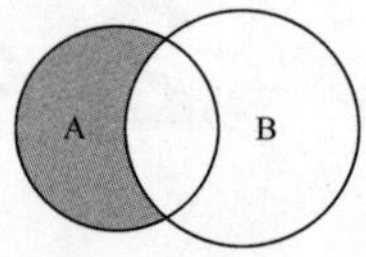

图2-5　A NOT B

要点提示

布尔逻辑算符的运算顺序，在不同的检索系统里有不同的规定。大多数检索系统采用的顺序是 NOT 最先执行，AND 其次执行，OR 最后执行。若要改变运算顺序可用优先级算符小括号——（ ）。

【案例分析】

用布尔逻辑算符构造检索表达式

要求用布尔逻辑算符构造检索表达式：检索刑诉法典方面的资料，但不要法文的。

（1）选择能代表课题实质内容的检索词：刑诉、法典、法文。

（2）根据课题要求，构造检索表达式：刑诉 AND 法典 NOT 法文或（刑诉 AND 法典）NOT 法文。

2.4.2 位置检索算符

尽管布尔逻辑算符为用户提供了较为理想的检索效果，但它造成的误检率很高。例如，想查“中国股票市场经济学实验分析”方面的信息，采用布尔逻辑算符表示如下。

中国 AND 股票 AND 经济学实验

这可能会把“中国信息研究所关于英国的股票市场经济学实验分析”方面的信息也一并检出，显然文不对题。错误的组配是布尔逻辑算符的一大缺陷。为了弥补该不足，检索系统又提供了另一项检索功能，即位置检索算符，也称全文检索算符。它表示词与词之间的相互位置关系及前后次序，以增强选词的灵活性，从而大大降低了误检率。

位置检索算符

关于位置检索算符的符号很多，表 2-3 只列出了一些常见的位置检索算符。

表 2-3　位置检索算符一览表

符号	实例	意义
相邻位置检索算符（*n*W）、（W）	A(*n*W)B; A（W）B	A、B 两词之间相隔 0 至 *n* 词且前后顺序不变；A（W）B 表示 A、B 两词之间不能插入任何其他词，但允许有一空格或标点符号
相邻位置检索算符（*n*N）、（N）	A(*n*N)B; A（N）B	A、B 两词相隔 *n* 词且前后顺序不限，*n* 是两词允许插入的最大词量；A（N）B 表示 A、B 两词之间只能为一空格或标点符号且前后顺序不限
句子位置检索算符（S）	A（S）B	A、B 两词只要在同一子字段（同一句子）中出现即可
字段位置检索算符（F）	A（F）B	A、B 两词只要在同一字段中出现即可

要点提示

字段位置算符（F）要比句子位置算符（S）的检索范围更宽泛，因为字段是指篇名字段、文摘字段、叙词字段、自由词字段等，而子字段是指一句话。

【案例分析】

位置检索算符检索选择

输入A（N）B，计算机能否检出以下3种形式。

①A–B ②A C B ③B A

A（N）B表示A、B两词之间不能插入任何其他词，但允许有一空格或标点符号，且A、B两词前后顺序不限。因此①和③可检出，②不能检出。

2.4.3 截词检索

截词检索是加在某些检索词的词干或不完整词形上，以表达对词的完整意义进行检索。如果用“？”作为截词符，截词检索主要包括非限制式截词（无限截断）、限制式截词（有限截断）和嵌入式截词（中截断）几种情形，如表2–4所示。

截词检索

表2–4 截词检索算符一览表

符号	用法
?	非限制式截词：在检索词的词干前面或后面加一个截词符“？”，向系统表示在此位置上可能出现的字母数量不受限制，即查找词干相同的所有词。如输入“? wear”，可同时检出sleepwear和nightwear等词
? ?	后截一字符：例如“computer？？”
? ? ?	限制式截词：把若干个截词符“？”放在词干中可能变化的字位上，向系统表示在此位置上最多允许出现相应个字母的变化，一个截词符“？”代表可增加一个字母，一般不超过3～4个截词符“？”。如输入“plant？？？”，可查出plant、plants、planted、planter、planting等词
？、？？	嵌入式截词：截词符“？”用在单词中间，嵌入字母数等于截词符数，通常用于英美不同拼法，例如“wom？ n”“encyclop？？ dia”

由此看来，截词检索可用来表示检索词的单复数形式、同一词词尾或词头的多种变化、同一词英美国家的不同拼法等，从而可简化输词过程，节省上机时间，获得较高的查全率，扩大检索范围。

2.4.4 限制检索

在许多联机检索系统中，为了提高检索的查全率或查准率，需要一些缩小或约束检索结果的方法，称为限定检索。用这种方法可将检索过程限定在特定的范围（或字段）中进行。如在Dialog系统中，为了对检索项目有一精确的输出，设置了基本索引和辅助索引。

基本索引是一种主题性质的索引，它将检索项限制在反映文献主题内容特征的那些字段中检索，如叙词（/DE、/DF）、标引词（/ID、/IF）、题目（/TI）、文摘（/AB）等字段，使用这些字段检索，要加后缀代码（/）且放在检索项后面。

辅助索引是一种非主题性索引，它是指将检索项限制在反映文献外表特征的那些字段中检索，如把某一检索项限制到某位作者、某种刊物、某个年份、某场会议等，辅助索引用前缀代码（=）表示，其前缀代码放在检索项前面。

例如："（Manage OR Control）/TI，DE"表示在题目和叙词中查找含有"Manage"或"Control"两个词的文献。

2.5 信息检索的方式、途径与步骤

进行任何一项工作都要讲究方法、途径和步骤，如果方法、途径和步骤不当，则费工费时。同样，信息检索也有其独特的一套操作程序。

2.5.1 信息检索方式

信息检索方式应根据课题的目的、性质和检索工具、数据库的现状灵活选定。随着信息技术的发展，利用计算机进行检索已占主导地位。计算机信息检索方式也称检索界面，目前参差不齐。通常有专门机构维护管理的数据库提供的检索方式相对较多，而一般网站提供的检索方式相对较少，有的甚至不提供检索界面，只能浏览。计算机检索方式没有固定模式，主要可归纳为以下 6 种。

信息检索方式

1. 基本检索

基本检索在有的数据库中称为快速检索，是一种相对简单快捷的检索方法，只要输入关注的关键词，就可快速找到感兴趣的文献，如 Google、百度主页的搜索框即是。

2. 高级检索

高级检索可根据检索范围控制条件和文献内容特征等进行检索。高级检索提供的检索框较多，用户可通过选择检索系统给定的检索算符、字段，输入词对其进行组配检索，如维普、EBSCO 等数据库的高级检索界面。

3. 专业检索

专业检索要求用户具有熟练的检索技术。专业检索一般只有一个大检索框，要求用户不仅要输入词，而且要自己添加检索算符、字段构造检索表达式，如维普的检索式检索以及 Elsevier、Engineering Village 的高级检索界面等。

4. 指令检索

指令检索使用逻辑算符、位置算符、截词算符、索引字段和检索词构造表达式进行检索，可深度处理信息数据，经常用于图书情报专业人员查新、信息分析等工作，如 Dialog 联机检索、Web of Science 的高级检索。

5. 分类检索

分类检索一般按分类表进行限定检索，或按学科进行一级一级地浏览，如2015年前万方的分类检索。

6. 二次检索

二次检索是在以上单项检索的基础上，进一步输入新词或选用某些限定条件，进行缩小范围的检索，多数数据库都设有该种检索方式。

2.5.2 信息检索途径

信息检索途径通俗地讲就是查找文献信息的入口。在手检中，检索入口取决于检索工具提供的索引的多少；在机检中，检索入口取决于数据库提供的检索字段（手检中文献的著录项目）。但是手检检索工具提供的索引有限，而数据库提供的可检索字段几乎覆盖了组成文献的全部著录项目。因此，机检的检索入口比手检广泛。本书仅介绍以下5种主要的信息检索途径。

信息检索途径

1. 文献名称途径

文献名称途径是根据书刊篇名进行查找的一种途径，如各种题名字段、书名目录、篇名索引、刊名一览表等检索工具皆是用此途径检索。它是把文献名称按照字顺编排起来的检索系统，使用时与查字典相似。

2. 著者途径

著者途径是以著者姓名为线索的检索途径。广义的“著者”包括个人著者、团体著者、专利发明人、专利权人、合同用户、学术会议召集单位等；狭义的“著者”仅指个人。著者途径主要是利用著者字段、著者目录、著者目录（索引）、团体著者目录（索引）、专利权人索引、机构字段、机构索引等。这些字段、目录（索引）都是按姓名字顺编排的，在已知著者的前提下，很快就可查到所需文献。但要注意外国与中国著者书写上的区别。

3. 号码途径

号码途径是利用文献信息自身的编号检索文献的一种途径。许多文献有固定的注册编号，如报告号、标准号、专利号、合同号、馆藏号、索书号等，一般都是按字母和数字顺序排列。

4. 分类途径

分类途径是按照文献信息的知识内容及所属学科性质分类和检索文献的途径。常用的工具有分类字段、分类目录和分类索引等。分类途径的检索依据是分类法（或称分类表，也称分类语言，见“2.3.2　分类语言”），使用这种检索途径的关键是熟悉和掌握分类表。对于文献信息的学科分类，世界各国都有自己的分类法。此外，对于不同的文献，可能要采用不同的分类法，如专利文献要使用专利分类法，标准文献要采用标准分类法等。

5. 主题途径

主题途径是通过代表文献信息内容的主题词来检索文献的一种途径。常用的工具有主题字段、关键词字段、主题索引、叙词索引、关键词索引等。主题途径的检索依据是主题语言（见“2.3.3　主题语言”），使用这种检索途径的关键是熟悉和掌握主题词表。

2.5.3 信息检索步骤

信息检索步骤即检索过程，一般可归纳为以下5步。

1. 分析研究课题

分析研究课题是整个检索过程的关键，只有对研究课题进行全面的调查了解，才能做到心中有数。分析研究课题应从信息需求的目的和意图入手，明确该课题检索的目的是进行科研立项、科技成果查新，还是进行专利申请、撰写学位论文；是设备论证，还是引进消化；是查找统计数据、事实检索，还是查找医疗信息；是查找某一企业的信息，还是查找某一技术的信息等。

信息检索步骤

2. 选择检索工具或数据库

一般情况下，检索工具或数据库的选择应从课题的学科范围、语种范围、时间范围、文献类型、经费支持、检索功能、服务方式等多方面考虑，要选择专业对口、信誉度高的检索工具或数据库。此外，选好检索工具或数据库后，还应在一定的范围内试查一下，看是否合适。

3. 确定检索途径（检索字段）及检索方式，构造检索提问式

如前所述，检索途径（检索字段）包括分类、主题、著者、序号等，检索方式有基本检索、高级检索、专业检索、指令检索、分类检索等。具体选择哪一种，一要根据研究课题的已知条件，二要根据所选检索工具或数据库。如查夏延致发表的有关成果，若是查找其发表的期刊、会议论文或是申报的基金，就要从作者途径（字段）入手，输入“夏延致”这一检索词；若是查找其发明的专利，就要从发明（设计）人途径（字段）入手，输入“夏延致”这一检索词；有时为了排除同名作者，还需要了解夏延致先后在哪些单位工作、学习过或与哪些单位进行过合作。

所谓构造检索提问式，就是用各种检索算符将简单概念的检索词组配成能表达课题需求的复杂概念的检索提问式。其中，检索词的选择至关重要，若课题的已知条件是某一作者或文献编号或书刊名称等，那么，检索词就用相应的作者名称、号码或书刊名称作检索标目；若课题的已知条件仅仅是课题内容，那么，只能对课题内容进行主题分析，核对主题词表或分类表，确定检索词的标识。

4. 实施检索

在分析课题的基础上，选择好检索工具或数据库后，即可按照一定的检索途径（检索字段）和检索方式实施检索。经过阅览便可决定取舍，凡符合课题要求的应随时记录其文献出处或勾选文献记录前的序号，以便查考原文备用。

但是，在实际的课题检索当中，首次输入的检索提问式的检索效果，并不一定就完全符合用户的要求，此时，就需要及时采取措施、调整检索策略。有关调整检索策略的内容详见“2.6　检索策略”。

5. 索取原始文献

索取原始文献看似简单，但实际操作起来并非易事。

对于全文库的检索，一般都能看到原文。而在文摘、题录、索引型数据库中，若出版商提供了文献出处的链接，本馆也购买了其相应的全文库，则可一键链接到全文库；对于没有订购全文库的单位，可通过网络求助、OA出版物下载全文，或使用一些机构的原文传递功能索取全文。

2.6 检索策略

检索策略是对全部检索过程进行总策划而提出的全盘检索方案，因此，检索策略的制订与调整对检索结果至关重要。本节从检索策略的制订和调整两个方面进行阐述，并列举了两个检索策略调整的实例。

2.6.1 检索策略的制订

检索方案制订得如何，直接关系到检索的成败，因此，编制检索策略意义重大。检索策略一般包括以下两个方面。

检索策略的制订

1. 确定检索工具或数据库

参见“2.5.3 信息检索步骤”中的“2. 选择检索工具或数据库”。

2. 确定检索途径（检索字段）及检索方式，构造检索提问式

参见“2.5.3 信息检索步骤”中的“3. 确定检索途径（检索字段）及检索方式，构造检索提问式”。

2.6.2 检索策略的调整

制订好检索策略后，检索任务只能算完成了一半，因为在实际检索过程中，并非一次检索就会获得满意的检索效果。此时，就需要及时采取补救措施，调整检索策略。检索策略的修改和调整，在实际操作上，主要指数据库的选择和检索表达式的编制，前者取决于现有的数据库资源，后者则直接反映检索目标。一般情况下，如果检出结果过多，就应在提高查准率上下功夫，主要从缩小检索（简称“缩检”）入手；如果检出结果过少，就应在提高查全率上下功夫，主要从扩大检索（简称“扩检”）入手。

检索策略的调整

1. 扩检时，调整检索式的主要方法

（1）增加同义词、相关词和近义词，并多用“OR”算符。例如，查找“亚洲的粮食产量”，输入“亚洲 * 粮食”，可能没有检索结果或很少。此时应该找出“亚洲”所代表的具体国家，改输入“（中国 + 日本 + 韩国 +…）* 粮食”。

（2）多选一些上位词或相关词，降低检索词的专指性。例如，用 EI 检索 1993 年以前的标题词表，查苹果种植方面的文献，就要先使用 EI 的一级标题词“Fruit”，然后找二级标题词“Apple”，而不能直接用“Apple”查找。

（3）采用分类号进行检索。从揭示文献的广度和深度来看，依据分类体系检索恰到好处，它既能按文献的内容查找，又能把这一类文献收集齐全。例如，查音响方面的国家标准，用 M72 可查找近 40 项有关音响方面的标准，如按“音响”的标准名称查找，只有数条这方面的国家标准，而音频组合设备、声系统设备、电声设备、扬声器、声学设备、扩声系统等与“音响”相关的国家标准漏检了，因此只从名称查找很难查全。

（4）删除没有实际意义的概念组面。删除没有实际意义的概念组面，即减少逻辑与（AND）和逻辑非（NOT）的运算。例如输入“网络 * 诉讼 * 案件 * 研究”，改输入“网络 * 诉讼”。

（5）调整字段限制符，由严变松。例如，在 Elsevier 库的专家检索中输入“TITLE（“Fire retardant” w/3 fibre）”，检出文献太少，改输入“TITLE-ABSTR-KEY 字段（ “Fire retardant” w/3 fiber）”，不仅可把阻燃纤维检出，还可把阻燃陶瓷纤维、阻燃玻璃纤维等检出。

（6）减少或去除某些过严的位置算符，改用逻辑与算符。例如，在 Elsevier 库的高级检索中输入“TITLE-ABSTR-KEY（ “Fire retardant” w/2 fiber）”，检出文献很少，改输入“TITLE-ABSTR-KEY（ “Fire retardant” AND fibe）”，检出文献数量得到改观。

（7）使用截词技术。例如，查找会计管理方面的文献，在 Elsevier 库的文摘字段输入“accountant and manage”，检出文献很少，如使用截词算符“accountant and manage*”，则检出文献数量可观。

若采用以上扩检措施，检索结果仍不理想，则应该考虑更换检索工具或数据库。

2. 缩检时，调整检索式的主要方法

（1）提高检索词的专指性，增加或换用下位词和专指性较强的自由词。例如，用 Google 查找张五常关于交易费用方面的 Word 文档的论文，输入表达式“交易费用‘张五常’论文”，检出文献太多；考虑论文的写作形式和格式，用关键词替换论文，并用 doc 文件格式加以限定，输入表达式“filetype:doc 关键词 交易费用‘张五常’”，则检出的文献不仅数量减小，而且可保证检出的文献基本都是 Word 文档的论文。

（2）增加 AND 算符，以便进一步限定主题概念的相关检索项，提高检准率。例如，用百度查找汽车过户的手续与保险方面的资料，输入表达式“‘汽车过户’（手续 | 保险）”，则会检出全国各地有关汽车过户的手续与保险方面的资料；若只想查某一个城市这方面的资料，可在以上表达式的基础上，增加 AND 算符并再加某一个城市名称即可，如“青岛‘汽车过户’（手续 | 保险）”。这样检出的资料就会大大提高检准率。

（3）用检索字段限制检索。例如，限定在篇名字段和叙词字段中进行检索。

（4）利用文献的外表特征限制，如文献类型、出版年代、语种、作者等。例如，在 Web of Science 中的 3 大索引中检索有关 HACCP 在食品安全及卫生方面的期刊文献，使用高级检索的主题字段检索“TS=（safety OR security OR hygiene）AND TS =（HACCP and food*）”，检出文献数量太多，若限制在文献综述中检索，则检出文献数量比较可观。

（5）用 NOT 算符来排除一些无关的检索项。

（6）适当地使用位置算符，或调整位置算符由松变严。例如，用 EBSCO 数据库查啤酒发酵方面的期刊论文，输入表达式“AB beer AND ferment*”，检出文献数量很多，若把啤酒发酵之间的逻辑与（AND）算符改为位置算符——n2：AB beer n2 ferment*，则检出的论文就比较合适。

采取上述调整方法时，要针对所检课题的具体情况和所用检索系统的客观实际综合分析，灵活运用。

3. 检索策略调整实例

（1）检索海信电视在我国西部的市场状况

检索表达式：海信 * 电视 * 西部 * 市场。

为了提高检全率，实检后调整为：海信 * 电视 *（西部 + 四川 + 西藏 + 新疆 + 甘肃）。考虑提高检准率，实检后调整为：海信（2W）电视（S）（西部 + 四川 + 西藏 + 新疆 + 甘肃）。

（2）查找“服装品牌设计”

检索表达式：garment* brand（ ）design？？。

为了提高检全率，实检后调整为：（apparel+clothing+garment+fashion）* brand（ ）design？？。

考虑提高检准率，调整优化为：（apparel+clothing+garment+fashion）（s）brand（ ）design？？。进一步调整优化为：（apparel+clothing+garment+ fashion）（3n）brand（ ）design？？。

2.7 小结

本章主要介绍了与信息检索有关的一些基本概念和基本技能，如信息源与信息媒体，数据库的结构，检索语言，3 种计算机检索技术，信息检索方式、途径和步骤以及检索策略的制订和调整，这些内容都是用计算机进行信息检索和处理所必须具备的实战技能，是后面几章进行数据库和网络检索的基础。

2.8 习题

1. 简述电子文献信息媒体的几种划分形式。

2. 什么是检索语言？它有哪些类型？

3. 《中图法》分类号由哪几部分组成？找出本专业论文的三级分类号。

4. 利用分类和主题途径检索文献的关键是什么？

5. 要查找日本三菱人造丝株式会社发明的专利，用什么途径查找？请写出该途径的检索入口词。

6. 在扩大检索和缩小检索情况下，调整检索式的主要方法有哪些？各列出 3 种。

7. 列出计算机检索的几种主要算符。

8. 试比较截词检索和位置检索技术的主要功能。

9. 使用布尔逻辑组配算符，列出以下课题的检索表达式。

（1）唐代历史或经济。

（2）国外氨纶产量（只能用中国、氨纶和产量 3 个词表述）。

（3）机械变量或车辆自动化。

Chapter 03

第 3 章 中文数据库检索

信息检索借助计算机和 Internet 这对翅膀，展翅高飞，迎来了电子化数据库的春天，使得信息检索又上了一个新台阶。本章就从中文数据库检索开始介绍。

3.1 读秀学术搜索

本节重点介绍读秀学术搜索的检索方式、获取全文的途径及超星阅读器的功能。

3.1.1 超星公司简介

超星公司成立于 1993 年，长期致力于数字图书馆技术的开发及相关应用与推广，是我国专业的数字图书馆技术服务商和数字图书馆解决方案提供商，主要为世界各地用户提供图书查询服务。1997 年超星公司提出并研发成功基于 Internet 的数字图书馆技术，开通在线数字图书馆——瑞得 - 超星数字图书馆，2000 年创办“超星数字图书馆”品牌，并入选“国家 863 计划中国数字图书馆示范工程”。到目前为止，超星数字图书馆已是全球较大的中文在线图书馆之一，有丰富的数字图书资源，目前有中文图书数百万册，涵盖《中国图书馆分类法》（以下简称《中国法》）22 个大类。2007 年，超星公司又推出了超星数字图书馆的姊妹库——读秀学术搜索库。

读秀学术搜索

3.1.2 读秀学术搜索库

读秀学术搜索库以超星数字图书馆的 430 万种图书（10 亿页中文资料）为基础，不仅扩展了超星数字图书馆的许多功能，还把视角延伸到图书以外的多维信息资源中。其特色功能可概括为如下 4 个方面。

1. 整合各种文献资源于同一平台，实现统一检索管理

超星公司将读秀学术搜索框嵌入图书馆门户首页，把图书馆现有的纸质图书和电子图书以及各种学术异构资源（相关的词条、人物、图书、期刊、报纸、论文、网页等多维信息）整合到同一平台下，实现了读秀的多面搜索，避免了各种学术异构资源逐一登录、逐一检索的弊端，读者可在读秀平台上查询、链接所有馆藏中文、外文信息，从而突破了文献类型、文种的束缚，实现了集各种文献资源于同一平台、实现统一检索管理的模式。

2. 检索图书深入章节和全文，实现基于内容的检索

读秀学术搜索库突破超星数字图书馆传统检索模式的局限，检索结果不仅仅停留于书名和作者、主题词等字段，而是围绕关键词深入图书的目录、章、节，直至全文进行检索，不仅扩大了知识搜索的范围，还可实现基于图书内容的检索。

3. 可为读者整合各种获取资源的途径，并提供多种阅读方式

读秀学术搜索库的海量资源与用户图书馆资源整合，在为用户打造一个完整资源库的同时，也为用户提供了多种获取和阅读资源信息的捷径，如阅读本馆订购的电子图书、借阅馆内纸质图书、图书试读、文献传递阅读（可以申请图书馆文献传递的数据量达到数百万册）、参考其他图书馆借阅、网上购买等，从而可全方位地满足读者快速获取知识的需要。

4. 提供个性化服务

读秀学术搜索库可定制流量统计系统、图书推荐系统和图书共享系统等特色功能，满足用户的管理需求和读者的阅读需求。

3.1.3 检索方式

读秀学术搜索与超星数字图书馆一样，提供远程包库、本地镜像和读书卡 3 种专业服务平台。远程包库、本地镜像方式主要适用于团体单位用户购买超星公司检索方式的数字资源；读书卡方式主要面向个人用户，可在超星公司的主页进行注册、充值使用。采用远程包库或本地镜像的高校用户，通过 IP 地址控制使用权限，凡隶属 IP 范围内的用户，既可通过“校园网图书馆”中的相应链接进入，又可直接输入其 IP 地址进入。

检索方式

读秀学术搜索整合各种文献资源于同一平台上，其读书卡用户与远程包库、本地镜像用户的检索方式基本相同，均提供基本搜索、高级搜索、专业搜索和分类导航 4 种不同的检索界面。下面以图书为例介绍这 4 种检索界面的使用方法。

1. 基本搜索

基本搜索是读秀学术搜索主页上的默认检索界面，只支持简单课题的查询，只要在检索框内输入要查找的关键词，然后单击“中文搜索”或“外文搜索”按钮，即可在读秀学术搜索提供的知识、图书、期刊、报纸、学位论文、会议论文、文档、电子书等多维检索频道中任意搜索。

例题：查询有关“情商”方面的信息，基本搜索界面如图 3-1 所示。

图 3-1　基本搜索界面

2. 高级搜索

读秀学术搜索的“高级搜索”按钮隐含在图书搜索中，高级搜索设有更多的搜索框，如图书频道中设有书名、作者、主题词、出版社、ISBN 和中图分类号 6 个搜索框，另有图书分类号和年代的选项。因此，高级搜索能够满足读者的多条件搜索。

例题：要查询吴维库编著的有关“情商与影响力”方面的图书，高级搜索界面如图 3-2 所示。

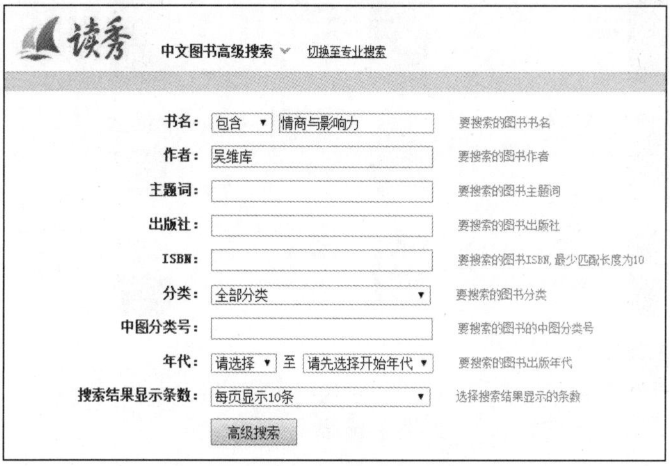

图 3-2　高级搜索界面

3. 专业搜索

专业检索只提供一个大检索框，用户在此可使用读秀学术搜索所给的字段，灵活地运用逻辑与（*）、逻辑或（|）、逻辑非（-）、小括号（ ）构造检索表达式，从而使检索摆脱基本搜索和高级搜索的束缚。

例题：查找南派三叔 2000 年以后发表的图书作品，专业搜索界面如图 3-3 所示。

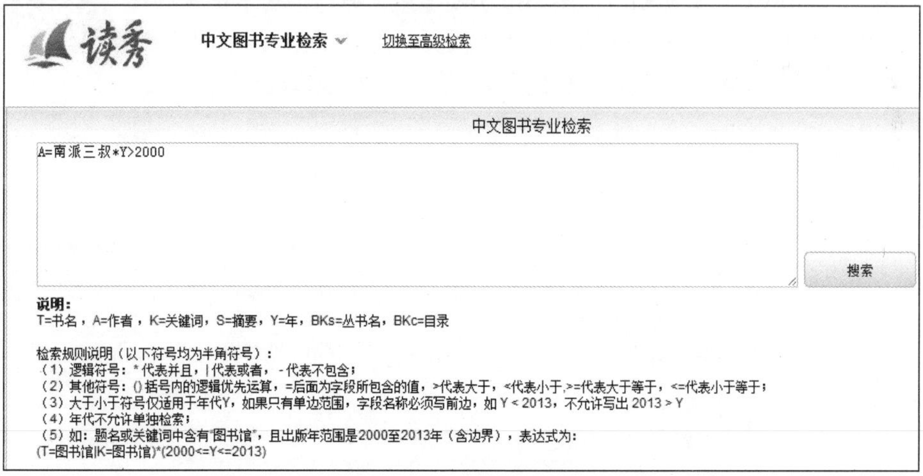

图 3-3　专业搜索界面

4. 分类导航

想了解某一学科都有哪些图书，使用分类导航可谓一劳永逸。读秀学术搜索的图书分类导航包含《中图法》22 个大类和古籍类，共 23 个大类。

例题：浏览有关非洲语言的斯瓦希里语图书，分类导航界面如图 3-4 所示。

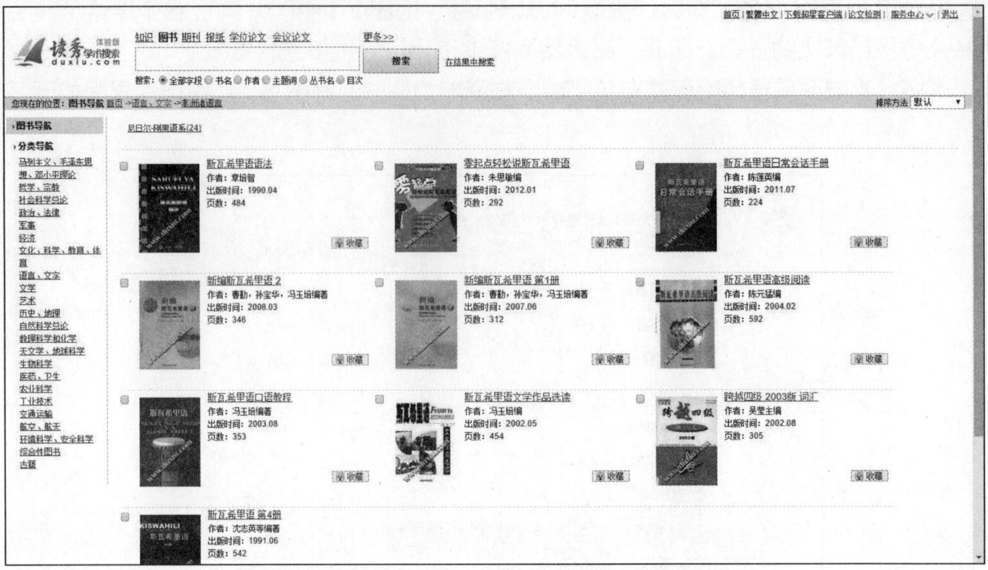

图 3-4　分类导航界面

3.1.4 检索结果

1. 结果显示

读秀学术搜索的检索结果以列表的形式显示，最多有 3 栏列表，如图 3-5 所示。中栏锁定在与检索词相关的题录信息，可把与检索词相关的全部知识信息列出；使用左栏资源列表可进一步按年度、专题聚类检索；使用右栏资源列表则可实现知识点多角度切换检索，把与检索词相关的词条、人物、图书、期刊、报纸、文档、学位论文、会议文献、课程课件、考试辅导、政府公开信息、专利、视频等多维信息全面地展现出来。

检索结果

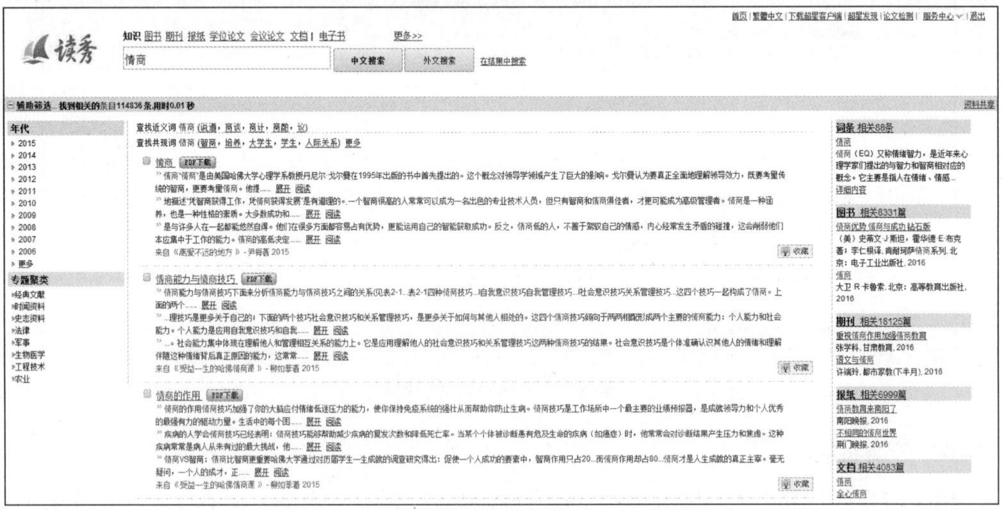

图 3-5　检索结果显示界面

2. 查看图书详细信息

单击检索结果显示界面右栏的“图书”，同时把左栏资源列表“类型”限定在“本馆馆藏纸书”，中栏即可把检索结果锁定在本馆馆藏纸质图书上，并可查看图书封面、书名、作者、简介和分类等信息。单击某本图书封面或书名可进入图书详细信息界面（见图 3-6），图书封面、出版发行、ISBN 号、原书定价、内容提要、参考文献格式等信息将被全面展示，且可以实现以下功能。

图 3-6 图书详细信息界面

（1）查看馆藏信息

在图 3-6 所示的搜索结果界面右上方将显示本馆中的纸质图书和电子图书的馆藏信息等。单击进入，读者可以直接查看馆藏纸书信息，或阅读本馆订购的电子图书全文（包库全文阅读），从而实现电子图书与纸质图书的整合。

（2）图书试读

单击图 3-6“在线阅读”下方的不同选项，可对图书的书名页、版权页、前言页、目录页、正文部分的试读页进行试读。

图书试读

（3）图书馆文献传递中心

如果在本馆无法满足需求，如查询《社会学方法与定量研究》这本书，在读秀学术搜索图书检索界面显示为“部分阅读”，此时可以启用读秀学术搜索的“图书馆文献传递”。读秀学术搜索的这项功能就相当于为读者建立了一个在线馆际互借平台，读者只要在咨询申请表界面（见图 3-7）中，确认“咨询范围”，即本书正文的起始页码，填写本人接收文献传递的电子邮箱及验证码，并单击“确认提交”按钮，就可立即获取所需要的图书资料，十分便捷，因为读秀学术搜索的文献传递是通过机器自动进行的。

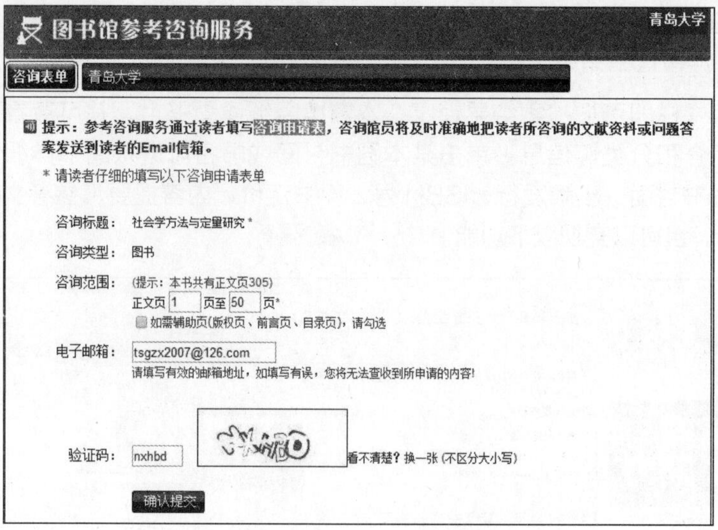

图 3-7　咨询申请表界面

（4）多种获取途径

读者通过读秀学术搜索不仅能阅读本馆电子图书全文、借阅本馆纸质图书，还能通过图书馆文献传递、文献互助、网络书店以及本省市馆藏借阅等途径获取图书全文。

要点提示

- 读秀学术搜索以图书为主，对于图书既可检索又可阅读、试读全文或链接到本馆纸质图书借阅；而对其他类型的文献，可免费检索，但能否阅读全文，要根据读者所在图书馆的权限和 Internet 开放程度而定。尽管读秀学术搜索可对其他类型的文献进行检索，但检索效果与单一文献类型的数据库不可同日而语。
- 读秀学术搜索的“图书馆文献传递”功能限制每本图书单次咨询不超过 50 页，同一图书每周的咨询量不超过全书的 20%，所有文献阅读超链接只能保存 20 天，指定时间后超链接自动失效。

3. 超星阅读器

读秀学术搜索提供两种阅读图书的方式，一种是基于 IE 浏览器的在线阅读；另一种是使用专用阅读器——超星阅读器（SSReader），需要事先下载安装才能阅读图书全文。

超星公司自主研发的超星阅读器 SSReader 5.4 PC 版技术成熟、创新点多、使用群广、下载率高，是专门针对数字图书的阅览、下载、打印、版权保护研究开发的，在超星公司的相关网站上可免费下载。SSReader 界面由菜单栏、功能选项卡和工具栏等组成（见图 3-8）。使用 SSReader 可以实现以下功能。

（1）阅读书籍

阅读时，可利用图书左栏的章节导航选择阅读，单击上下箭头按钮或使用滚屏功能，可完成翻页操作。单击工具栏上的“缩放”按钮，可以调整字体大小，方便阅读。超星阅读器还支持多文档同时阅读。

（2）下载图书

在线阅读会受网络速度的影响，可以把需要的图书先下载到计算机上，以备以后脱机阅读，单击鼠标右键选择“下载”命令即可。

要点提示

使用超星阅读器下载的资料和在图书馆文献传递中心下载和传递的图书全文，在单位取消订购（个人读书卡过期）或指定时间后自动失效，相当于传统图书馆的借阅和归还，读者对资料不拥有永久所有权。

（3）主要图标

在超星阅读器工具栏上有几个重要图标，它们的功能介绍如下。

- 选取文字图标（T图标）：用于按行方式摘取文本时用。由于超星阅读器使用PDG格式存储图书，使用时，选中T图标后，超星阅读器自动启动OCR识别文字插件程序，将选中文字识别后在一新框中显示（见图3-8），可根据需要保存到某一文件中进行编辑。
- 区域选择工具图标：刷子头标记，属于图像快照式的摘取文本，尤其适用于图片采集，对选择的区域，可按原样保存，但不能进行编辑。
- 图书标注图标：标注功能有阅读、批注、随意画线、画圈、高亮、链接等（见图3-8）。
- 书签图标：通过添加书签可以方便地管理图书、网页。

图书标注格式

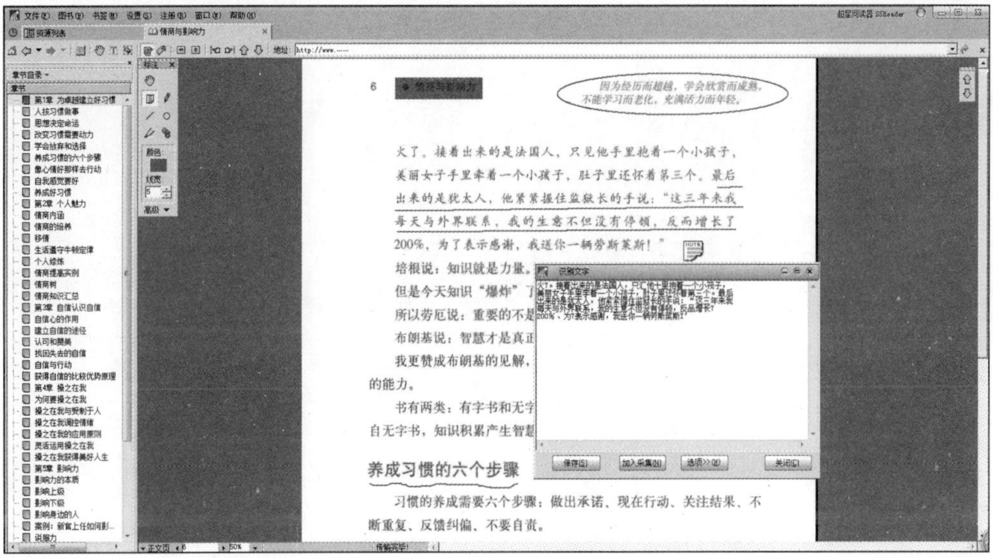

图3-8 超星阅读器界面

【案例分析】

检索"孔子登东山而小鲁"的出处

使用读秀学术搜索的基本搜索，并锁定在知识检索频道中，输入"孔子登东山而小鲁"，单击"中文搜索"按钮后，找到相关的条目数千条，有相关词条、图书、期刊、文档以及其他相关信息，如图3-9所示。读秀学术搜索全面、发散式的搜索是一大创新，不仅能围绕单一文献的关键词检索，还能把与关键词相关的各类文献中所包含的同一内容知识检索出来，从而为研究型读者提供了便捷的知识获取通道。打开图3-9中的第一条文献后面的"阅读"链接可看到更详细的信息，如"孔子登东山而小鲁"的后半句话、注解、原文大意、要点提示及本页来源出处等（见图 3-10），使用起来得心应手。

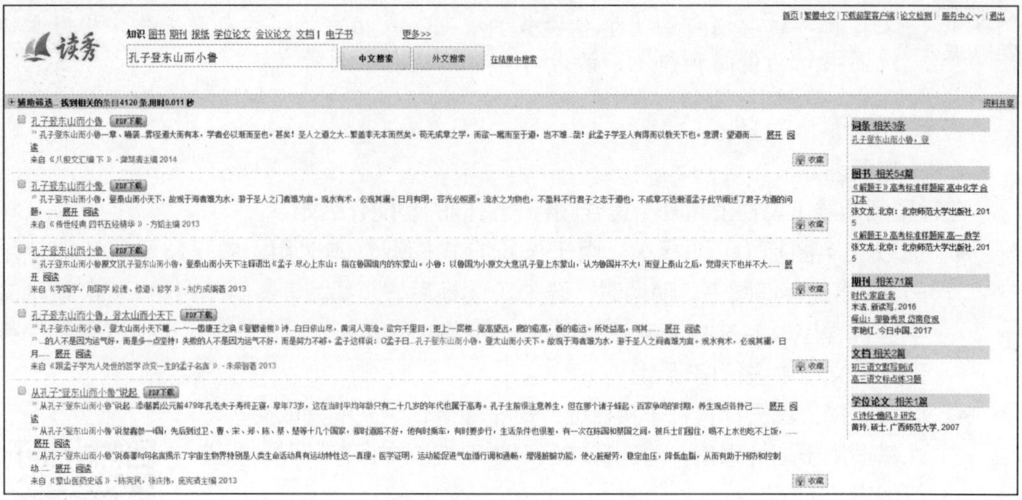

图 3-9　检索结果界面

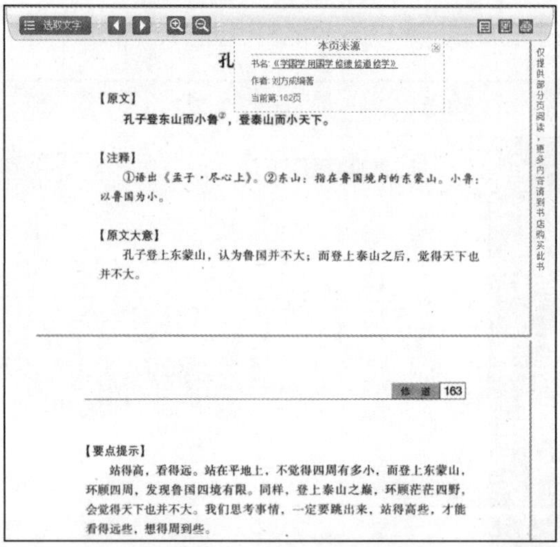

图 3-10　IE 浏览器阅读界面

3.2 中文期刊服务平台

中文期刊服务平台前身为中文科技期刊数据库，是中文光盘创始者，本节将系统地介绍其检索体系。

3.2.1 数据库简介

中文期刊服务平台由国家科学技术部西南信息中心重庆维普资讯有限公司研制开发，因此，有时也称维普期刊库。该库的研制成功，填补了我国没有中文光盘数据库的历史。

中文期刊服务平台是国内最早的中文光盘数据库，目前也是国内较大的综合性文献数据库。该库收录中国境内历年出版的中文期刊 14 000 多种，回溯年限为 1989 年至今，部分期刊回溯至 1955 年，学科遍布理、工、医、农及社会科学（文、史、哲、法，现回溯到 2000 年）。

数据库简介

中文期刊服务平台数据中心网站每日更新，镜像站每季度更新一次。团购的高校用户在校园网内提供资源共享，既可通过本地镜像服务器访问，又可直接访问远程网络的 IP 地址，同时网上提供免费的题录检索库。

3.2.2 检索方式

中文期刊服务平台自研制成功以来，其检索界面不断完善，2016 年改为中文期刊服务平台 7.0 版，如图 3-11 所示。该库可提供基本检索、高级检索、检索式检索和期刊导航 4 种检索方式，并支持逻辑与、逻辑或、逻辑非和二次检索。

检索方式

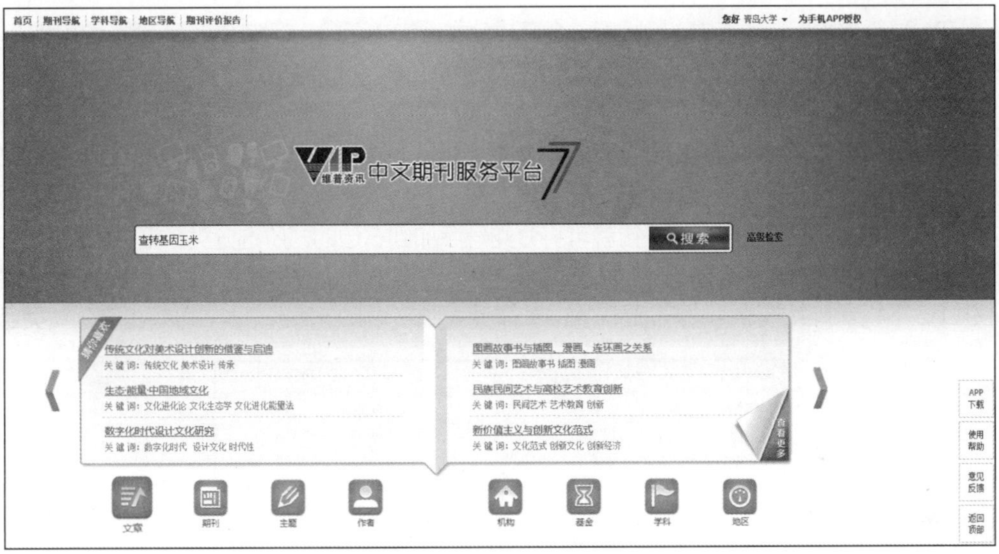

图 3-11 中文期刊服务平台主页

1. 基本检索

基本检索为中文期刊服务平台的默认检索方式，可在平台首页的检索框直接输入检索表达式进行检索，但该检索框只能同时在题名、刊名、关键词、作者名、机构名、基金名等字段中进行检索，若要限定在某一字段中检索，必须进行二次检索。此外，还可借助聚类工具将其限定在期刊收录、学科、主题、机构、作者、期刊、年份、被引范围中进行检索，如查转基因玉米方面的文献资料，如图 3-11 所示。

2. 高级检索

单击中文期刊服务平台右侧的“高级检索”链接，即可进入“高级检索”选项卡，高级检索默认情况下提供 3 行 ×3 列表框式检索，可针对 14 个检索字段使用逻辑算符与、或、非进行组配检索，表框检索一次

高级检索

最多能进行 5 个检索词（5 行）的逻辑组配检索，可通过行两端的“+”“-”按钮增减表框实现。此外，用户还可以按时间、期刊范围、学科等条件进行限定检索，如图 3-12 所示。

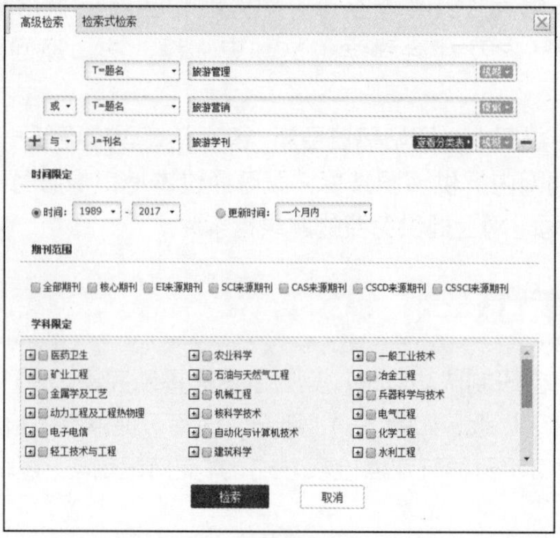

图 3-12　“高级检索”选项卡

在“高级检索”选项卡中，隐藏着一个查找分类表的小窍门。若选中“C= 分类号”字段，与此字段同行的检索词框后面就会出现 查看分类表 按钮，单击此按钮即可进入分类表浏览界面，如图 3-13 所示。分类表使用的是《中图法》，见“2.3.2　分类语言”一节。分类表实际是帮助读者从分类途径检索确定分类号的一个辅助手段。分类表的使用方法：首先在图 3-13 左边的分类表中依次选择所要查找内容的一级、二级、三级分类号等，然后对确定的分类号进行勾选并单击左右两栏中间的 >> 按钮就可将分类号添加到右边的“所选分类”框中，最后单击 确定 按钮即可把这一分类号添加到高级检索界面所对应的检索框中。图 3-13 所示即为在 F590.65 下检索有关旅游企业方面的文献。如果要删除右边某一所选分类，可双击该分类类目。

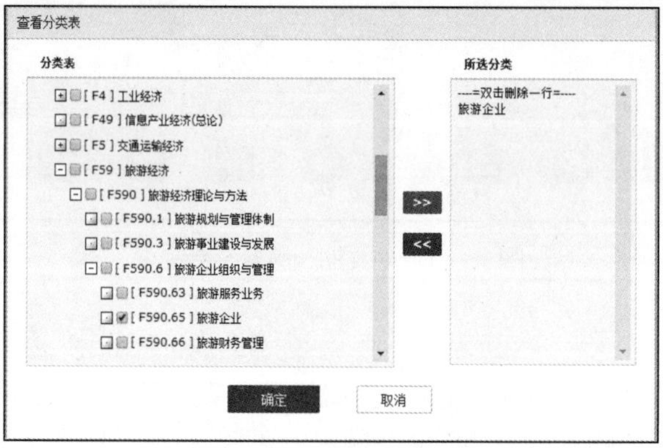

图 3-13　分类表浏览界面

3. 检索式检索

检索式检索隐含在高级检索中，单击“高级检索”旁边的“检索式检索”标签，即可进入“检索式检索”选项卡，如图 3-14 所示。“检索式检索”选项卡虽只有一个检索框，但不受检索词的限制，可灵活地使用各种字段和逻辑算符进行检索，该检索界面很适合复杂检索。使用检索式检索时要注意：分别用 AND、OR、NOT 代表“与”“或”“非”，检索算符必须大写且运算符两边必须空一格；检索字段要使用字段代码表示，可参考高级检索中所给的字段代码，时间、期刊范围、学科等各种检索限定条件与高级检索相同。

图 3-14　“检索式检索”选项卡

4. 期刊导航

单击中文期刊服务平台主页最上方的 期刊导航 按钮，即可进入期刊导航界面，如图 3-15 所示。

期刊导航

图 3-15　期刊导航界面

期刊检索界面可分别按刊名、ISSN、CN、主办单位、主编、邮发代号进行检索。聚类筛选界面，有核心刊导航［包括中国科技核心期刊、中国科学引文数据库来源期刊库、北大核心期刊（2004 版、2008 版、2011 版、2014 版）、中文社会科学引文索引来源期刊、中国人文社科核心期刊］、国内外数据库收录导航、地区导航、主题导航多种期刊聚类方式等。此外，还可按首字母查找期刊和按类别（35 类）浏览期刊。

期刊导航不仅可检索某种杂志上的文献，而且是读者投稿的指南，可帮助读者了解期刊主办信息，如地址、邮政编码、电话、电子邮件和期刊所设栏目等信息。

【案例分析】

检索旅游学刊上发表的有关旅游管理或旅游营销方面的文献资料

由题目内容可知，本案例是要检索在旅游学刊杂志上论述有关旅游管理或旅游营销方面的文献资料。该案例无论使用何种检索方式都可完成，使用高级检索的表达式，如图 3-12 所示。使用检索式检索的表达式为：J= 旅游学刊 AND（T= 旅游管理 OR t= 旅游营销）。检索结果如图 3-16 和图 3-17 所示。

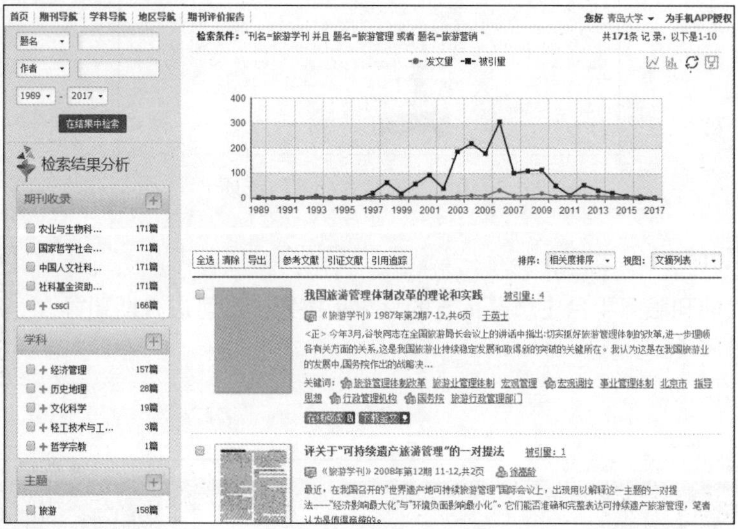

图 3-16 检索结果界面

旅游学刊 第31卷 2016年第4期 Tourism Tribune Vol. 31 No. 4, 2016

·旅游与哲学·

知识论视角审视下的旅游管理研究命题

李 军

（中山大学旅游学院，广东 珠海 519082）

[摘 要]信息大爆炸时代，甄别出真正意义上的知识尤为紧迫和重要。然而，由于旅游管理的研究具有多学科介入的特性，旅游研究所生产的知识很难以单一学科标准进行评判，因此从知识论视角对旅游研究的审视是一种比较可靠和可行的标准。文章首先详细阐述柏拉图《泰阿泰德篇》关于知识的定义，以及现当代对柏拉图这个对话录中的知识定义所进行的全新而深入的解读。之后再对现当代哲学家们对包括知识定义在内的知识论的主要发展进行阐述和回顾。然后选择一个很具有代表性的、著名的旅游管理研究命题作为案例，按照知识论的四个重要方面(知识的定义、知识的分类、知识的可靠性和知识的真理性)来分析和评判其研究，以展示和呈现这一类实证主义范式的旅游管理研究所具有的知识论意义及其缺失之处。最后作了总结并阐述了对未来旅游研究所具有的启发意义。

[关键词]知识论；知识定义；真理性；证成；信念

哲学在社会科学研究的重要意义已为旅游学术界所认识。尤其对于旅游研究，"旅游学者通常更加迟疑于改进他们自己对支撑知识生产和实践的哲学和理论过程的理解"[1]；Hollinshead解释了在社会(旅游)研究行为之前必须考虑的本体论假定[2]。而国内也有学者提出了旅游哲学的一些大纲性问题[3]，虽然从本体论视角来看具有一定的开创性意义，但却基本没有知识论视角的讨论。赖坤等人的最新研究表明，包括本体论和知识论的研究范式观点对学者在具体旅游研究问题的认识和选择上存在重要影响作用，并且还影响到研究方法的选择[4]；不过这是从科学哲学视角进行的旅游问题学研究，且目前从哲学本体论视角对旅游研究进行反思

图 3-17 全文显示界面

3.2.3 检索结果

中文期刊服务平台检索结果界面一般可显示检索条件、检出文献总篇数，并将检出文献以“勾选框、论文首页全文下载、论文标题、被引量、期刊图标、刊名及出处、作者、摘要、关键词”的题录形式加以显示，另有在线阅读、下载全文的链接，如图 3-16 所示。

检索结果

中文期刊服务平台的全文显示格式有 VipOCR 和 PDF 两种，PDF 是一种标准化电子格式，目前多数数据库都采用这种全文格式，因此计算机最好预先下载安装一款能阅读 PDF 格式的软件——Adobe Reader、Acrobat 或 Foxit Reader，否则无法阅读全文。图 3-17 所示即为 PDF 格式的全文显示界面。

此外，还可以对文献进行“全选、清除、导出、参考文献、引证文献、引用追踪”处理。

3.3 中国学术期刊网络出版总库

3.3.1 数据库简介

中国学术期刊网络出版总库（China Academic Journal Network Publishing Database，CAJD）是中国知网即国家知识基础设施（China National Knowledge Infrastructure，CNKI）的系列数据库之一。CNKI 的概念，首先由世界银行于 1998 年提出，后由清华大学光盘国家工程研究中心、清华同方光盘股份有限公司等单位发起，于 1999 年 6 月开始实施。目前 CNKI 已建成了十几个系列知识数据库，而 CAJD 是目前世界上较大的连续动态更新的中国学术期刊全文数据库。

CAJD 收录我国自 1915 年以来国内出版的 8 000 余种学术期刊，内容涵盖 10 大专辑：基础科学、工程科技Ⅰ、工程科技Ⅱ、农业科技、医药卫生科技、哲学与人文科学、社会科学Ⅰ、社会科学Ⅱ、信息科技、经济与管理科学。该库有独家出版刊物和优先出版物，还有引文链接功能，有助于利用文献耦合原理扩大检索收获，还可用于个人、机构、论文、期刊等方面的计量与评价，并能共享 CNKI 系列数据库的各种服务功能，如 RSS 订阅推送、CNKI 汉英 / 英汉辞典、跨库检索、查看检索历史等。其全文显示格式有两种，即 CAJ 和 PDF，可直接打印，也可用电子邮件发送或存盘。CNKI 产品形式多样，其中中心网站版和网络镜像版可通过互联网或卫星传送数据实现每日更新，光盘版每月更新。目前高校可通过网上包库或本地镜像的形式购买 CAJD，校园网内的用户既可通过图书馆中的相应链接进入，又可直接输入其 IP 地址进入。有些单位下载期刊全文可能还要使用本单位的密码，而 CAJD 题录库在网上没有任何限制，可免费检索。

3.3.2 检索技术

检索技术是数据库检索的核心，CAJD 的部分检索技术如表 3-1 所示。

表 3-1　CAJD 部分检索技术一览表

算符名称		算符标识	检索含义
逻辑检索	逻辑与	并且、AND	多词同时出现在文献中
	逻辑或	或者、OR	任意一词出现在文献中
	逻辑非	不含、NOT	在文献中出现算符前面的词，但排除算符后面的词
优先级检索		（　）	括号里的运算优先执行
位置检索		并含、*，或含、+，不含、-	相当于同字段或同句话中执行的逻辑与、或、非
精确匹配		精确、=	检索结果完全等同或包含与检索字（词）完全相同的词语
模糊匹配		模糊、%	检索结果包含检索字（词）或检索词中的词素

3.3.3 检索方式

中国知网主页如图 3-18 所示，在此单击左上方的期刊按钮，即可进入 CAJD 检索界面。在 CNKI 这个平台上，各数据库界面及功能相似，CAJD 检索界面曾多次改版，现设有高级检索、专业检索、作者发文检索、句子检索和一框式检索，此外还有期刊导航。在此仅介绍一框式检索、高级检索、专业检索和期刊导航。

图 3-18　中国知网平台

在 CAJD 中，除了一框式检索外，其他几种检索的检索界面均由左右两栏组成，左栏为学科分类导航，默认状态下分 10 大专辑，也可根据需要选择。因此，检索界面的区别主要是右栏的不同，如图 3-19 所示。

图 3-19 CAJD 检索界面

CAJD 能提供 20 个检索项（检索字段），分布在不同的检索方式中，检索项之间可使用逻辑与、逻辑或、逻辑非进行项间组合（项间组合即检索项之间的逻辑组合），同一检索项中还支持相应的位置检索算符，此外，还支持二次检索。

1. 一框式检索

一框式检索是一种简单检索，快速方便，默认只有一个检索框，只在全文中检索，可输单词或一个词组进行检索，并支持二次检索，但不分字段，因此查全率较高、检准率较低。图 3-19 所示为查找杜泽逊发表的期刊论文的表达式。

2. 高级检索

高级检索是 CAJD 上的默认检索界面，其右栏由输入检索条件、输入检索内容和检索算符几部分构成。检索内容指主题、篇名、关键词、摘要、全文、参考文献、中图分类号、作者、作者单位、来源期刊、支持基金等检索项（检索字段）；检索条件指期刊年期、来源类别、仅限优先出版论文、中英文扩展、同义词扩展等检索项。

高级检索

高级检索是一种较一框式检索复杂的检索方式，它既支持单词（组）检索，又支持多项双词逻辑组合检索。多项指可选择多个检索项，可通过单击检索项前面的“+”“-”来增减检索项。双词指一个检索项中可输入两个检索词，每个检索项中的两个词之间可进行 3 种检索位置算符组合：并含、或含和不含。逻辑指检索项之间可使用逻辑与（并且）、逻辑或（或者）和逻辑非（不含）进行项间组合。例如，要查找清华大学和北京交通大学 2012—2016 年期间申报的国家自然科学基金项目的情况，且要求文献的来源必须是声誉较高的学术性资源，检索界面如图 3-20 所示。

3. 专业检索

专业检索比高级检索功能更强大，但需要用户根据系统的检索语法编制检索式进行检索，适用于熟练掌握检索技术的专业检索人员。单击 CAJD 中的专业检索即可进入专业检索界面，专业检索只提供一个大检索框，用户要在其中输入检索字段、检索词和检索算符来构造检索表达式进行检索，如图 3-21 所示。

专业检索

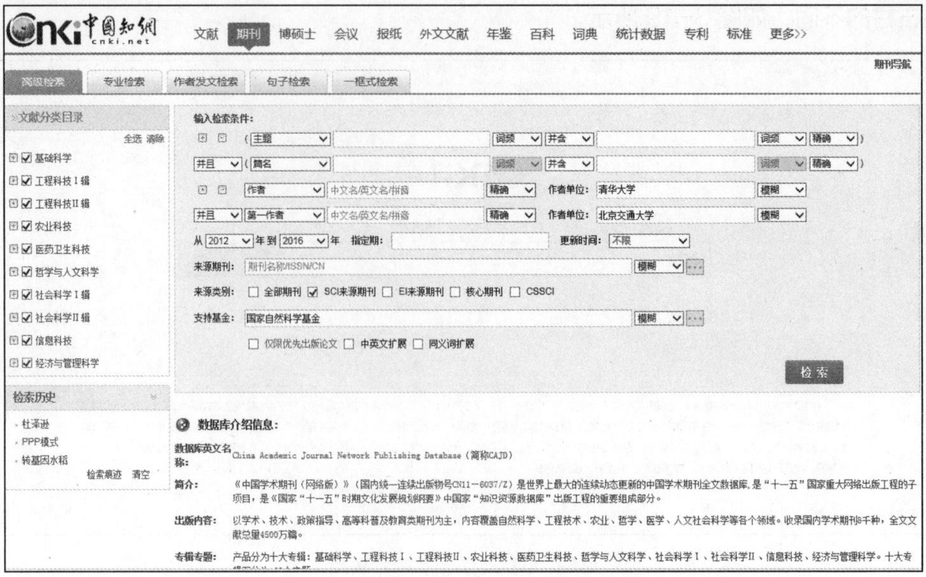

图 3-20　CAJD 高级检索界面

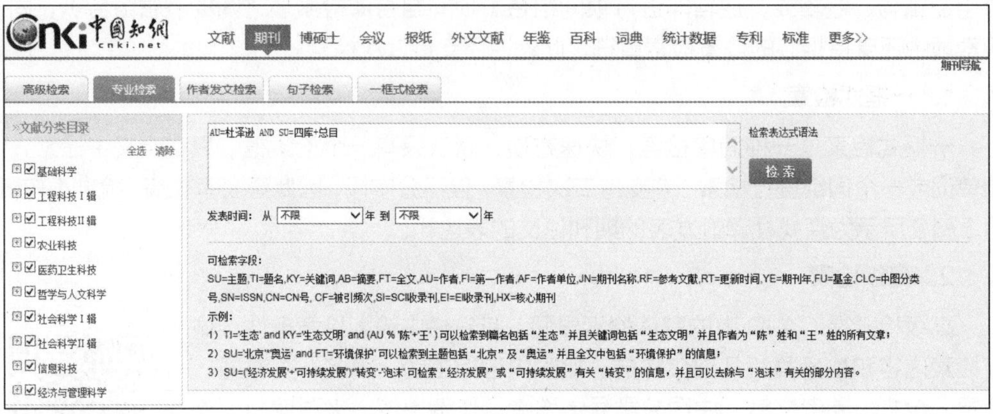

图 3-21　CAJD 专业检索界面

专业检索提供 20 个可检字段：SU= 主题，TI= 题名（篇名），KY= 关键词，AB= 摘要，FT= 全文，AU= 作者，FI= 第一作者，AF= 作者单位，JN= 期刊名称，RF= 参考文献，RT= 更新时间，YE= 期刊年，FU= 基金，CLC= 中图分类号，SN=ISSN，CN=CN 号，CF= 被引频次，SI=SCI 收录刊，EI=EI 收录刊，HX= 核心期刊。

要点提示

（1）专业检索中，表达式的符号要在半角（英文）状态下输入，如小括号、等号等。

（2）专业检索中，同一字段的检索词之间可用“*”“+”“-”构造检索表达式，检索词与算符之间是否空格无所谓；不是同一字段的检索词之间要用“AND”“OR”“NOT”构造检索表达式，且检索词与算符之间要空一格。

4. 期刊导航

单击 CAJD 右上方的“期刊导航”链接，即可进入期刊导航界面，如图 3-22 所示。

期刊导航展现了CAJD目前收录的10 800余种期刊，用户既可按刊名（曾用刊名）、主办单位、ISSN和CN 4种查询方式检索期刊，又可按CAJD提供的12种期刊导航方式直接浏览期刊的基本信息及索取全文。CAJD提供的12种期刊导航方式如下。

期刊导航

（1）全部期刊。

（2）学术期刊。

（3）优先出版期刊：指CAJD的网络出版时间早于纸本发行时间，CAJD对于优先出版物采用红色篇名标注。

（4）独家授权期刊。

（5）世纪期刊：只回溯1994年之前出版的期刊。

（6）学科导航：按照期刊内容知识进行分类，分为10个专辑、168个专题。

（7）数据库刊源导航：按期刊被国内外其他著名数据库收录情况分类，如全部期刊、SCI来源期刊、EI来源期刊、核心期刊。

（8）主办单位导航：按期刊主办单位分类。

（9）出版周期导航：按期刊出版周期分类，如年刊、季刊、月刊、旬刊、周刊等。

（10）出版地导航：按期刊出版地分类。

（11）发行系统导航：按期刊发行方式分类，如邮发期刊、非邮发期刊和国际发行期刊。

（12）核心期刊：只包括2014年版“中文核心期刊要目总览”收录的期刊，并按核心期刊表进行分类排序。

图3-22　CAJD期刊导航界面

【案例分析】

检索杜泽逊发表期刊论文的主题中含有四库及总目的文献

由题目内容可知，本案例要检索的是杜泽逊发表的在期刊论文的主题中含有四库或含有总目的论述，该案例使用专业检索或高级检索较好。该案例使用专业检索的表达式为：AU=

杜泽逊 AND 主题＝四库＋总目。检索结果如图 3-23 所示。图 3-24 所示为 CAJD 引文网络界面。引文网络，即知网节是一条知识链接的纽带，通过这条纽带，研究人员可找到一批相似文献、相关机构、相关作者。在引文网络界面中，通过参考文献、二级参考文献可追溯课题的发展历史、研究背景；通过共引文献、同被引文献可了解课题的研究现状、目前进展；通过引证文献、二级引证文献可展望课题的发展方向、后续研究。

要点提示

CAJD 中的主题字段并非仅指单一的主题词，而是题名、关键词和摘要的总称。

图 3-23　CAJD 检索结果界面

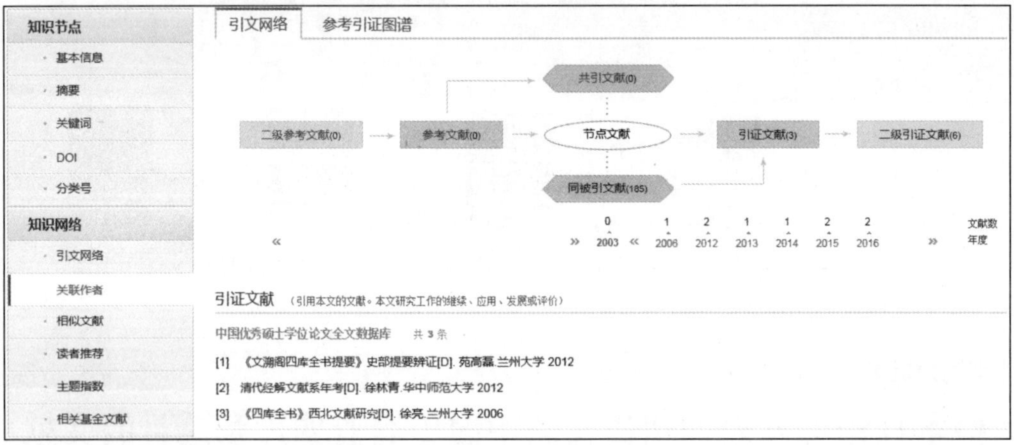

图 3-24　CAJD 引文网络界面

3.3.4 检索结果

1. 结果显示

在 CAJD 检索结果界面可看到检出文献记录总数，检索结果以“序号、篇名、作者、刊名、年 / 期、被引、下载、阅读和热度”的题录形式显示，如图 3-23 所示。若想看文章摘要、关键词、知网节等信息，则要单击篇名链接，如图 3-24 所示；若要看全文，则要单击 CAJ 或 PDF 图标，下载原文，如图 3-25 所示。

检索结果

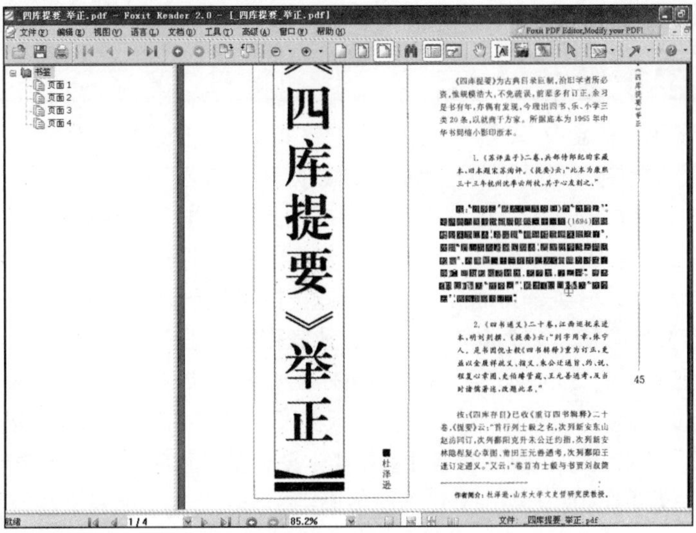

图 3-25　PDF 全文界面

2. 全文阅读浏览器

CAJD 的全文显示格式有 CAJ 和 PDF 两种，第一次阅读全文必须下载安装 CAJ 或 PDF 全文浏览器，否则无法阅读全文。

（1）CAJ 浏览器

CAJ 浏览器是中国知网自己研发的专用检索浏览全文的阅读器。它功能齐全，有查找字符串、打印全文功能，能按原版显示效果打印，并能从 CAJ 上抓取文章内容，进行文本、图像摘录、保存和编辑。

（2）PDF 格式

PDF 格式在学术论著中广泛使用。目前，出版商发行的数据库大多采用 PDF 格式。PDF 工具栏上几个重要图标的作用介绍如下。

- 手形图标：阅读器的默认图标，可上下快速移动光标，调整页面位置。
- 放大和缩小图标：可更改文档的放大率和缩小率，调整字体大小。
- 文本选择图标：可选择 PDF 文档中的文本或文本块，利用“复制”和“粘贴”命令将选定的文本复制到其他应用程序。图 3-25 所示右栏描黑部分即为选中要摘录的文本块。
- 保存副本图标：选择该图标可下载全文，也可以附件的形式将其发送到邮箱中进行保存。

3.4 中国人民大学复印报刊资料库

中国人民大学复印报刊资料库简称人大复印报刊资料全文库，是公认的社科研究领域的精品文献库，但该库没有报刊等级之分，只注重论文品质。本节将带领读者了解人大复印报刊资料全文库。

3.4.1 数据库简介

人大复印报刊资料全文库是人大数媒科技（北京）有限公司以中国人民大学书报资料中心的复印报刊资料系列数据库为内容基础，辅以先进的检索方式和优质的期刊、论文推荐而形成的人文科学、社会科学资料库。该库汇集了 1995 年至今“复印报刊资料”系列期刊的全部目录，按专题和学科体系分类编排而成，部分专题已回溯到创刊年。人大复印报刊资料全文库最初划分为政治、经济、教育和文史语言 4 大类，2006 年开始改按哲学、政治、法律、社会总论，经济类，文化、教育、体育类，语言文字、文学、艺术、历史、地理、其他类新 4 大类出版；2007 年又增设了数学、物理、化学大类，2013 年改为按 9 大类出版：政治学与社会学类、法律类、哲学类、经济学与经济管理类、文学与艺术类、教育类、历史类、文化信息传播类、其他类刊。所有文献按季度更新。

数据库简介

人大复印报刊资料全文库有本地镜像版和远程包库版两种，本地镜像版的地址会因单位不同而不同。人大复印报刊资料全文库主页如图 3-26 所示。

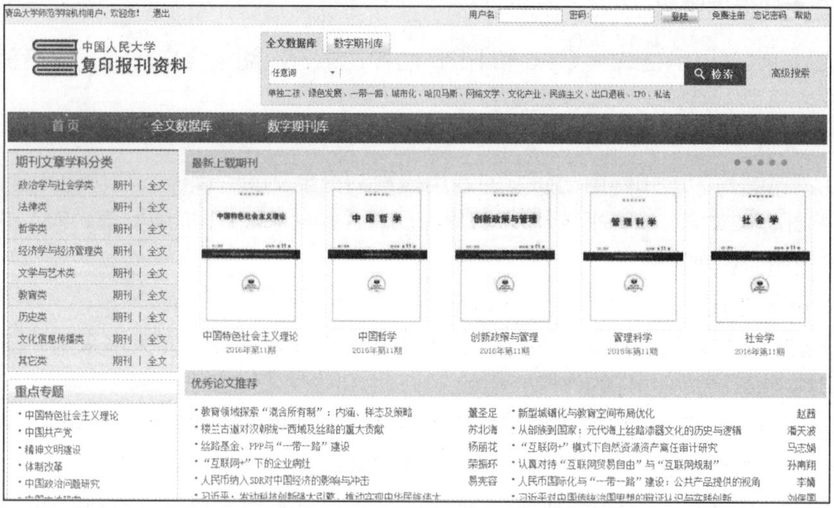

图 3-26 人大复印报刊资料全文库主页

凡订购人大复印报刊资料全文库的高校用户均采用 IP 地址控制访问权限，校园网内的用户既可通过校园网中的相应链接进入，又可直接登录该库的 IP 地址，但本地镜像版和远程包库版在文献更新频率上和检索方式上有所不同，使用时需注意。在此仅介绍远程包库版的使用方法。

3.4.2 检索方式

1. 检索技术

远程包库版人大复印报刊资料全文库主要提供 4 种检索算符：逻辑与（*、并且）、逻辑或（+、或者）、逻辑非（-、除非）、优先级（ ）。高级检索还有精确、模糊匹配之分。

检索技术

2. 检索方式

中国人民大学书报资料中心的数字出版产品主要有全文数据库、报刊索引库、报刊摘要库、目录索引库、专题研究库、数字期刊库。在此主要介绍全文数据库和数字期刊库两个库。全文数据库设有分类资源目录、简单搜索和高级搜索 3 种检索方式，无论哪种方式，都可进行二次检索。单击主页上“首页”旁的“全文数据库”即可进入检索界面。

检索方式

（1）分类资源目录

分类资源目录实际上是按人大分类法组织的期刊分类专题目录，该目录位于“全文数据库”检索界面（见图 3-27）的左侧，是简单搜索和高级搜索的基础，准确地说是分类资源目录浏览，既可单独使用，又可配合其他检索使用。“全文数据库”分为资源列表区（分类资源目录）、数据库命中结果区、检索区和检索结果显示 4 个区。

全文数据库自 2013 年起将所收录的文献按期刊改为 9 大类刊出版，分类资源目录即为资源列表区，可分至三级类目。分类资源目录有两种浏览方法，均可进行二次检索。

- 单击左侧可查询资源（资源列表区）前面的“+”，则显示该大类目的二级类目，依次类推，共可分三级类目浏览检索该类期刊上的文献，例如，历史类刊（一级类目）→先秦、秦汉史（二级类目）→先秦（三级类目）。
- 用鼠标直接单击左侧某大类目名称，则可按反纪年顺序在检索结果显示区中显示该大类资源的全部信息，如图 3-27 所示。

图 3-27 “全文数据库”检索界面

（2）简单搜索

简单搜索界面位于“全文数据库”检索界面的右侧，既可单独使用，又可与分类资源目录配合使用，更确切地说就是“全文数据库”检索界面中的检索区。用户在此可从分类资源目录（资源列表区）中选类、限定年限、选字段、输词检索。例如，查询 1995 年以来刘怀荣发表的文章，如图 3-28 所示。简单搜索检全率较高，但检准率较低。

简单搜索

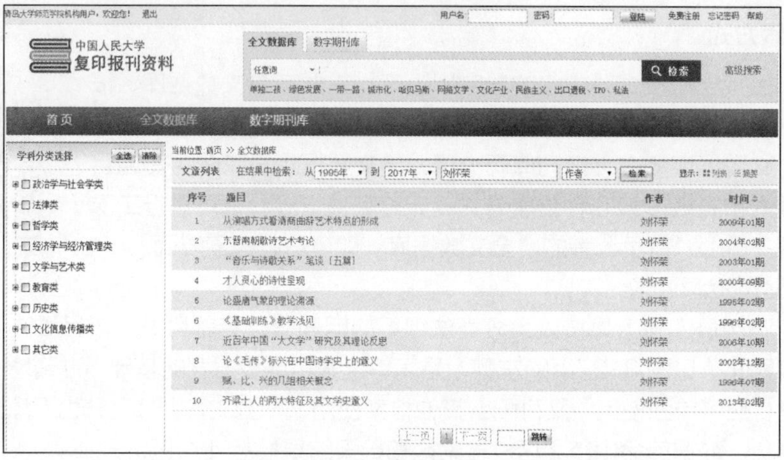

图 3-28　简单搜索界面

（3）高级搜索

如果想同时在几个字段中查找文献或检索某些单位著者发表的文献，最好使用高级搜索。高级搜索可在任意词、标题、作者、关键词、正文、内容摘要、原文出处、分类名、原刊地名、原刊期号、原刊页号、期刊代号、期刊名称、副标题、英文标题、作者简介、译者、英文摘要和参考文献 19 个字段中进行检索。高级搜索的针对性强，因此比其他搜索更易锁定目标，检准率较高。

高级搜索

“高级搜索”按钮位于“全文数据库”检索界面（见图 3-28）的最右侧，单击即可打开高级搜索界面。高级搜索界面中的每个检索框中只能输入单个检索词或一个词组，例如，查青岛大学刘怀荣发表的文章，如图 3-29 所示。

图 3-29　高级搜索界面

数字期刊库是复印报刊资料的来源文献库，单击图 3-26 主页上的“数字期刊库”即可进入，如图 3-30 所示。该库以整刊形式面向读者，读者可以查看期刊封面、期号等信息。数字期刊库提供 4 种检索方式：按期刊学科查找、按期刊首字母查找、按期刊分类号查找和按期刊属性查找。

复印报刊系列

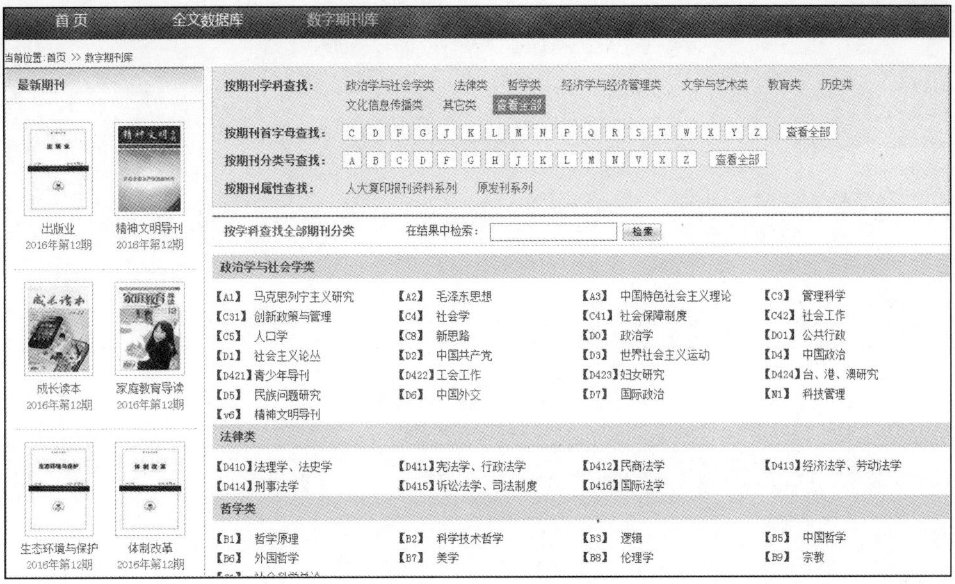

图 3-30 数字期刊库界面

按期刊学科查找，实际为依次按所收录纸本人大复印报刊资料系列的学科分类号和学科期刊名称排列，可以帮助用户确定高级搜索中与之对应的期刊代号和期刊名称字段，如【D416】国际法学，单击【D416】国际法学链接可按复印期号（期刊总汇 2016 01）进行检索和阅读全文。

要点提示

高级检索中的 4 个字段说明如下。

（1）作者简介：可查某个单位的论文。（2）原文出处：为刊载某篇论文的原期刊名称。（3）期刊名称：为期刊学科的分类名，即对应于纸本人大复印报刊资料系列的期刊名称。（4）期刊代号：即学科分类号，可通过数字期刊库确定。

【案例分析】

检索北京大学季羡林在 B8、B9、K21、K3 大类下发表的论文

本案例使用数字期刊库检索，只能分别按 B8、B9、K21、K3 大类一年一季度地浏览，属于马拉松检索，效率太低；简单搜索字段不全，无法锁定作者单位，容易造成误检。因此，本案例可使用高级搜索，最好先通过数字期刊库确定 B8、B9、K21、K3 大类所对应的期刊名称分别为伦理学、宗教、中国现代史和先秦、秦汉史，然后在高级搜索的学科分类选择（分类资源目录）中勾选相应的期刊名称，并在作者和作者简介字段中输入季羡林和北京大学，再单击“检索”按钮即可。检索结果如图 3-31 和图 3-32 所示。

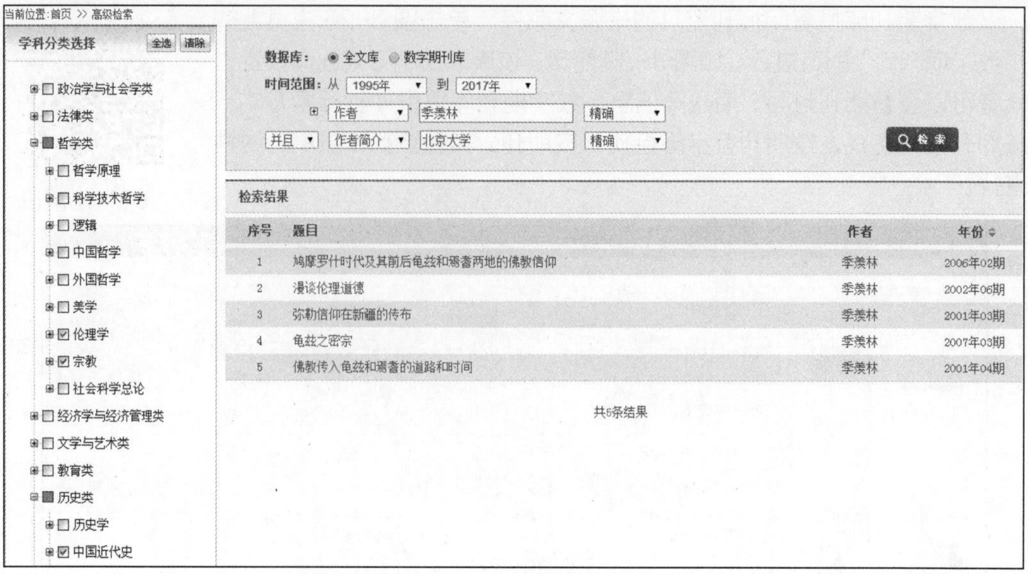

图 3-31　高级搜索界面

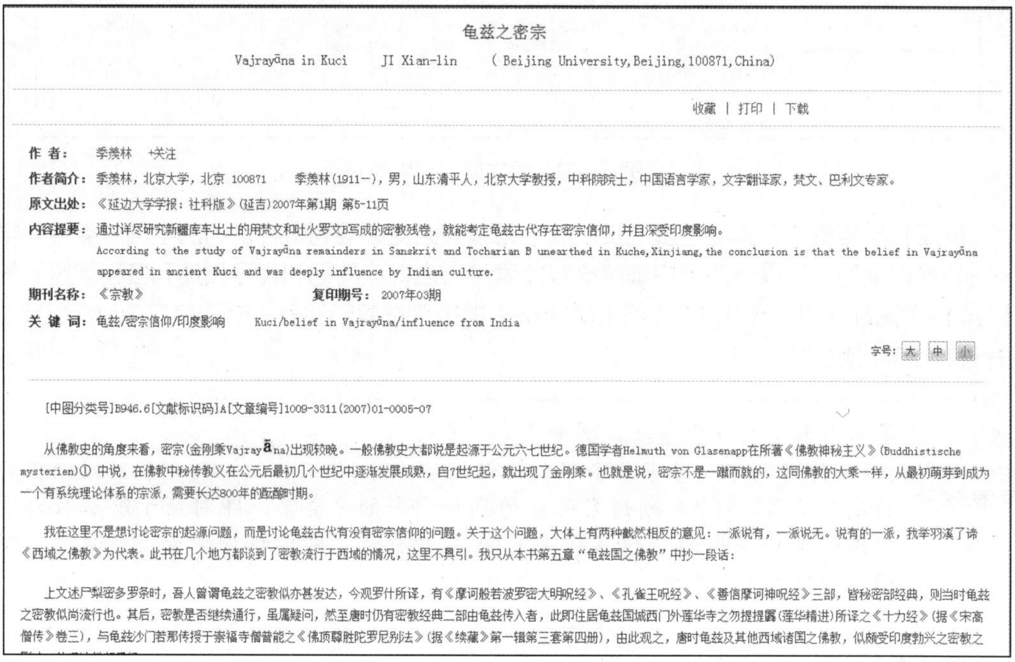

龟兹之密宗

Vajrayāna in Kuci　JI Xian-lin　(Beijing University, Beijing, 100871, China)

收藏 | 打印 | 下载

作　者： 季羡林　+关注

作者简介： 季羡林，北京大学，北京 100871　季羡林(1911—)，男，山东清平人，北京大学教授，中科院院士，中国语言学家，文字翻译家，梵文、巴利文专家。

原文出处： 《延边大学学报：社科版》(延吉)2007年第1期 第5-11页

内容提要： 通过详尽研究新疆库车出土的用梵文和吐火罗文B写成的密教残卷，就能考定龟兹古代存在密宗信仰，并且深受印度影响。
According to the study of Vajrayāna remainders in Sanskrit and Tocharian B unearthed in Kuche, Xinjiang, the conclusion is that the belief in Vajrayāna appeared in ancient Kuci and was deeply influence by Indian culture.

期刊名称： 《宗教》　**复印期号：** 2007年03期

关 键 词： 龟兹/密宗信仰/印度影响　Kuci/belief in Vajrayāna/influence from India

字号：大 中 小

[中图分类号]B946.6[文献标识码]A[文章编号]1009-3311(2007)01-0005-07

从佛教史的角度来看，密宗(金刚乘Vajrayāna)出现较晚。一般佛教史大都说是起源于公元六七世纪。德国学者Helmuth von Glasenapp在所著《佛教神秘主义》(Buddhistische mysterien)① 中说，在佛教中秘传教义在公元后最初几个世纪中逐渐发展成熟，自7世纪起，就出现了金刚乘。也就是说，密宗不是一蹴而就的，这同佛教的大乘一样，从最初萌芽到成为一个有系统理论体系的宗派，需要长达800年的酝酿时期。

我在这里不是想讨论密宗的起源问题，而是讨论龟兹古代有没有密宗信仰的问题。关于这个问题，大体上有两种截然相反的意见：一派说有，一派说无。说有的一派，我举羽溪了谛《西域之佛教》为代表。此书在几个地方都谈到了密教流行于西域的情况，这里不具引。我只从本书第五章“龟兹国之佛教”中抄一段话：

上文述尸梨密多罗条时，吾人曾谓龟兹之密教似亦甚发达，今观罗什所译，有《摩诃般若波罗密大明呪经》、《孔雀王呪经》、《善信摩诃神呪经》三部，皆秘密部经典，则当时龟兹之密教似尚流行也。其后，密教是否继续通行，虽属疑问，然至唐时仍有密教经典二部由龟兹传入者，此即住居龟兹国城西门外莲华寺之勿提提羼(莲华精进)所译之《十力经》(据《宋高僧传》卷三)，与龟兹沙门若那传授于崇福寺僧普能之《佛顶尊胜陀罗尼别法》(据《续藏》第一辑第三套第四册)，由此观之，唐时龟兹及其他西域诸国之佛教，似颇受印度勃兴之密教之

图 3-32　检索结果界面

3.4.3 检索结果

人大复印报刊资料全文库检索结果界面可显示检出文献记录总数，检索结果以“序号、题目、作者、时间”4 栏的形式加以显示，如图 3-31 所示，若要查看作者简介、原文出处、期刊名称、复印期号及全文等信息，单击论文题目即可阅读，且可对文章全文进行收藏、打印和下载，如图 3-32 所示。

检索结果

3.5 小结

本章分别对国内的4个数据库做了介绍，重点讲述了这些数据库的检索方式及全文下载。读秀学术搜索是以超星数字图书为基础，集各种文献资源，如相关的词条、人物、图书、期刊、报纸、学位论文、网页等于同一平台，实现统一检索管理。中文期刊服务平台、中国学术期刊网络出版总库和人大复印报刊资料全文库均是针对期刊检索，其中中文期刊服务平台和中国学术期刊网络出版总库以收录期刊文献“全”而著称，人大复印报刊资料全文库以收录论文“精”而闻名。

3.6 习题

1. 使用读秀学术搜索查本专业的书籍，并对某本图书练习做下画线、高亮、圈注、批注等练习；另外，将书中的某一片段转换成文本格式，并就本馆未订购的某本图书进行图书馆文献传递，要求写出书名及命中情况。

2. 使用读秀学术搜索查找书名或关键词中含有“有色金属”或“冶金机械”的图书，且是2015年以后出版的图书，要求写出表达式及命中情况。

3. 查找本校自2015年以来在人大复印报刊资料全文库中发表的文章。

4. 使用人大复印报刊资料全文库，查找你所感兴趣的某专业文献资料，要求列出课题名称、检索表达式及命中篇数。

5. 在中文期刊服务平台的“高级检索”选项卡（见图3-12）中，把旅游学刊和旅游管理两个字段对调一下位置进行检索，是否可以？请根据检索结果，归纳高级检索的注意事项。

6. 用中文期刊服务平台的分类号途径查找有关苹果方面的文献。

7. 用中国学术期刊网络出版总库的专业检索，查找清华大学和北京交通大学2012—2016年申报的国家自然科学基金项目的情况，且要求文献的来源必须是声誉较高的学术性资源。

8. 使用中国学术期刊网络出版总库浏览按综合影响因子排序的外国语言类或数学类的核心期刊。

Chapter 04 第4章 外文数据库检索

目前，国内各大高校科研单位图书馆购买的外文数据库一般都多于中文数据库。这一方面是因为占世界人口20%的发达国家拥有全世界80%的信息量，占世界人口80%的发展中国家却只拥有20%的信息量，尤其是网上信息中英语信息占比高达90%；另一方面，外文数据库是高校科研单位和研究人员的重要信息源。因此，本章为了开阔大家的视野，使读者了解和掌握国外发达国家的先进理念和技术，选择了有代表性、可以检索外文文献的几个数据库和网站加以详细介绍。

4.1 EBSCO 全文数据库

EBSCO 是一家公司名称首字母的缩写，该公司总部位于美国，在全球 19 个国家设有分部，是世界上较大的期刊和全文数据库的生产、代理商之一，能提供订购、出版、使用和检索等一系列完整的服务解决方案。该公司不仅可提供百余种在线文献数据库检索，还开发了研究论文写作范例平台、英语阅读学习中心，此外，还设有查找非刊类出版物的 BSI 平台。EBSCO 主要收录以美国为主的各国及地区的期刊、报纸以及电视和收音机的全文新闻副本，其中，期刊全文 6 000 余种，且相当一部分期刊为 SCI、SSCI、AHCI 的来源期刊，涉及自然科学、社会科学、人文和艺术科学等各类学科领域，多数期刊可追溯到 1965 年或期刊创刊年，最早可追溯至 1886 年。

EBSCO 提供 330 余种电子文献数据库检索。我国高校及科研单位图书馆只是联合采购了 EBSCO 公司的部分数据库，通过 EBSCO*host* 提供检索服务，常见的数据库如下。

（1）综合性学术期刊数据库（Academic Search Premier，ASP）：提供了 4 600 多种期刊全文，其中包括 3 900 多种同行评审期刊的全文，还包括可追溯至 1975 年或更早的 100 多种期刊的 PDF 格式资料，以及 1 000 多种可搜索引用参考文献的期刊。

（2）综合性商业资源学术期刊库（Business Source Premier）：收录的内容涵盖市场营销、管理、MIS、POM、会计、金融和经济在内的所有商业学科，收录期刊近 9 000 种，其中全文期刊 2 300 多种，全文内容最早可追溯至 1886 年，引文参考最早可追溯至 1998 年。

（3）教育资源文摘数据库（Education Resource Information Center，ERIC）：包含 2 200 多篇文摘刊物和 1 000 多种教育或与教育相关的期刊引文与摘要。

（4）历史参考文献中心库（History Reference Center）：提供了2 400多本历史参考书、百科全书和非小说性书籍的全文，135种历史杂志、61 100份历史资料、57 000篇历史人物传记和110 200多幅历史照片与地图等。

（5）多学科数据库（MasterFILE Premier）：提供了1 750种综合参考出版物全文，86 017篇传记以及一个由400 972幅照片、地图和标志组成的图片集等。

（6）医学文摘数据库（MEDLINE）：提供了4 800余种生物和医学期刊的文摘。

（7）报纸资源数据库（Newspaper Source）：提供了40多种美国和国际报纸的全文以及精选的389种美国地方性报纸全文，此外，还提供电视和广播新闻脚本。

（8）职业开发收藏库（Professional Development Collection）：提供了520种非常专业的优秀教育期刊集。

（9）区域商业出版物（Regional Business News）：包含80多篇涉及美国所有城市和农村的地区商务报告。

（10）世界杂志银行（World Magazine Bank）：约250种主要英语国家的出版物全文库。

（11）职业技术文集库（Vocational & Career Collection）：收录了350份商贸及产业相关期刊的全文。

（12）图书馆、信息科技文摘数据库（Library，Information Science & Technology Abstract，LISTA）：收录了560多本核心期刊、近50本领先期刊和近125本精选期刊，以及书籍、研究报告和学报，内容涵盖图书馆管理、分类、编目、文献计量学、网络信息检索、信息管理等。其收录的内容最早可追溯到20世纪60年代中期。

（13）教师参考库（Teacher Reference Center）：可检索280多种教师、管理者期刊和杂志的文摘。

（14）环境方面的数据库（GreenFile）：涵盖全球变暖、绿色建筑、污染、可持续农业、再生能源、资源回收等，可检索人类对环境影响方面的文摘记录约384 000条，其中4 700多条记录可以检索全文。

（15）保健信息库（Health Source-Consumer Edition）：提供约80种全文杂志。

（16）临床参考系统库（Clinical Reference Systems）。

（17）专题检索库（TOPICsearch）：包含60 000篇全文文章，源自399种出版物。

（18）纺织技术全文库（Textile Technology Complete，TTC）：收录期刊全文50余种、索引摘要超过460种期刊以及数千种非期刊类出版物。

EBSCO通过EBSCO*host*提供的所有在线文献数据库，检索方法大同小异，检索界面一致，本节以综合性学术期刊数据库为例，对其进行重点介绍。

4.1.1 数据库简介

EBSCO的ASP是当今世界较大的多学科学术期刊全文数据库之一，专为研究机构设计，提供了近4 600种出版物全文，其中包括3 600多种同行评审期刊，被SCI、SSCI收录的核心期刊有1 500种，学科几乎涵盖学术研究的每个领域，社科和科技期刊比例各占50%。该数据库通过EBSCO*host*每日进行更新。

凡订购ASP数据库的高校用户可采用IP地址控制访问权限，网内的用户既可通过校园网中的相应链接进入，又可直接登录该数据库的IP地址进行访问。

4.1.2 检索技术

检索技术是用户掌握数据库检索的关键技术，EBSCO 的子库虽然繁多，但它们全按表 4-1 所列的检索技术执行检索运算。

表 4-1 EBSCO 检索技术一览表

算符名称		算符代号	举例	注释
逻辑检索	逻辑与	AND	color and TV	两词同时出现在文献中
	逻辑或	OR	bus OR car	两词中的任意一词出现在文献中或两词同时出现在文献中
	逻辑非	NOT	university NOT college	在文献中出现 university，但排除 college
优先级检索		( )	（solar and energy）not france	括号里的运算优先执行
截词检索		*	comput*	在任意字母后缀截词
		?	wom？ n	精确地代替一个字符
位置检索		W*n*	red W2 pen	两词相隔不超过两个词，前后词序一定
		N*n*	red N1 pen	两词相隔不超过一个词，前后词序不定

4.1.3 检索方式

要点提示

由于 EBSCO 数据库种类繁多，因此使用时要先根据自己检索课题的学科范围选择数据库。

对单个数据库进行检索时，可用鼠标直接单击这个数据库的名称。如果需要多个数据库同时检索，则勾选数据库前的复选框，单击“确定”按钮，如图 4-1 所示。在检索过程中，可随时重新选择数据库。但跨库检索时，某些数据库的个性化检索功能的使用会受到影响，如不同的数据库使用了不同的主题词表，在多库检索时，则无法使用其主题检索功能；另外，如出版物检索，比较特殊，只能单库检索。

图 4-1 EBSCO 选库界面

EBSCO*host* 提供了 7 种检索方式：基本检索（Basic Search）；高级检索（Advanced Search）；出版物检索（Publications）；科目术语检索（Subject Terms）；参考文献检索（Cited References）；图像检索（Images）；索引（Indexes）。

1. 基本检索

基本检索界面位于主页，只提供一个检索词输入框，对于简单的检索，可直接在主页的检索框中输入检索词进行检索；如要进行准确的检索，则需用户自己添加检索字段、检索算符或检索选项（检索模式及限制结果）等限定检索。

其中，检索字段可用字段代码表示，如全文 -TX、作者 -AU、文章题名 -TI、主题 -SU、文摘或作者提供文摘 -AB、关键词或作者提供关键词 -KW、地理术语 -GE、人名 -PE、综述和产品 -PS、公司实体 -CO、股票 -TK、刊名 -SO、国际统一刊号 -IS、国际标准书号 -IB、数据库存取号 -AN 等。

检索模式指布尔运算符 / 词组（Boolean/Phrase）、查找全部检索词语（Find all my search terms）、查找任何检索词语（Find any of my search terms）、智能文本检索（SmartText Searching）、应用相关字词，也可以在文章的全文范围内搜索等。

各种限制结果的含义如下。

- 全文：只检索有全文的文章。
- 有参考：只检索有参考文献的文章。
- 学术（同行评审）期刊：在学术（同行评审）期刊中检索。
- 出版日期：在限定的出版时间中检索。
- 出版物：在限定的出版物中检索。
- 出版物类型：在限定的出版物类型中检索。
- 页数：在限定的出版页数中检索。
- 图像快速查看：图像快速浏览。
- 图像快速查看类型：在限定的图像类型中检索，图像类型包括黑白照片、图表、彩色照片、图示、图片、插图、地图。

例如，检索 SU fashion-forecasting OR SU fashion design，基本检索界面如图 4-2 所示。

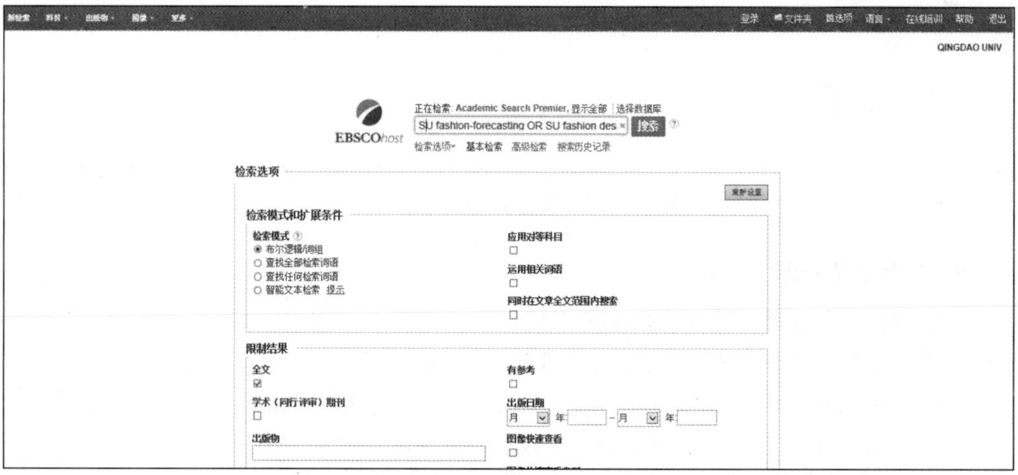

图 4-2　EBSCO 基本检索界面

2. 高级检索

单击 EBSCO*host* 主页中的“高级检索”链接，即可进入高级检索界面。默认显示 3 行检索框，每个检索框后都提供可选的检索字段，行与行之间的检索词可通过点选布尔运算符（AND、OR、NOT）进行组配检索，还可通过“添加行”来增加检索框，最多可显示 12 行；反之，可单击“删除行”删除检索框。高级检索的检索模式及限制结果与基本检索界面大致一样，只是在限制结果中比基本检索界面多了文献类型、封面报道、PDF 全文 3 种限制条件。

每次在检索过程中单击“搜索”按钮进行新的检索，都会在历史记录表中产生一条新的检索历史记录。每一条历史记录有一个编号，可以用这个编号代替检索命令，用于构建检索表达式。用历史记录构建表达式，也会在历史记录表中产生一条新的记录。

要点提示

（1）历史记录表可以打印和保存，以便再次检索时使用。
（2）保存检索历史前，用户需要申请注册个人账号。

3. 出版物检索

设置出版物检索的目的有 3 个：一是便于用户从出版物入手检索该库是否收藏该出版物；二是查找数据库中有关某一主题的出版物都有哪些；三是便于用户从收藏的出版物入手定制喜爱的期刊快讯。所谓期刊快讯，就是通过电子邮件发送通知给用户，以便用户所选期刊有新一期期刊出版时，可通过电子邮件自动接到通知。图 4-3 所示为在 Business Source Premier 数据库中按字母顺序查找 Harvard Business Review 的实例。

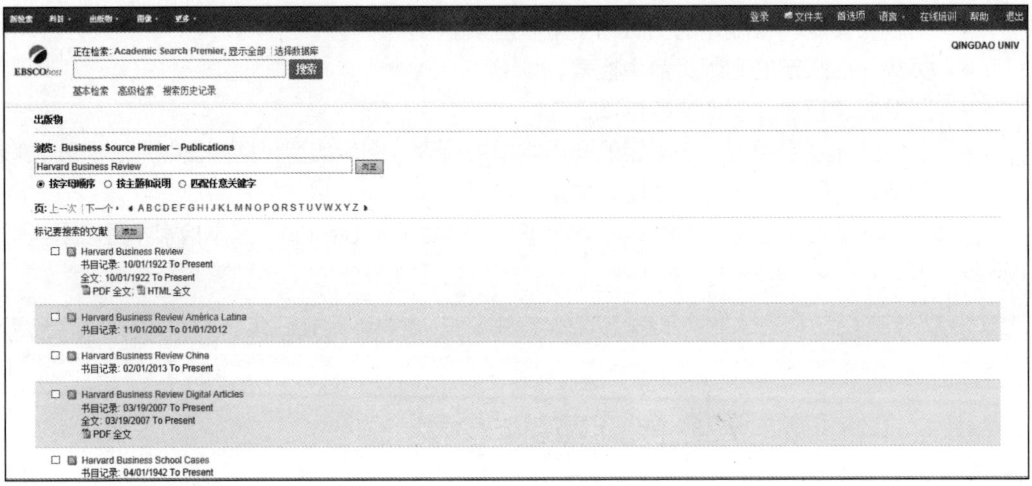

图 4-3 EBSCO 出版物检索界面

4. 科目术语检索

所谓科目术语检索，就是帮助用户准确地确定叙词表中的主题词，以便在正规的叙词表中检索。该检索既可以按叙词的开始字母顺序（Term Begins With）浏览确定，又可以在浏览框中输入相关词（Relevancy Ranked）进行快速浏览确定，还可以按叙词包含（Term Contains）检索；然后从中选择叙词，并使用“添加”按钮，这样规范化的叙词就自动输入最上面的查找框中；最后单击“搜索”按钮即可检索。

5. 参考文献检索

参考文献检索能够帮助用户扩大检索范围，可从引文作者、引文题名、引文来源、引文年限等方面进行检索。

6. 图像检索

图像检索是 EBSCO 的一个特色，提供了超过 100 万幅图片。图像检索可在人物图片（Photos of People）、自然科学图片（Natural Science Photos）、某一地点的图片（Photos Of Places）、历史图片（Historical Photos）、地图（Maps）或标志（Flags）等选项中进行检索。图 4-4 所示为在图像检索界面中查找“fashion show”的实例。

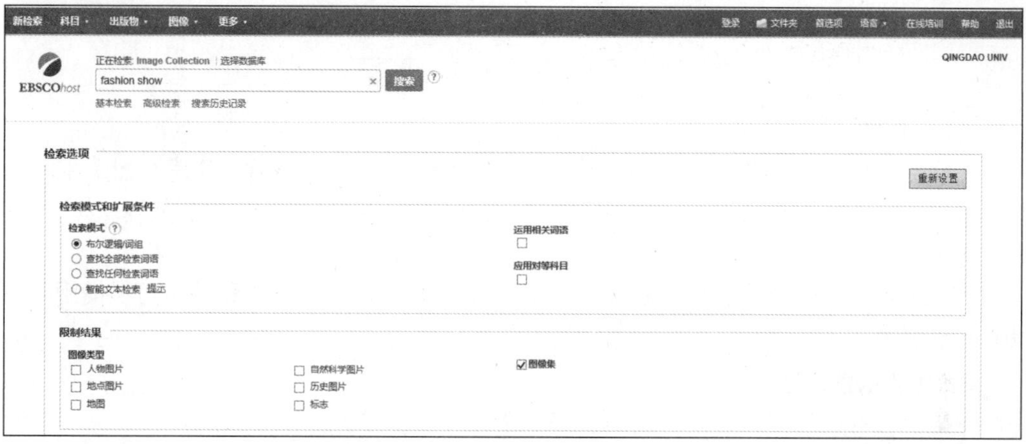

图 4-4　EBSCO 图像检索界面

7. 索引

用户可从索引浏览项下选择著者、著者提供的关键词、公司实体、文献类型、登记日期、地理术语、标题词、ISBN、ISSN、语言、人物、出版物名称、综述和产品、证券代码和出版年等方面进行限制后浏览并检索。

4.1.4 检索结果

EBSCO 数据库不仅可提供众多的检索功能，其检索结果显示格式也多样化（预览、摘要、HTML、PDF），并可打印、用电子邮件发送、存盘、引用、导出、添加到文件夹等。

1. 检索结果显示

EBSCO 检索结果列表分左中右 3 栏显示，如图 4-5 所示。

（1）中栏

中栏位于屏幕中心位置，显示“检索结果”里的所有文章。每篇文章以标题、简短摘要、著者、文献出处、存取号、数据库名称、HTML 全文、PDF 全文等内容显示。通过文章标题链接可查看引文信息或全文，将鼠标指针放到标题右边的第一个图标上，可以查看详细摘要等信息，单击第 2 个文件夹图标可添加文章到自己的文件夹中；通过“HTML 全文”链接可直接查看文章的 HTML 格式全文；通过“PDF 全文”链接可查看文章的 PDF 格式全文。

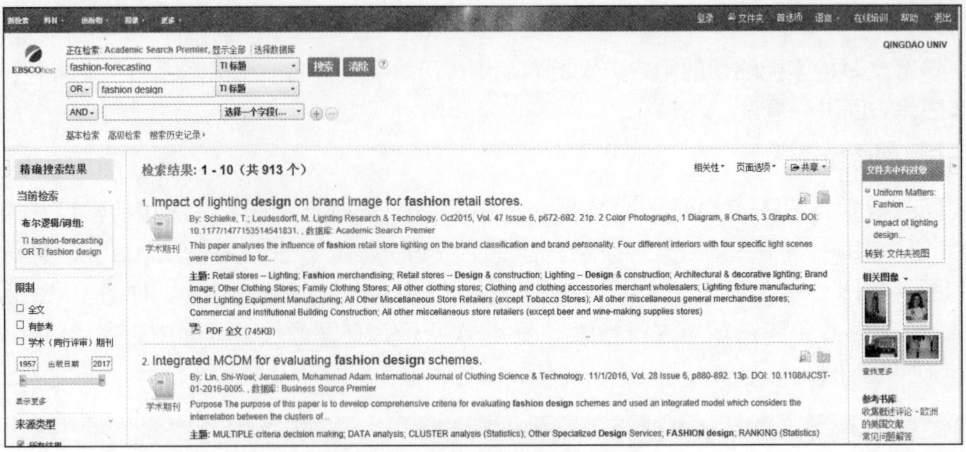

图 4-5　EBSCO 检索结果界面

（2）左栏

左栏用来精确检索结果，可在限定条件、来源类型、主题、出版物、公司、出版物类型、地理、数据库（所选数据库）、出版者等方面进行限制，以缩小检索结果的范围。

（3）右栏

右栏显示相关信息，当有其他信息来源（如图像、博客和 Web 新闻）可供使用时，将在右栏显示。

2. 检索结果处理

（1）文件夹

无论使用何种检索，检索结果系统中都有一个临时的个人文件夹。在每次的检索过程中，检索者可随时将需要进一步处理的文章存入文件夹中，以便检索完成后集中处理，图 4-2 ~图 4-5 所示界面中最上面一行均有“文件夹”显示。

在检索结果页面，单击文章标题最右面的文件夹图标，可将该文献加入文件夹。此时，文件夹显示“文件夹中有对象”，如图 4-5 所示。单击“文件夹视图”，可显示所有添加的文献记录，如图 4-6 所示。

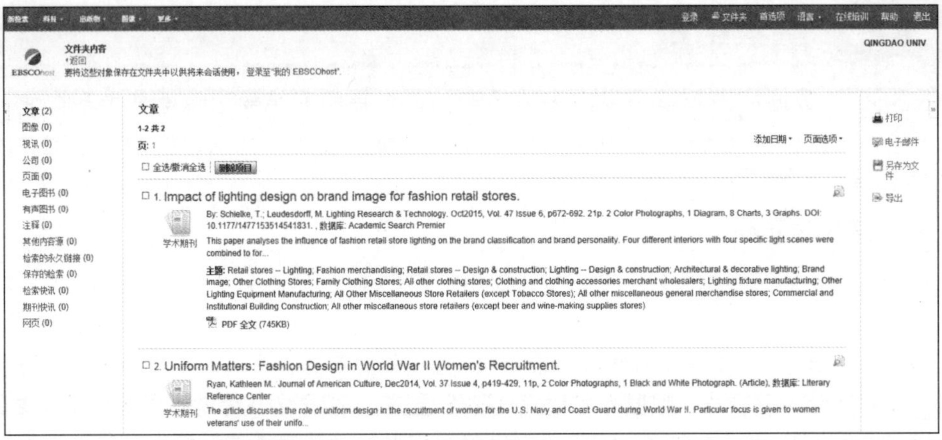

图 4-6　EBSCO 检索结果文件夹界面

如果要对图 4-5 所示的检索结果进一步处理，只要单击文章题名，即可显示文章摘要等详细内容，并可通过等图标进行打印、用电子邮件发送、保存、引用、导出、添加注释等处理。

（2）打印 / 用电子邮件发送 / 保存检索结果

单击“打印”、“用电子邮件发送”或“保存”图标，并按照屏幕上的说明操作，即可打印、用电子邮件发送或保存结果。可同时打印、用电子邮件发送或保存若干结果，方法是将其保存到“文件夹”中，然后同时打印、用电子邮件发送或保存。保存文章的前提是需要用户登录（我的 EBSCO*host*）。

（3）引用 / 导出 / 添加到文件夹

单击“引用”（Cite this article）图标，可以将选中文章的格式直接按常见的引文格式输出。单击“导出”（Export to Bibliographic Manager）图标，可以将选中文章导出到 6 种文献管理器：① Direct Export to EndNote，ProCite，or Reference Manager（默认状态）；② Direct Export to EndNote Web；③ Generic bibliographic management software； ④ Citations in BibTeX format； ⑤ Citations in MARC21 format；⑥ Direct Export to RefWorks。单击“添加到文件夹”（Add to folder）图标，可保存结果以备将来使用，需确保已登录至个人账户（我的 EBSCO*host*）。登录后，结果将保存到该文件夹中，随时可对其进行检索。

【案例分析】

检索时装预测或设计方面的文献

此案例使用基本检索、高级检索皆可，由于此案例没有过多的附加要求，第一次检索可以宽泛些。若检出文献太多，可用字段加以限定或在检索结果中采用左栏的限定选项进行二次检索，以提高检索的准确性。

该题使用基本检索的表达式为：SU fashion−forecasting OR SU fashion design。命中 12 470 篇，检索页面如图 4−2 所示；后在高级检索中改为题名字段检索，检索式和检索结果如图 4−5 所示。

4.2 ScienceDirect 电子期刊数据库

本节将介绍荷兰 Elsevier Science 公司出版的 ScienceDirect 电子期刊数据库。

4.2.1 数据库简介

Elsevier Science 公司于 1880 年创建，是 Reed Elsevier 集团的科学部门，现为世界上著名的 3 大科技出版商之一（另外两家分别是德国的 Springer 和美国的 John Wiley），其出版的期刊是世界上公认的高品位学术期刊。从 1997 年开始，Elsevier Science 公司推出名为 ScienceDirect 的电子期刊计划，即将该公司的全部印刷版期刊转换为电子版。目前，国内基本是通过 ScienceDirect Online（SDOL）进行访问检索，如图 4−7 所示。

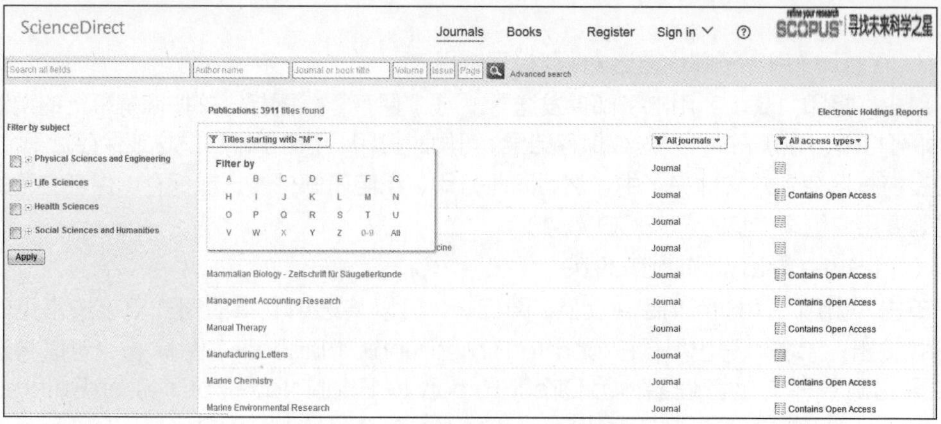

图 4-7 SDOL 期刊浏览界面

SDOL 数据库收录了 2 500 余种电子期刊，最早的收录年限可追溯至 1823 年，其中 1995 年至今收录的文章，可看全文；1995 年前回溯文档收录了 400 多万篇文章，可免费看题录文摘信息，但看全文要另收费。SDOL 数据库收录的学科涵盖了自然科学和工程、生命科学、保健科学、社会科学和人文学 4 大部分 24 个大类，使用率较高的学科为医学、化学、经济学和语言学。

4.2.2 检索技术

检索技术是检索系统执行检索任务的核心，用户对数据库掌握得如何，关键在于对检索技术的熟悉程度。表 4-2 所示为 SDOL 数据库检索技术一览表。

表 4-2 SDOL 数据库检索技术一览表

算符名称		算符代号	含义
逻辑检索	逻辑与	AND	默认算符，多个检索词同时出现在文献中
	逻辑或	OR	检索词中的任意一个或多个出现在文献中
	逻辑非	AND NOT	AND NOT 算符前面的词出现在文献中，后面所跟的词不出现在文献中
优先级检索		( )	括号里的表达式优先执行
截词检索		*	取代单词后缀中的任意个字母
		?	精确地取代单词中的一个字母
位置检索		W/n	两词相隔不超过 n 个词，前后词序不定
		PRE/n	两词相隔不超过 n 个词，前后词序固定
短语检索		“ ”	宽松短语检索，标点符号、连字符、禁用字等会被自动忽略
		{ }	精确短语检索，所有符号都将被作为检索词进行严格匹配检索

4.2.3 检索方式

SDOL 数据库既提供浏览功能，又提供检索功能，并且用户可建立个性化的收藏夹、定制喜爱的期刊、设置各种 E-mail 提示等。

1. 期刊浏览（Journals）

SDOL 数据库提供了 3 000 余种连续出版物，主页的最上方“Journals”即为期刊浏览部分的入口，在此既可按刊名的学科浏览，又可按刊名字顺序浏览，还可按喜爱的刊名浏览。

ScienceDirect 电子期刊数据库 - 检索方式

图 4-7 所示即为按 M 字顺序浏览的界面，选中刊名后单击，即可进入该刊所有卷期的列表，进而逐期浏览或对其进行快速检索。

要点提示

在图 4-7 所示每种期刊后面的“All access types”一列中的图标颜色显示了获取全文的权限，绿色表示已订购期刊，可浏览下载期刊全文；灰色表示未订购期刊，只能看到文章的题录或文摘；橙色表示开放获取期刊，可浏览全文。

2. 快速检索（Quick Search）

快速检索区始终伴随在 SDOL 数据库的上方，随时可进行快速检索。该检索存在一定的局限性，只能在“全部字段、著者、刊名 / 书名、卷、期、页”这些检索项中查询，如图 4-8 所示。

图 4-8　SDOL 快速检索界面

3. 高级检索（Advanced search）

单击图 4-8 中的“Advanced search”即可进入高级检索界面，如图 4-9 所示，检索系统默认设置即为高级检索。高级检索界面由两部分组成，主要部分通过点选字段、逻辑算符、输入检索词构造检索表达式；辅助部分确定各种限定条件，如数据源、学科、文献类型、年限等。高级检索界面只提供两个检索框，每个检索框只能输入一个词或一个词组。

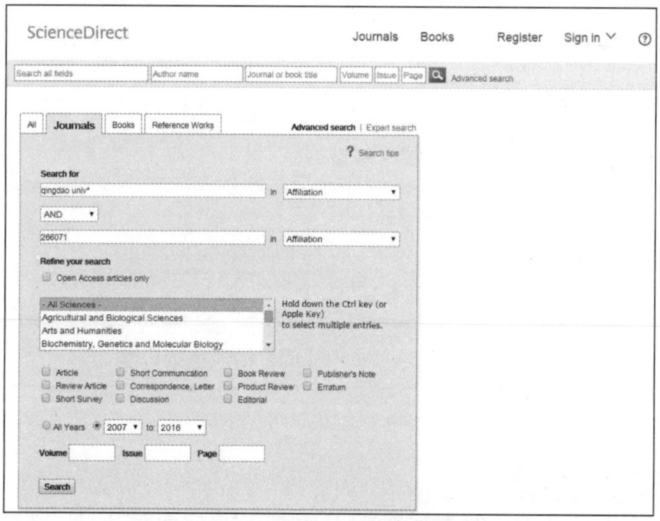

图 4-9　SDOL 高级检索界面

4. 专家检索（Expert search）

单击高级检索界面中的“Expert search”选项卡，即可进入专家检索模式，如图 4-10 所示。高级检索一次只能限定在两个字段内进行检索，如果要对两个以上的字段进行一次性检索，就必须使用专家检索，专家检索只提供一个检索词输入框，这样用户可随心所欲地使用检索字段、检索算符、检索词构造检索表达式。专家检索的数据源、学科、文献类型、年限限定均同高级检索。

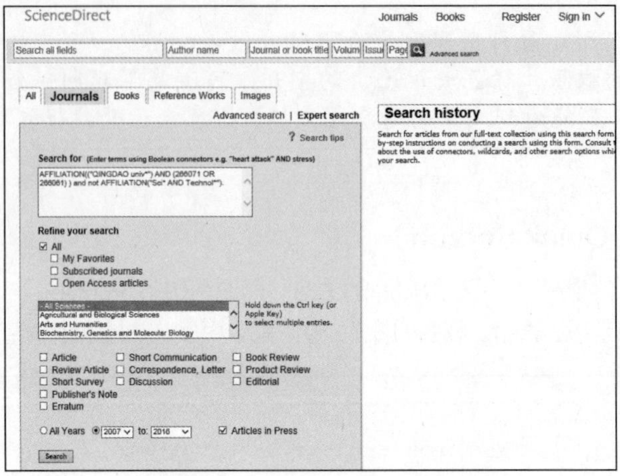

图 4-10　SDOL 专家检索界面

要点提示

专家检索中的小括号、引号等符号要在半角（英文）状态下输入，如图 4-10 所示。无论是浏览还是检索，系统在每篇论文右边都放置了一个文本图标，同样用绿色文本图标表示可提供全文，用白色文本图标表示只能看到文章的题录或文摘，如图 4-11 所示。

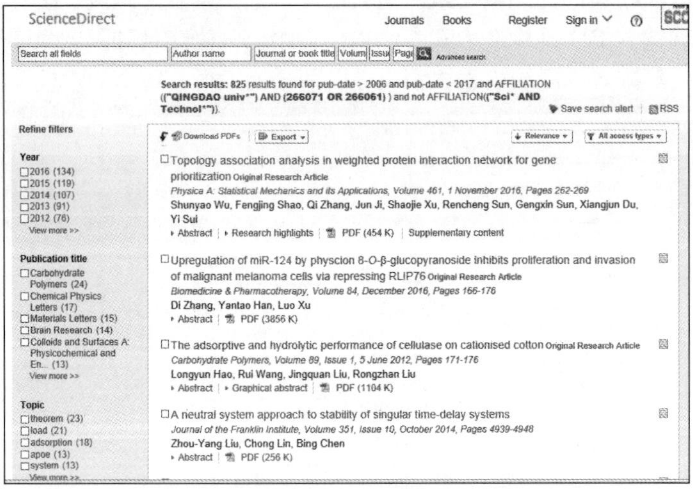

图 4-11　SDOL 检索结果界面 1

4.2.4 检索结果处理

检索结果分上左右 3 栏显示。上栏显示检索命中数量、表达式，左栏可进行二次限定检索，右栏为“结果列表”的主栏目，以篇为单位，按文章的题目、出处、著者、文摘、PDF 全文格式等依次显示，其中题目、PDF 全文格式为超链接形式。检索结果可直接打印、下载全文，也可电邮、导出、保存、编辑检索策略或保存检索策略提示等，如图 4-11 所示。通过文章标题链接可查看该文的详细信息，页面的左栏列有提纲、图片等链接，中间为该文的全文或摘要，右栏是推荐论文等，如图 4-12 所示。

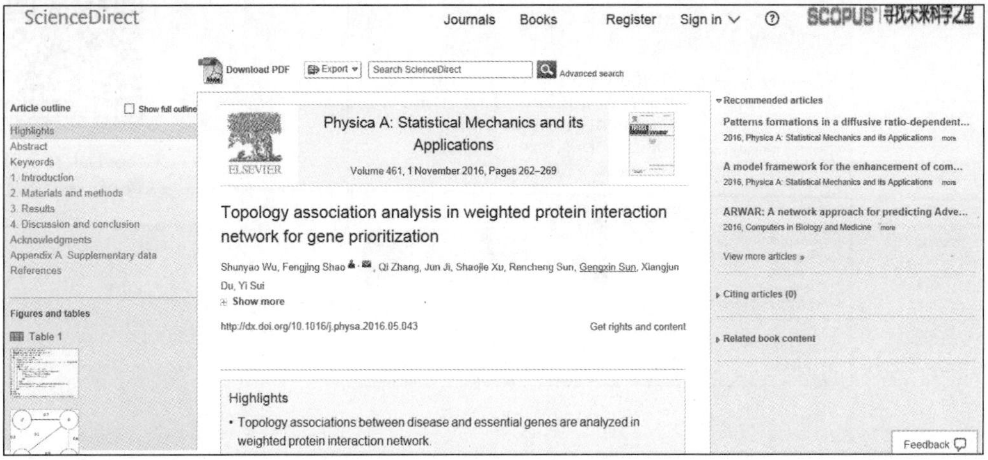

图 4-12　SDOL 检索结果界面 2

【案例分析】

检索青岛大学 2007—2016 年在 SDOL 数据库中发表的期刊论文

此案例使用高级检索的表达式为：pub-date > 2007 and pub-date < 2016 and AFFILIATION（QINGDAO univ*）and AFFILIATION（266071）。可检索 2 360 篇论文，但会把中国海洋大学（前身为青岛海洋大学）、青岛科技大学等单位发表的论文一同检出，且还会遗漏青岛大学东部新校区（青岛市崂山区松岭路中段，邮编 266061）发表的论文。因此此案例最好使用专家检索，专家检索可以弥补高级检索字段受限的不足。另外，把青岛大学作为一个短语看待，有利于屏蔽中国海洋大学的论文，考虑到青岛科技大学东部校区与青岛大学东部新校区的邮编一样，使用专家检索的表达式为：pub-date > 2006 and pub-date < 2017 and AFFILIATION（（"QINGDAO univ*"）AND（266071 OR 266061））and not AFFILIATION（"Sci* AND Technol*"）。检出 825 篇论文，如图 4-11 所示，其中一篇的详细著录格式如图 4-12 所示。

4.3 SpringerLink 电子期刊数据库

德国施普林格（Springer-Verlag，Springer）现为世界上著名的 3 大科技出版集团之一，该集团通过 SpringerLink 数据库提供学术期刊、丛书、图书、参考工具书、出版物等在线服务。本节就带读者领略一下 SpringerLink 数据库的风采。

4.3.1 数据库简介

通过 SpringerLink 主页（见图 4-13）可免费浏览、检索文献的题录和文摘信息，但阅读全文需要付费。

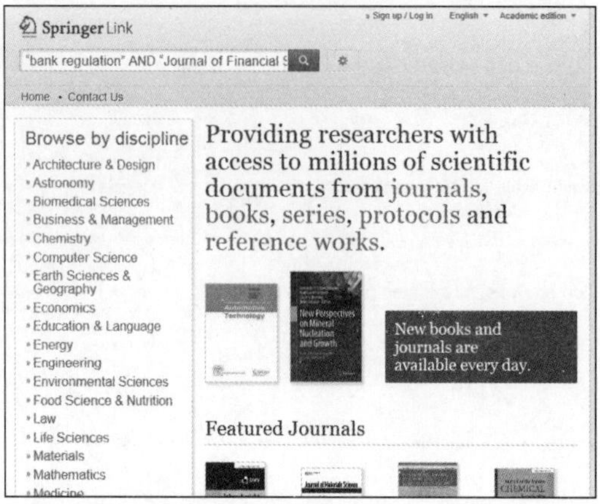

图 4-13 SpringerLink 主页

SpringerLink 电子期刊数据库－数据库简介

SpringerLink 当前提供电子期刊 2 700 余种，涵盖建筑和设计、行为科学、生物医学、商业和管理、化学、计算机科学等 24 个学科。涉及的文献类型有期刊、图书、丛书、协议、参考工具书。此外，还提供了中国和俄罗斯两个在线科学图书馆检索。

4.3.2 检索技术

检索技术是数据库的灵魂，是标引人员与检索用户共同遵守的约定。表 4-3 所示为 SpringerLink 检索技术一览表。

表 4-3 SpringerLink 检索技术一览表

算符名称		算符代码	含义
逻辑检索	逻辑与	AND	多个检索词必须在文献中同时出现
	逻辑或	OR	检索词中的任意一个或多个出现在文献中均可
	逻辑非	NOT	NOT 算符前面的词出现在文献中，后面所跟的词不出现在文献中
优先级检索		( )	括号里的表达式优先执行
截词检索（通配字符）		*	取代单词后缀中的任意字母
短语检索（精确检索）		" "	作为词组看待，但标点符号、连字符等会忽略不计
字段限定检索		ti:，ab:，su:，au:，pub:，issn:，isbn:，doi:	分别代表在标题、摘要、作者、出版物、ISSN、ISBN、数字对像唯一标识符（Digital Object Unique Identifier，DOI）字段进行检索

4.3.3 检索方式

SpringerLink 的用户在印刷版期刊出版之前就可访问该期刊的电子版，在每种电子期刊中，用户既可以浏览又可以检索，并可定制喜爱的期刊、接受期刊目次表通知等个性化服务。

1. 浏览

在 SpringerLink 中，用户既可按文献类型浏览，又可按文献学科浏览，不管采用哪种浏览方式，之后都可以通过页面左边的文献类型、学科、子学科和语种等进行进一步的限定浏览。凡出版物、题名或栏目旁边有一个黄色小锁图标的，表示只能看到题录和摘要，否则可浏览全文。

【案例分析】

浏览 SpringerLink 数据库中所收录的高等教育期刊

此案例既可按文献类型浏览，又可按文献学科浏览。

（1）按文献类型浏览的步骤如下（见图 4-14）：在主页文献类型中选择“期刊”→在左栏的“学科(Discipline)”中单击“see all”，选择“Education & Language”→在“Subdiscipline”中选择“Higher Education”，显示共收录 9 种期刊。

（2）按文献学科浏览的步骤如下：在主页学科分类下选择“Education & Language”→在左栏的“内容类型”下选择期刊→在“Subdiscipline”中选择“Higher Education”，也显示收录 9 种期刊。

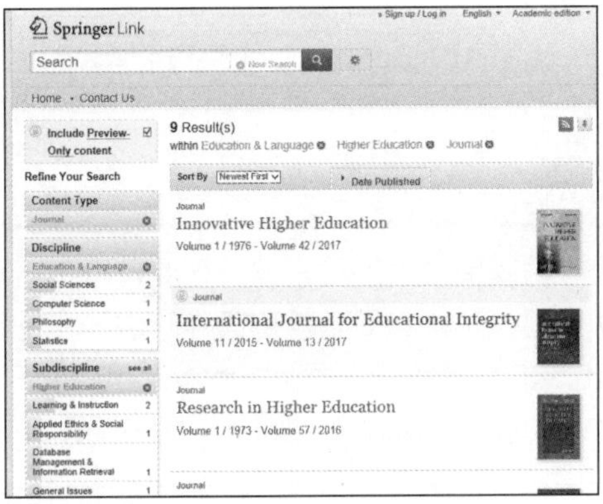

图 4-14　按文献类型浏览界面

2. 简单检索

简单检索位于主页的最上方，既可以在全文、著者、出版物、卷、期、页码字段中进行单一词检索，又可以使用字段和算符进行多词组合检索，如图 4-13 所示。检索技术如表 4-3 所示。

要点提示

在简单检索中，检索词与逻辑算符之间要空一格，表达式的符号要在半角（英文）状态下输入，如小括号、双引号等。高级检索前面 4 行检索框中切记不能输入逻辑算符。

3. 高级检索

单击简单检索查询按钮左边的齿轮图标，显示“Advanced search”，单击即进入高级检索界面，如图 4-15 所示。共有 6 行检索框，“with all of the words”表示所输入的单词之间是“AND”的逻辑关系；“with the exact phrase”表示进行精确检索，相当于精确检索功能；“with at least one of the words”表示所输入的单词之间是“OR”的逻辑关系；“without the words”表示所输入的词在文献中不出现，执行“NOT”的逻辑关系；“where the title contains”表示仅在文献题目中进行检索；“where the author/editor is”表示进行作者或编者的检索。用户可以根据自己的实际需要灵活使用上述检索框。

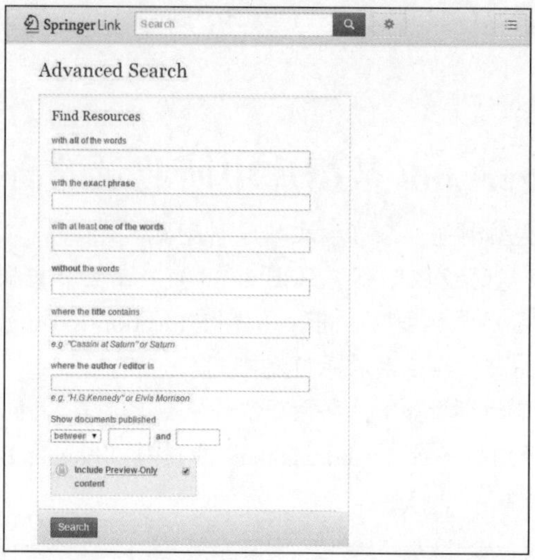

图 4-15　SpringerLink 高级检索界面

4.3.4 检索结果

在检索结果界面的上方为简单检索的检索框，在此可以进行新的检索。左栏为缩小检索范围的选项，通过文献类型、学科、子学科和语种等进一步地限定浏览。右栏上方显示检索结果，下面即为检索出来的文献题录。显示“Download PDF”字样的文献表示可下载、浏览全文，否则只能看到文献的题目和摘要，如图 4-16 所示。

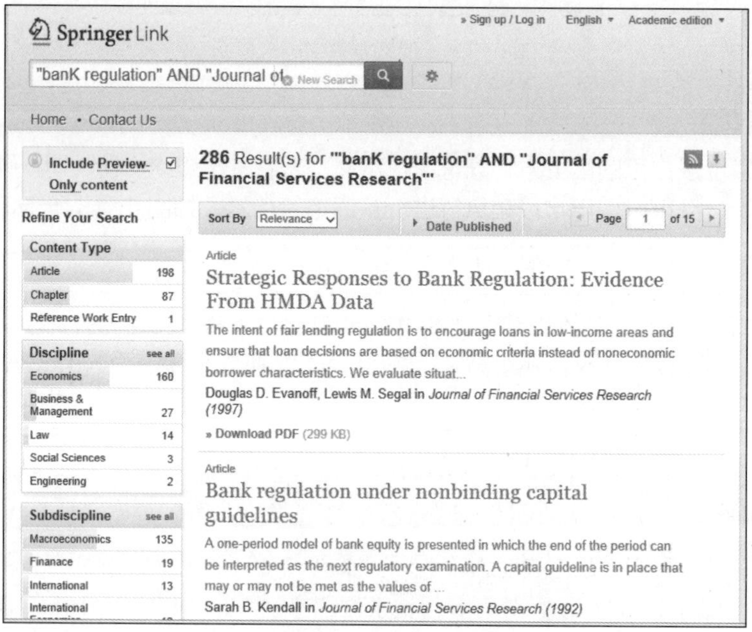

图 4-16　SpringerLink 检索结果界面

单击论文的题目，可进入全文显示界面，有 PDF 和 HTML 两种格式。图 4-17 所示为 HTML 全文显示格式。

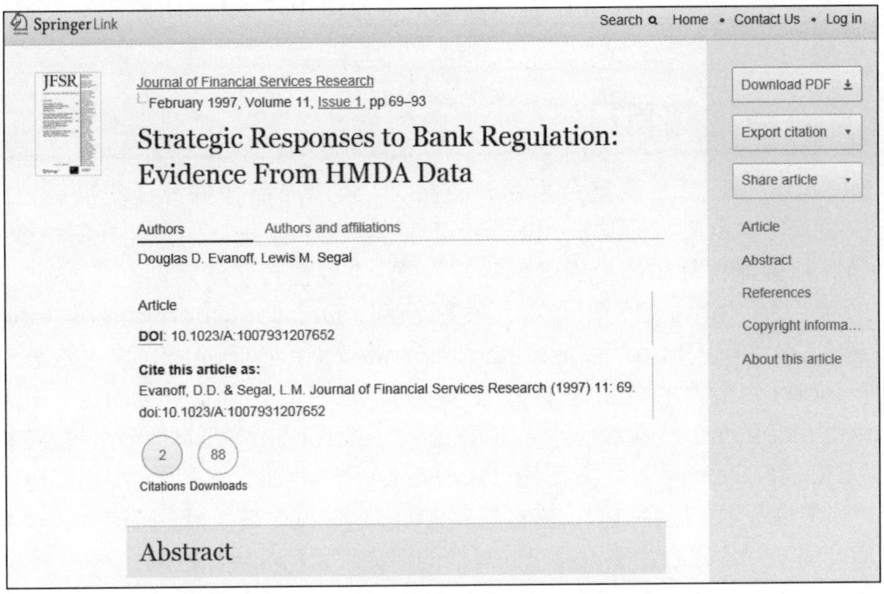

图 4-17　SpringerLink 全文显示界面

【案例分析】

检索 *Journal of Financial Services Research* 杂志上发表的有关银行监管方面的文献

此案例可使用简单检索和高级检索，检索方法分别如下。

（1）直接在简单检索框内编制检索式：“bank regulation” AND “Journal of Financial Services Research”，如图 4-13 所示。检出 286 篇文献，其中有 198 篇为期刊文章，有 87 篇为图书章节内容，如图 4-16 所示。如果在简单检索框中直接输入“bank regulation AND Journal of Financial Services Research”，检索结果多达 32 673 篇，准确度非常低，相当于各个单词之间都是“AND”的组配关系。

（2）高级检索界面如图 4-15 所示，用“Journal of Financial Services Research”进行精确检索，“bank regulation”限定在题目字段中，缩小了检索范围，检索结果准确度较高。

由此看来，简单检索和高级检索各有自己的特点，要根据实际情况综合考虑使用。

4.4 Web of Science 检索平台

Web of Science（WOS）是世界上较大的专业信息提供商汤森路透集团（THOMSON

REUTERS）的服务产品之一，是大型综合性、多学科、核心期刊引文索引数据库，集文献检索、结果分析、文献整理与利用、文献共享等功能于一体，内容涵盖自然科学、社会科学、艺术和人文等诸多领域。平台对用户实行 IP 控制，不提供免费检索服务。

4.4.1 数据库简介

WOS 是学术信息资源整合平台，支持 20 余个产品数据库，集期刊、技术专利、会议录、化学反应、标准、Internet 资源等数据库于一体，并能在同一个检索引擎上运行，检索流程简单，检索效率高。WOS 主要整合了学术期刊（WOS 核心合集，Current Contents Connect）、发明专利（Derwent Innovations Index）、化学反应（Current Chemical Reactions，Index Chemicus）、学术专著（Book Citation Index）、学术分析与评价工具（Journal Citation Reports，Essential Science Indicators）、学术社区（Science Watch.com）及其他多个重要的学术信息资源（BIOSIS Previews®，INSPEC®，FSTA™，Medline® 等），提供了自然科学、工程技术、生物医学、社会科学、艺术与人文等多个领域中高质量、可信赖的学术信息。下面重点介绍 WOS 核心合集以及一些其他的引文索引和产品数据库。

1. WOS 核心合集

WOS 核心合集收录了 10 000 多种世界权威的、高影响力的学术期刊和超过 11 万个国际会议的学术期刊，内容涵盖自然科学、工程技术、生物医学、社会科学、艺术与人文等领域，最早可回溯至 1900 年。

WOS 核心合集由以下 8 个子数据库组成。

（1）科学引文索引扩展版（Science Citation Index Expanded，SCIE）：涵盖 176 个学科的 8 678 种高质量学术期刊，包含图书、期刊论文、会议论文、专利和其他各种类型的文献。

（2）社会科学引文索引（Social Sciences Citation Index，SSCI）：涵盖 56 个社会科学学科的 3 217 种权威学术期刊。

（3）艺术与人文引文索引（Arts & Humanities Citation Index，A&HCI）：收录人文艺术领域 28 个学科 1 744 种国际性、高影响力的学术期刊的数据内容。

（4）自然科学版会议录引文索引（Conference Proceedings Citation Index - Science，CPCI-S）：收录世界上著名的会议、座谈、研究会和专题讨论会的会议录资料，涵盖生物学、化学、工程学、农业学、计算机科学、环境科学、物理学等领域。其中 66% 是以图书形式出版的，34% 是以期刊形式出版的。

（5）社科人文版会议录引文索引（Conference Proceedings Citation Index - Social Science & Humanities，CPCI-SSH）：收录社会科学、艺术及人文科学的所有领域的会议录文献，包括艺术、经济学、历史、文学、管理学、哲学、心理学、公共卫生学和社会学。

（6）图书引文索引（Book Citation Index，BkCI）：补充和加强了期刊、会议录和图书之间的引证关系，收录 60 000 多种图书，共 560 000 多条记录，同时每年增加 10 000 种新书。

（7）化学反应数据库（Current Chemical Reactions，CCR）：报道发表在世界主

要化学期刊和专利中最新的合成方法，包括超过 100 万种化学反应信息。CCR 提供完整的反应图解、反应条件、书目数据，以及作者、摘要。

（8）化合物索引（Index Chemicus，IC）：包含期刊文献中报道的 420 万种新化合物的结构和相关数据。IC 提供完整的化学结构图示、生物活性、书目数据，以及作者、摘要和化合物。

2. 其他引文索引

（1）生物科学引文索引（BIOSIS Citation Index，BCI）：生命科学与生物医学研究工具，内容涵盖临床前和实验室研究、仪器和方法、动物学研究等。

（2）中国科学引文数据库（Chinese Science Citation Database，CSCD）：为 1 200 种在中国出版的科学与工程核心期刊中的文献提供题录信息与引文。

（3）发现科学数据引文索引（Data Citation Index，DCI）：包含众多国际性数据知识库收集的数据研究成果和数据集，并将科学数据与科技文献相关联以获得科学数据引用的关键线索。

3. 其他产品数据库

（1）生物学文摘（Biological Abstracts，BA）：包含全世界范围内的生命科学期刊文献的全面索引，其主题涵盖植物学到微生物学以至药理学领域。

（2）生物科学数据库（BIOSIS Previews，BP）：生命科学与生物医学研究工具，内容涵盖临床前和实验室研究、仪器和方法、动物学研究等。

（3）期刊题录快讯（Current Contents Connect，CCC）：包含世界一流学术性期刊和图书的完整目录与题录信息，以及经过评估的相关网站和文献。

（4）食品科学数据库（Food Science and Technology，FSTA）：全面涵盖有关食品科学、食品技术以及食品相关营养学的纯理论研究和应用研究。

（5）物理、电子电气、计算机与控制及信息科学文摘（Information Service in Physics，Electro-Technology，Computer and Control，Inspec）：全面收录全球范围内在物理、电子电气工程、计算、控制工程、生产和制造及信息技术领域的各种期刊和会议文献。

（6）韩国期刊数据库（KCR-Korean Journal Database，KCI）：对 KCI 所包含的多学科期刊中的文章提供访问。KCI 由韩国国家研究基金会（National Research Foundation of Korea）管理，包含在韩国出版的学术文献的题录信息。

（7）生物医学数据库（Medical Literature Analysisand Retrieval System Online，MEDLARS Onltne）：美国国家医学图书馆（National Library of Medicine）的生命科学数据库。

（8）动物学文摘（Zoological Records，ZR）：世界领先的动物学分类参考文献之一，最早可追溯到 1864 年。

4.4.2 检索技术

在数据库中进行检索时，用户如果能够熟练恰当地运用检索技术，不仅可以提高检索的准确性和全面性，而且可以提高效率，节约时间。表 4-4 所示为 WOS 检索平台的检索技术一览表。

表 4-4　WOS 检索平台的检索技术一览表

算符名称		算符代码	含义
逻辑检索	逻辑与	AND	多个检索词必须在文献中同时出现
	逻辑或	OR	检索词中的任意一个或多个出现在文献中均可
	逻辑非	NOT	NOT 算符前面的词出现在文献中，后面所跟的词不出现在文献中
优先级检索		( )	括号里的表达式优先执行，优先级顺序：NEAR/N>SAME>NOT>AND>OR
截词检索（通配字符）		*	取代单词后缀中的任意字母
		?	精确地代替一个字符
位置算符		NEAR/*N*	表示由该运算符连接的检索词之间最多间隔 *N* 个单词，例如：tongue NEAR/2 base（tongue base；base of tongue；base of the tongue）
		SAME	表示检索词出现在同一个地址中
短语检索（精确检索）		“ ”	作为词组看待，但标点符号、连字符等会忽略不计

4.4.3 检索方式

要点提示

由于 WOS 检索平台数据库繁多，因此进行检索之前需要选择数据库，可选择一个或多个数据库，默认选择所有数据库，即本机构所订购的全部数据库，并不是上面所介绍的全部数据库。另外，选择的时间指文献信息进入 WOS 数据库的时间，而不是文献的出版时间。

选择所有数据库或某一个数据库时，显示的检索方式不同。下面以 WOS 核心合集为例进行介绍，即在 SCIE、SSCI、A&HCI、CPCI-S、CPCI-SSH、BkCI、IC、CCR 8 个数据库中进行检索，提供基本检索、作者检索、被引参考文献检索、化学结构检索、高级检索 5 种检索方式。

1. 基本检索

基本检索是 WOS 默认的检索界面，如图 4-18 所示。可供选择的检索字段有主题、标题、作者、作者标识符、团体作者、编者、出版物名称、DOI、出版年、地址、机构扩展、会议、语种、文献类型、基金资助机构、授权号、入藏号，其中“主题”字段指同时在“篇名”“文摘”“关键词”字段进行检索。检索框之间的逻辑组配有“AND”“OR”“NOT”。也可单击“添加另一字段”任意添加一个检索框，完成复杂的信息查询。

2. 作者检索

作者检索方式从作者的姓名、研究领域和研究机构 3 个方面入手，可以尽可能准确地找到某作者发表的论文，如图 4-19 所示。该检索界面提供了 3 个检索步骤。第 1 步，在“姓”字段输入作者的姓氏；在“首字母”字段中输入最多 4 个名字的首字母缩写。还可添加作者姓名的其他不同拼写形式，最多添加 5 种。第 2 步，选择作者的研究领域，共有艺术人文、生命科学与生物医学、自然科学、社会科学和应用科学 5 大领域，单击展开后勾选具体的研究方向；可以同时选择两个不同的领域。第 3 步，选择作者的研究机构。

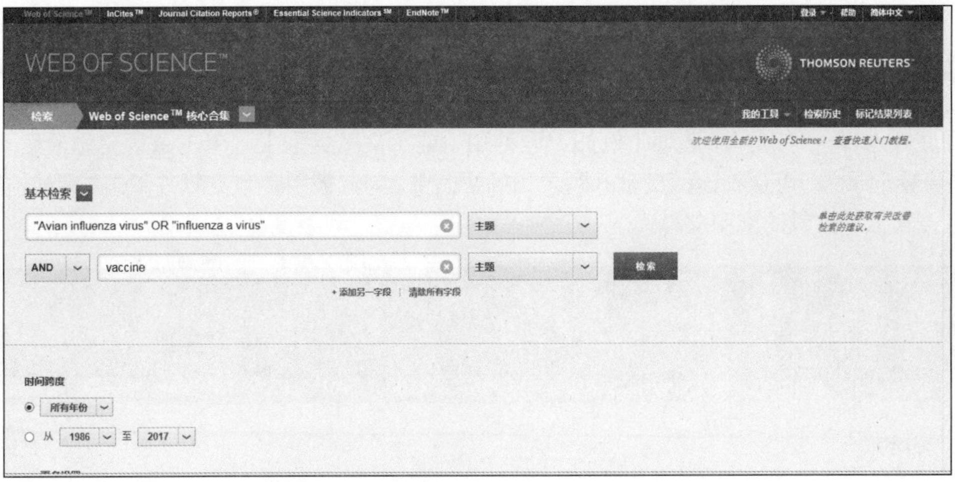

图 4-18 WOS 核心合集基本检索界面

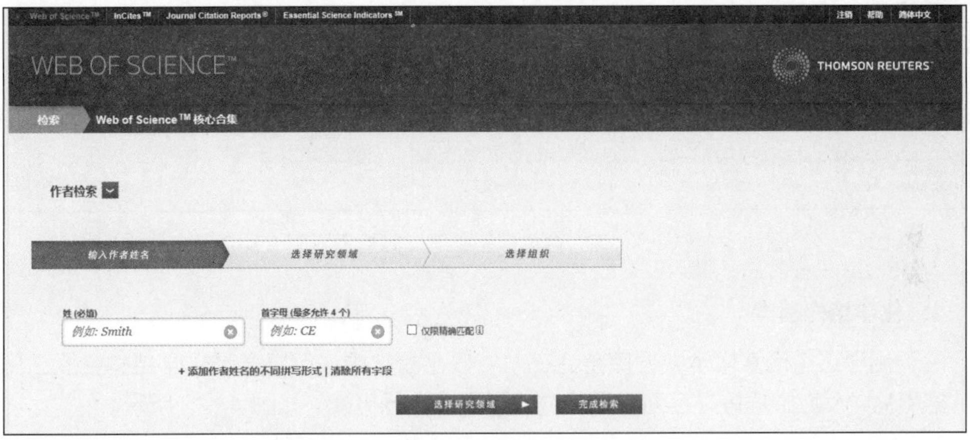

图 4-19 WOS 核心合集作者检索界面

3. 被引参考文献检索

被引参考文献检索可从被引作者、被引著作、被引年代等内容查询文献被引用的情况，分为两个步骤。第 1 步，输入有关被引文献的信息，各字段之间默认为 AND 组配，如图 4-20 所示。

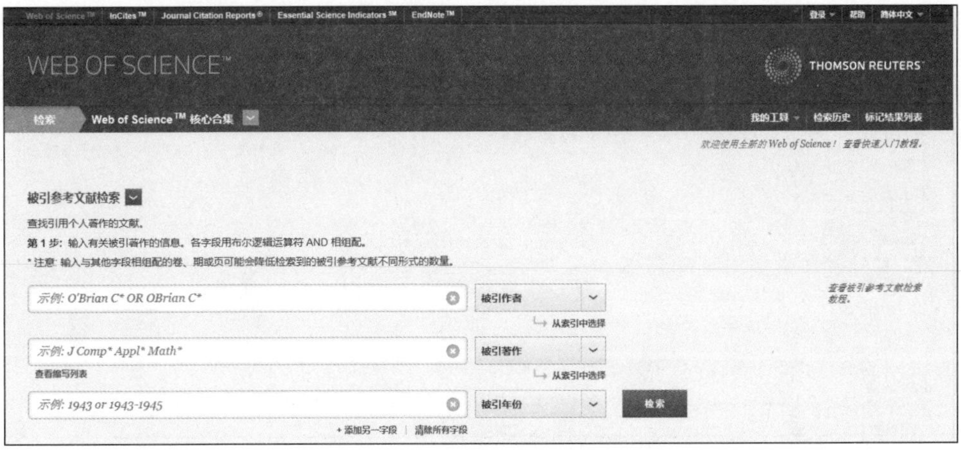

图 4-20 WOS 核心合集被引参考文献检索界面 - 第 1 步

检索之后，进行第 2 步操作，如图 4-21 所示。在被引参考文献索引列表中每篇参考文献左侧都有选择框，可以通过单击选中某一篇文献，或单击“选择页面”，或单击“全选”（全选最多为 500 条记录）等方式选择不同形式被引参考文献。也可以限制检索范围，在页面底部选择一个或多个选项【例如，语种和（或）文献类型】；单击每篇文献最后一列的“查看记录”即可查看该篇文献的题录和摘要信息，勾选被引参考文献并单击“完成检索”即可查看该篇文献的施引文献情况。

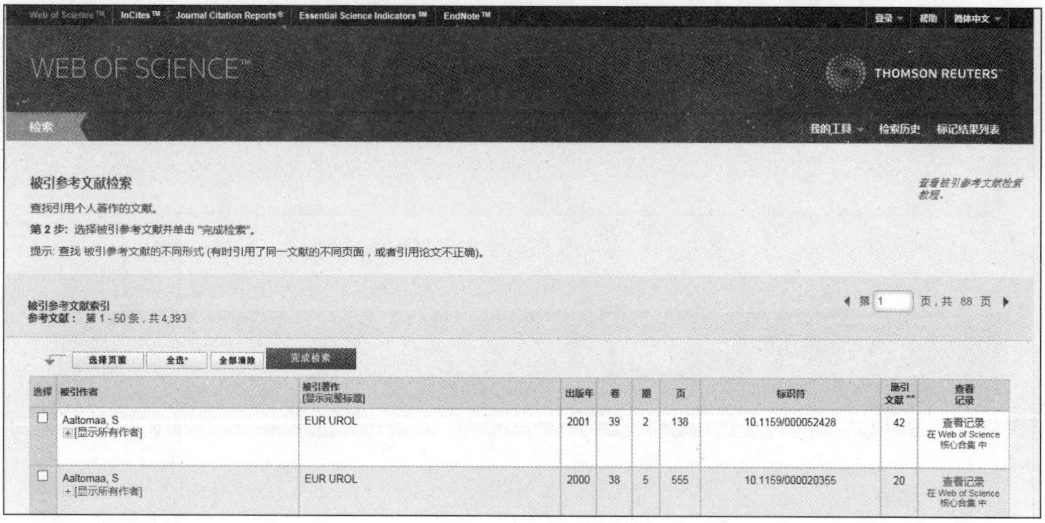

图 4-21　WOS 核心合集被引参考文献检索界面 - 第 2 步

4. 化学结构检索

由于化学结构检索化学数据库整合在 WOS 平台之中，可以通过化学结构绘图、化合物数据和化学反应数据等途径对化合物或化学反应进行检索，如图 4-22 所示。

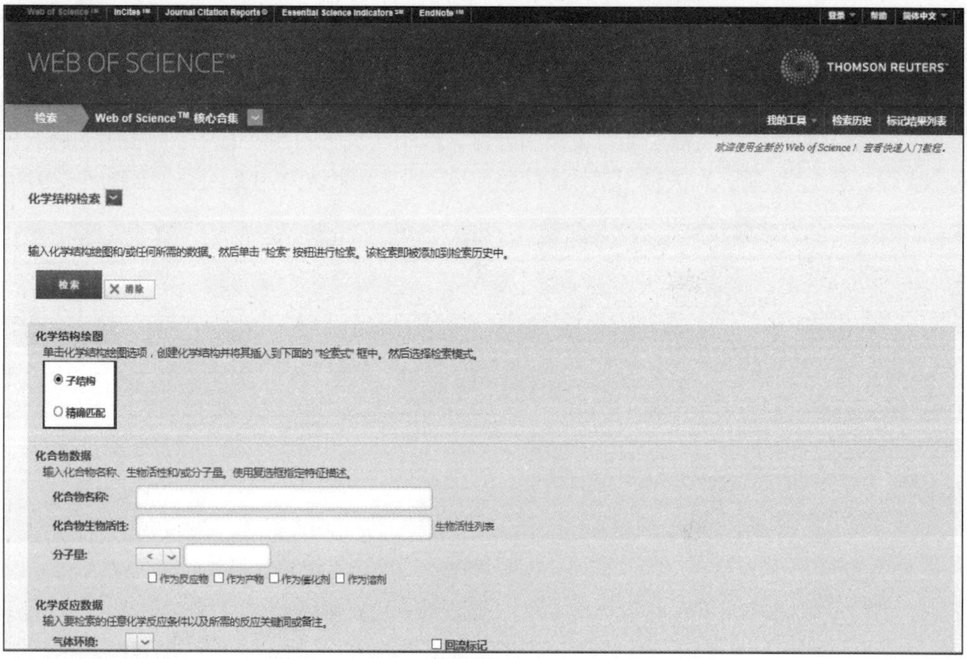

图 4-22　WOS 核心合集化学结构检索界面

化学结构图，可以使用 Accelrys JDraw 小程序绘制化学结构来检索化合物和反应记录；也可以使用其他绘图工具（如 ISIS Draw 和 ChemDraw）绘制化学结构以检索化合物和反应记录；还可以使用“化学反应检索结果”“化合物检索结果”和“全记录”页面上的化学结构。

5. 高级检索

在高级检索界面，检索词的组配非常灵活，一次可完成一个复杂课题的检索。该页面包括复合检索式输入区和检索历史区两部分。复合逻辑表达式的检索词必须使用字段标识符。在检索框的右侧给出了字段标识符列表、布尔逻辑算符和位置算符，如图 4-23 所示。页面的下面为检索历史区，可浏览检索的过程，还可以对简单的检索式进行逻辑组配运算，但仅限 AND 和 OR。检索策略可以保存，但必须先免费注册一个账号才能实现此项功能，检索策略保存于 WOS 的服务器中，在以后的检索中可以调用已经保存的检索策略。

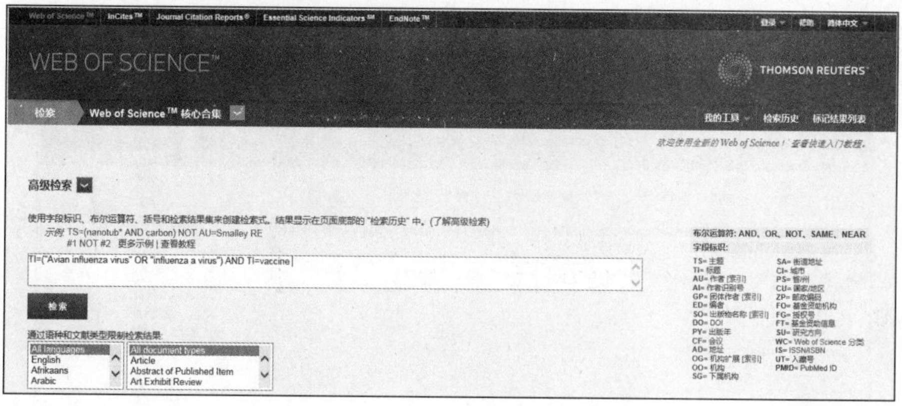

图 4-23　WOS 核心合集高级检索界面

4.4.4 检索结果及其处理

检索结果的显示分为左右两栏，左栏为检索结果数量和精练结果选项，可对 10 万条以内的记录按照学科类别、文献类型、国家 / 地区、机构等角度进一步精练结果。右栏为检索结果显示区，只显示文献标题、作者或团体作者、来源出版物、卷、期、DOI、出版年、被引频次、全文链接、文摘链接等内容，如图 4-24 所示。

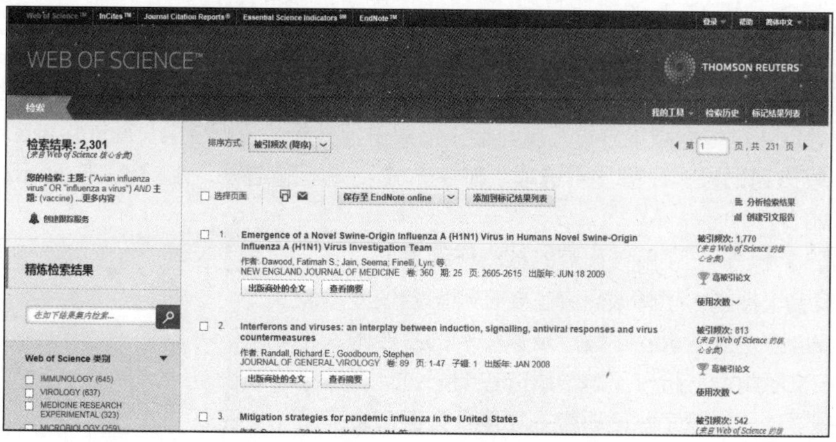

图 4-24　WOS 核心合集检索结果界面

1. 检索结果排序

WOS 提供了 7 种排序方式：出版日期、入库时间、被引频次、相关性、第一作者、来源出版物和会议标题。允许排序的文献篇数最多为 10 万篇，否则，系统提示缩小检索范围重新检索。图 4-24 所示为按照“被引频次（降序）”排序的结果。

2. 全记录格式显示

单击每一条记录的文献标题，可以查看该文献的全记录信息。在该页面右边有被引频次、参考文献、相关文献（Related Records）、查看引证关系图、创建引文跟踪等链接，如图 4-25 所示。其中“引证关系图”是一种示意图，使用各类可视化工具和技术显示论文和其他论文之间的引用关系（被引参考文献和施引文献）。通过此图可以分析哪些研究人员正在引用此论文。也可以通过选择作者、出版年、期刊标题、学科类别等对检索结果进行组织和颜色编码。“创建引文跟踪”功能是通过创建引文跟踪按钮以便了解某文献今后被引用的情况。此服务需要注册为个人用户后方可使用。

图 4-25　WOS 核心合集检索结果全记录格式界面

3. 输出检索结果

通过“添加到标记结果列表”按钮可将已勾选记录自动添加到标记结果列表页面之中，该页面最多可以容纳 500 条记录。

保存文献的方式，可以是直接保存至 EndNote 等管理软件中，也可以文件形式下载。保存为其他文件格式时，默认内容为作者、标题、来源文献、摘要格式，并可通过下拉菜单选择文件格式。

4. 分析检索结果

用户可以通过检索结果分析工具对检索结果进行分析。分析结果页面提供 4 部分选项：根据此字段排列记录、设置显示选项、排序方式及分析的结果，如图 4-26 所示。可供分析的字段如下。

- 按编者分析：了解该研究的核心作者是谁。
- 按会议标题：了解该研究主要在哪些会议上发表。
- 按国家地区分析：了解涉及该研究的主要国家和地区。
- 按文献类型分析：了解该研究主要通过什么途径发表。
- 按语种分析：了解该研究主要用什么语言发表。
- 按文献出版年分析：了解该研究的趋势。

- 按来源出版物分析：了解该研究主要在哪些出版物上发表。
- 按主题分类分析：了解该研究涉及的研究领域。

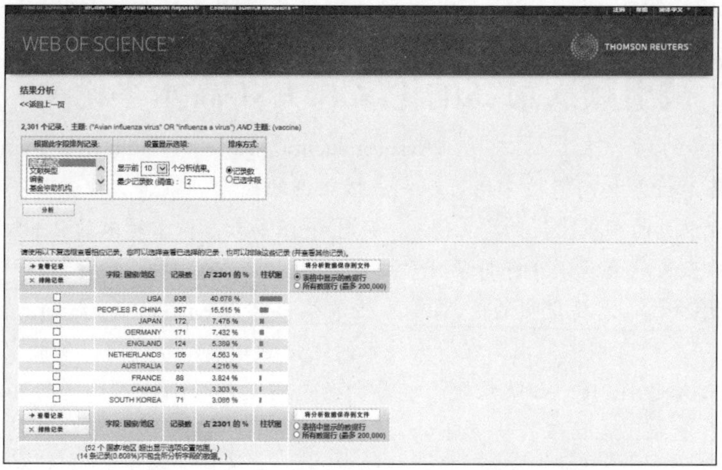

图 4-26　WOS 核心合集分析检索结果界面

5. 创建引文报告

利用引文报告功能可以分析某一个人论文的收录和引用分布状况，或分析某专题、课题论文发表和引用分布状况。但当检索结果超过 10 000 篇时，会出现“引文报告功能不可用［？］”提示。

单击“创建引文报告”后，页面上方首先显示两个直方图，即“每年出版的文献数”和“每年的引文数”，默认显示最近 20 年的情况。页面右侧显示被引频次总计、每项平均引用次数、h 指数，也可查看施引文献和去除自引的引文报告。“h 指数”最初由美国加利福尼亚大学圣地亚哥分校的物理学家乔治·赫希（Jorge Hirsch）于 2005 年提出，其提出 h 指数的目的是量化科研人员的研究成果。h 指数的计算基于研究者的论文数量及其论文被引用的次数。若一个人的所有学术文章中有 n 篇论文分别被引用了至少 n 次，则他的 h 指数就是 n。目前，h 指数广泛用于评价个人、科研机构的学术影响力，如图 4-27 所示。

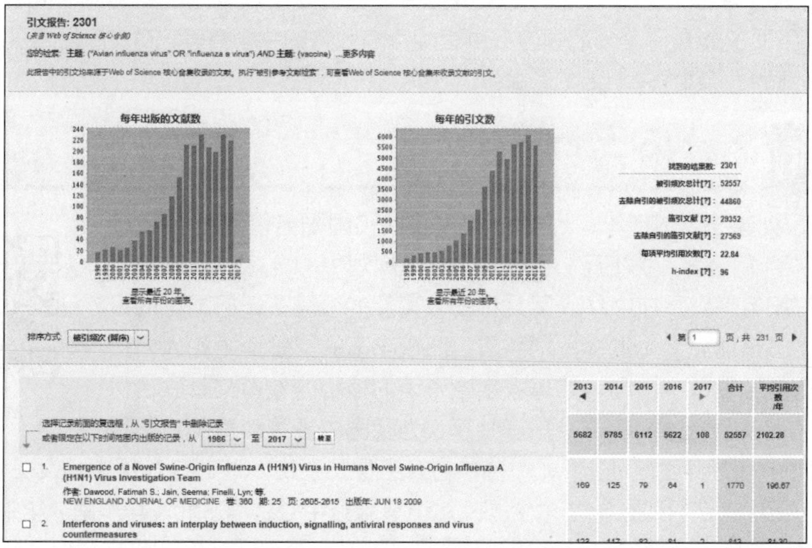

图 4-27　WOS 核心合集引文报告界面

【案例分析】

检索禽流感病毒疫苗研究方面的文献，统计发表论文较多的前 10 个国家，并精选出被引频次最高的论文和 ESI 高水平论文

禽流感病毒的两种表达方式是“Avian influenza virus”和“influenza a virus”，疫苗是 vaccine。通过基本检索和高级检索均可以完成该案例的检索。第一次检索时字段限定可以宽泛些，在基本检索页面字段限定为“主题”，如图 4-18 所示，检索结果为 2 301 篇，如图 4-24 所示。若觉得检出文献太多，可将高级检索页面中的字段限定改为“标题”，如图 4-23 所示，检索结果缩小为 249 篇。需要说明的是，在基本检索界面中，“Avian influenza virus” OR “influenza a virus”输入同一个检索框中，因为在检索技术的优先运算中已经说明，本检索平台的优先运算顺序为 NOT>AND>OR，如果禽流感病毒的两个同义词分别输入第一行和第二行检索框中，用 OR 进行组配，在第三行检索框输入 vaccine，组配 AND 时，数据库的运算顺序是先运行第二行 AND 第三行，再 OR 第一行，从而使检索结果不正确。

对“主题”字段检索出的 2 301 篇进行“分析检索结果”，选择“国家 / 地区”字段进行分析，如图 4-26 所示，即列出了发表论文较多的前 10 个国家。对检索结果按照“被引频次（降序）”排序，找到被引频次最高的论文，如图 4-24 所示。点开结果显示页面左栏精练检索结果中的“ESI 高水平论文”，显示“HIGHLY CITED PAPERS”有 10 篇，在前面勾选后单击“精选”，即显示这 10 篇 ESI 高水平论文。

4.5 CALIS 网站

文献检索的最终目的是查看原文，虽然网上的英语资源占 90%，但对国内用户来说，要索取高品质的外文全文并非每个图书馆都能满足，原因之一是各种高品质的外文全文数据库价格不菲，原因之二是即便为全文数据库，也会受到收录范围、回溯时间等的限制而无法获取。下面主要介绍全国范围内提供馆际互借服务的中国高等教育文献保障系统（China Academic Library & Information System，CALIS）网站。

4.5.1 CALIS 简介

CALIS 创建于 1996 年，是经中华人民共和国国务院批准的我国高等教育“211 工程”“九五”“十五”总体规划中的 3 个公共服务体系之一。其服务宗旨是在中华人民共和国教育部的领导下，把国家的投资、现代图书馆理念、先进的技术手段、高校丰富的文献资源和人力资源整合起来，建设以中国高等教育数字图书馆为核心的教育文献联合保障体系，实现信息资源共建、共知、共享，为我国的高等教育服务。目前 CALIS 设有全国中心、地区中心、省中心 3 级保障系统。CALIS 管理中心设在北京大学，下设文理、工程、农学和医学 4 个全国文献信息服务中心，华东北、华东南、华中、华南、西北、西南和东北 7 个地区文献信息服务中心，以及一个东北地区国防文献信息服务中心。

CALIS 简介

CALIS 主页如图 4-28 所示。

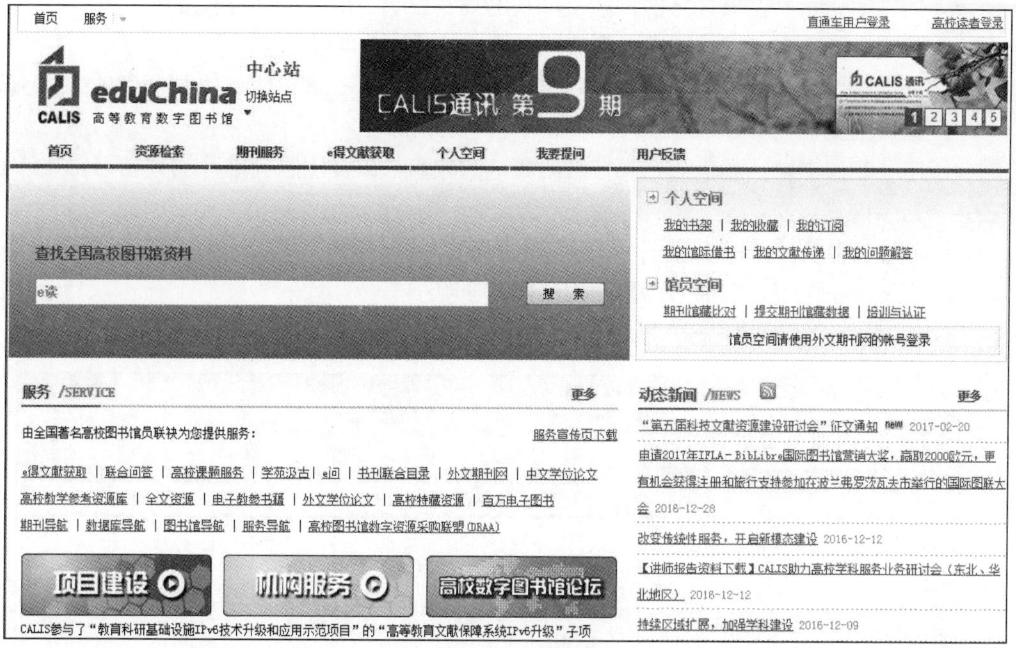

图 4-28　CALIS 主页

4.5.2 CALIS 服务

1. 服务内容

目前 CALIS 提供的服务内容主要有两个方面：咨询服务和检索服务。

（1）咨询服务

咨询服务包括以下几方面的内容。

- 期刊导航：按照语种、学科、字顺进行中西文期刊的浏览。
- 数据库导航：按照语种、学科、字顺、类型进行数据库的浏览，同时提供在线查找。
- 图书馆导航：按照项目、地区、类型等浏览国内外图书馆。
- e 得文献获取：基于 CALIS 丰富的资源，通过馆际借书、文献传递等方式，使读者能快速获得文献资源。
- 联合问答：专业图书馆员提供人物、事件、名词术语、检索方式等常见学术问题的解答。
- 科技查新：依托教育部部级科技查新工作站，提供各种科技查询服务，根据委托人的要求，针对查新点，查证其新颖性。
- 收录引证：提供涵盖 SCI\SSCI\EI\CPCI\AHCI\CSCD\CSSCI 等数据库的学术论文收录及被引用情况证明服务。
- 课题咨询：依托高校图书馆丰富的信息资源与专业的咨询人员开展课题咨询服务。

（2）检索服务

检索服务包括以下几方面的内容。

- 学术搜索引擎（e 读）：通过一站式检索，查找全国 600 余家图书馆的资源。

- 书刊联合目录：提供联合目录书目数据的检索、下载和相关资源导航服务。
- 外文期刊网：收录 3 万多种西文期刊的篇名目次，提供期刊导航服务。
- 中文学位论文：收录国内近百家知名高校的博硕士学位论文。
- 外文学位论文：收录全世界著名学位论文数据库——博硕士论文数据库的 25 万篇硕博论文。
- 电子教参书籍：涵盖知名高校教师精选的教参书以及出版社推荐的教参书，共计 6 万余种。
- 高校特藏资源：50 多家图书馆建设的近 200 万条特藏资源，涵盖古籍、拓片资源等。
- 百万电子图书：包括古籍等在内的百万册电子书。

详细的服务内容如图 4-29 所示。

图 4-29　CALIS 的服务导航

2. 服务程序

（1）用户注册

凡是 CALIS 高校成员馆的用户，只要拥有一个账号，就可使用 CALIS 提供的各种文献资源的全文传递服务。读者注册需在本校的馆际互借系统内进行，且经本馆工作人员确认后，才能享有文献传递等服务。

（2）收费标准

对于一般文献，如期刊论文、会议论文、图书的部分章节等，文献传递收费 = 复制费 +(加急费)；对于特殊文献，如古籍、标准、报告等，遵循收藏馆收费标准。

4.5.3 检索资源与文献传递

CALIS 目前提供的检索资源有 e 读、外文期刊网、中外论文纵向服务网站、教学辅助中心网站、特色资源网站、中国高校机构库中心网站等。在此仅介绍 e 读、外文期刊网和 e 得，其他资源检索可举一反三。

CALIS 网站－检索

1. e 读

e 读整合全国高校纸本资源和电子资源，揭示资源收藏与服务情况，通过一站式检索从海量资源中快速发现与获取有用的信息。e 读文献类型齐全，包括联合目录、外文期刊网、学位论文、教学参考书、特色库、古籍等约 9000 万条数据。目前 e 读只提供类似百度的简单检索功能，如图 4-30 所示。

图 4-30 e 读检索页面

e 读的检索结果分上、左、右 3 栏显示：上栏显示检索框及检索结果；左栏显示范围、出版年、语种、类型、学科、收录数据库等；右栏显示检索出来的文献数量及题录，如图 4-31 和图 4-32 所示。

图 4-31 e 读检索结果页面 1

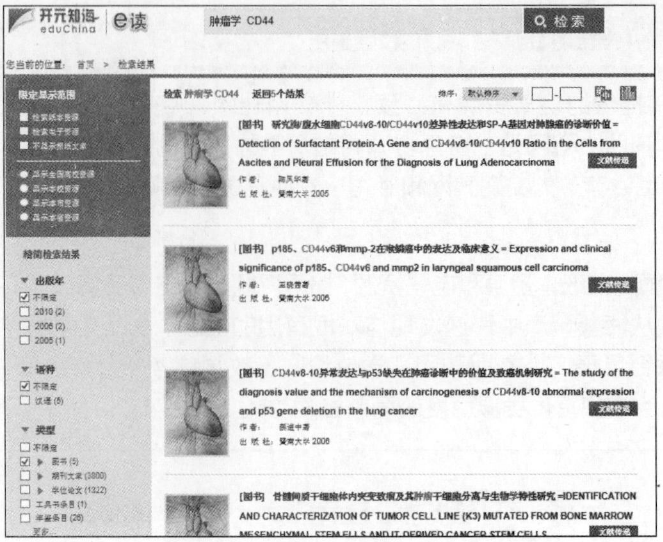

图 4-32　e 读检索结果页面 2

单击文献题目后面的“文献传递”，即可申请全文。但要求本校图书馆是该系统的成员馆，并且事先通过本校图书馆已经申请注册了馆际互借账户，这样登录之后就能获取全文。传递方式包括电子邮件、传真、快件、普通邮寄等。

【案例分析】

检索 CD44 基因在肿瘤学研究方面的图书

检索词：肿瘤、CD44。

在 CALIS 主页的检索框中（见图 4-28），或单击主页中的“资源检索”，进入 e 读检索（见图 4-30），输入检索词，检出 5 167 个结果，如图 4-31 所示。再在左栏“类型”下面勾选“图书”，检出 5 个结果，如图 4-32 所示。

2. 外文期刊网（期刊服务）

CALIS 外文期刊网是面向全国高校广大师生的一个外文期刊综合服务平台。该平台收录近 10 万余种高校收藏的纸本期刊和电子期刊信息，其中，有 4 万多种期刊的文章篇名信息每周更新，目前期刊文章的篇名目次信息量达 8 000 多万条，但只能在校园网内浏览检索。CALIS 外文期刊网主页如图 4-33 所示。

图 4-33　CALIS 外文期刊网主页

（1）文章检索

文章检索可以在篇名、作者、刊名、ISSN、全面几个字段进行限制，输入一个检索词或词组即可。文章检索分为篇目快速检索和篇目高级检索两种。篇目快速检索只能输入单一词或词组，可按包含、完全匹配和前方一致 3 种方式选择，此外，还有出版时间检索限制选项。篇目高级检索一次最多可支持 4 个单词或词组的布尔逻辑（AND、OR）检索，此外还有收录限定、显示设置等限制选项，如图 4-34 所示。以上两种检索均支持二次检索。

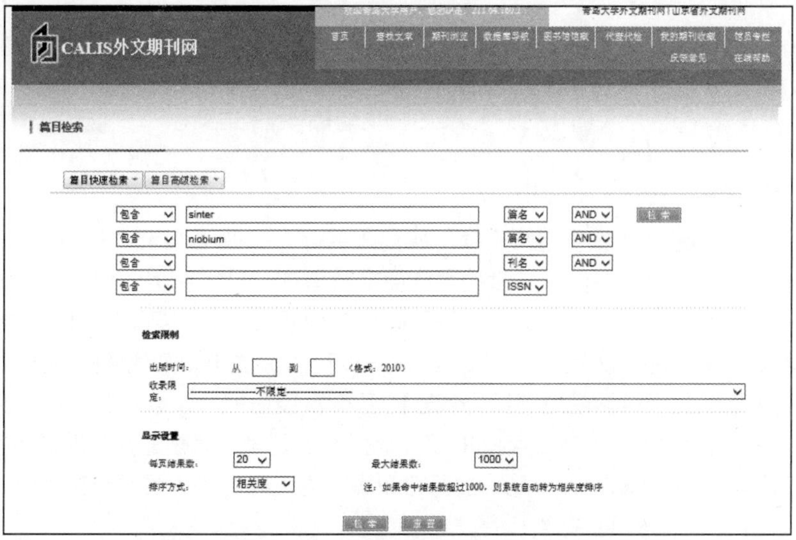

图 4-34　CALIS 外文期刊网篇目高级检索界面

（2）期刊浏览

目前 CALIS 外文期刊网共有 14 万种期刊，既可按刊名、ISSN、刊名缩写、期刊首字母缩写 4 种形式浏览检索，又可按纸本期刊和电子期刊浏览，还可按期刊导航、字母导航和学科导航 3 种情况进行浏览。其中期刊导航按文摘数据库字顺排序；字母导航按 26 个英文字母和其他的字顺排列；学科导航按教育部学位设置的门类和其他分类排列。

（3）数据库导航

目前，外文期刊网共收录 195 个数据库，其中全文库 165 个，文摘库 11 个，既可按数据库起始字母查询，又可按数据库类型查询。

（4）图书馆馆藏

目前共有 2 168 个高校图书馆，其中有 298 个图书馆提供纸本馆藏，有 512 个图书馆提供电子资源馆藏，既可按照期刊拼音首字母导航，又可按地域导航。

【案例分析】

检索烧结温度对金属铌的影响的研究

检索词：烧结——sinter，铌——niobium。

根据题意，在 CALIS 外文期刊网篇目高级检索界面中，输入检索词，如图 4-34 所示，检索结果如图 4-35 所示。单击“全文库链接”显示本馆所购买的收录有该文献的数据库，可直接浏览摘要或全文；单击“文献传递”可申请全文。

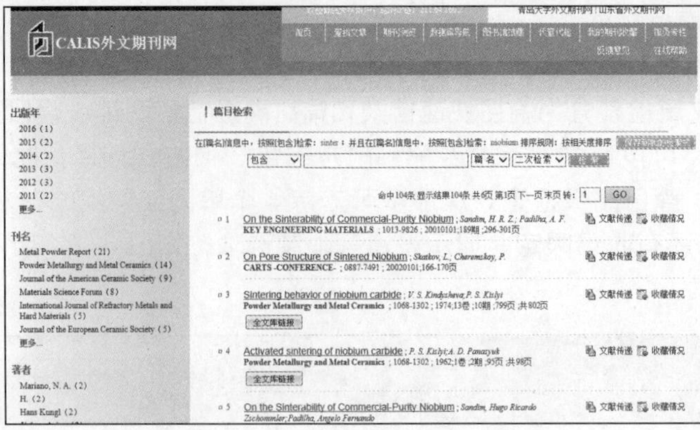

图 4-35　CALIS 外文期刊网检索结果

3. e 得

e 得（易得）是 CALIS 推出的"e"系列服务之一，是 CALIS 文献对用户提供服务的门户网站，可以为用户提供从文献检索到原文获取的一站式服务，包括电子原文下载、文献传递、馆际借书、单篇订购、电子书租借等多种原文获取服务。支撑 e 得全文服务的有 800 多家 CALIS 高校成员馆，还有以国家图书馆、上海图书馆为代表的众多公共图书馆，以国家科技文献中心、科学院图书馆为代表的各类科技情报所，以中国高校人文社会科学文献中心、外国教材中心、大学数字图书馆国际合作计划等为代表的教育部资源共享项目，以及以方正阿帕比、同方知网、维普资讯、万方数据等为代表的国内资源数据库商，如图 4-36 所示。

图 4-36　e 得文献获取主页

4.5.4　与其他馆的馆际合作

目前，与 CALIS 具有合作关系的单位或网站有中国国家图书馆、国家科技图书文献中心、上海图书馆、香港 JULAC 文献传递服务、韩国 KERIS 文献信息服务、外国教材中心、维普中文科技期刊（单篇订购）等。下面重点介绍 CALIS 与中国国家图书馆、国家科技图书文献中心、上海图书馆的馆际互借服务系统。

1. 与中国国家图书馆的馆际互借服务系统

中国国家图书馆作为国家总书库，是全球较大的中文文献保障基地和国内较大的外文文献收藏机构之一。中国国家图书馆还设有名人手稿、革命历史文献、中外学位论文等专藏。CALIS 与中国国家图书馆开展合作以后，高校用户可通过 CALIS 获得中国国家图书馆的馆藏资源，并且可以享受 CALIS 项目提供的费用补贴。图 4-37 所示为 CALIS 与中国国家图书馆的馆际互借服务系统。

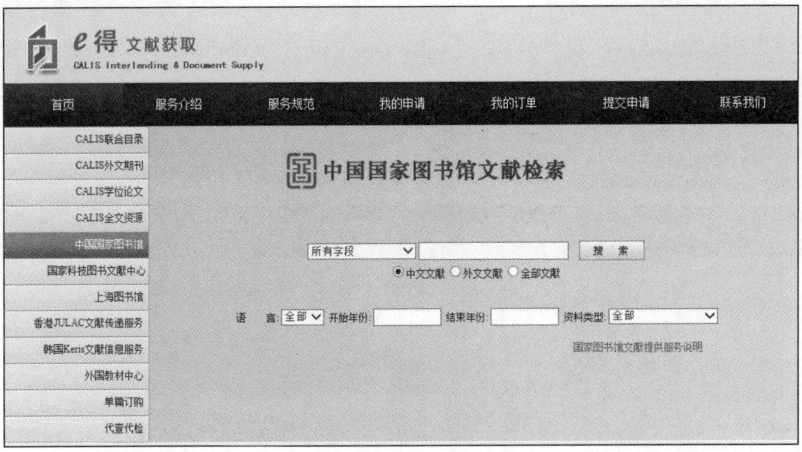

图 4-37 CALIS 与中国国家图书馆的馆际互借服务系统

2. 与国家科技图书文献中心的馆际互借服务系统

国家科技图书文献中心（National Science and Technology Library，NSTL）是经国务院批准，于 2000 年 6 月 12 日成立的一个基于网络环境的科技信息资源服务机构，它拥有丰富的科技类外文文献资源，印本外文文献达 26 000 多种，其中外文期刊 17 000 多种，外文会议录等 8 000 多种。CALIS 与 NSTL 于 2012 年 3 月正式开通“NSTL 文献传递服务（高校版）”，高校用户可通过本校的 CALIS 馆际互借系统，通过本校的图书馆用户账号，同时享受 NSTL 拥有的文献资源和 CALIS 项目经费提供的费用补贴。图 4-38 所示为 CALIS 与国家科技图书文献中心的馆际互借服务系统。

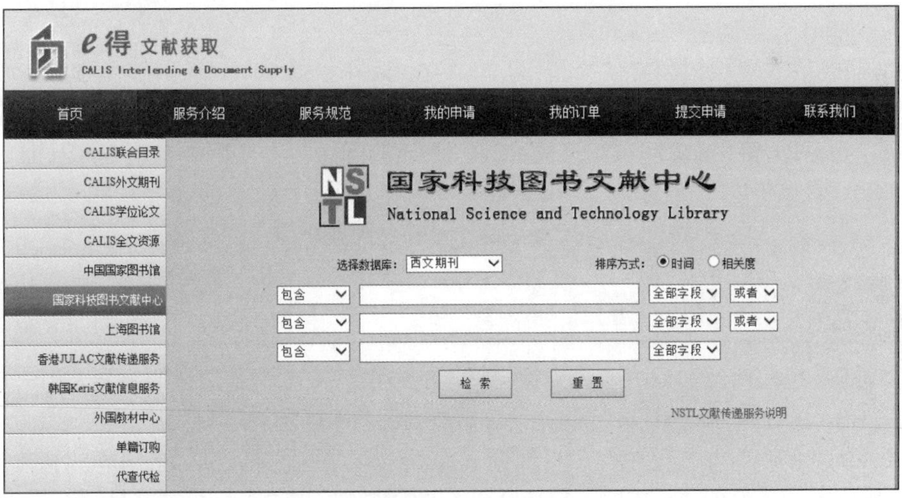

图 4-38 CALIS 与国家科技图书文献中心的馆际互借服务系统

3. 与上海图书馆的馆际互借服务系统

上海图书馆馆藏丰富，门类齐全，拥有图书、报刊和科技资料近 5 200 万册（件），其中外文期刊近 6 000 种，外文图书约 160 万册。上海图书馆的馆际借书服务是上海图书馆新推出的一项馆与馆之间的文献资源共建共享服务，是图书馆延伸服务的新举措。该服务以上海图书馆的参考外借类图书为文献保障，以上海图书馆的馆际互借系统为技术手段，以快递为物流保障，把上海图书馆的参考外借图书服务到全国和世界各地。CALIS 与上海图书馆合作后，高校用户可通过 CALIS 获得上海图书馆的馆藏资源，并且可享受 CALIS 项目提供的费用补贴。图 4-39 所示为 CALIS 与上海图书馆的馆际互借服务系统。

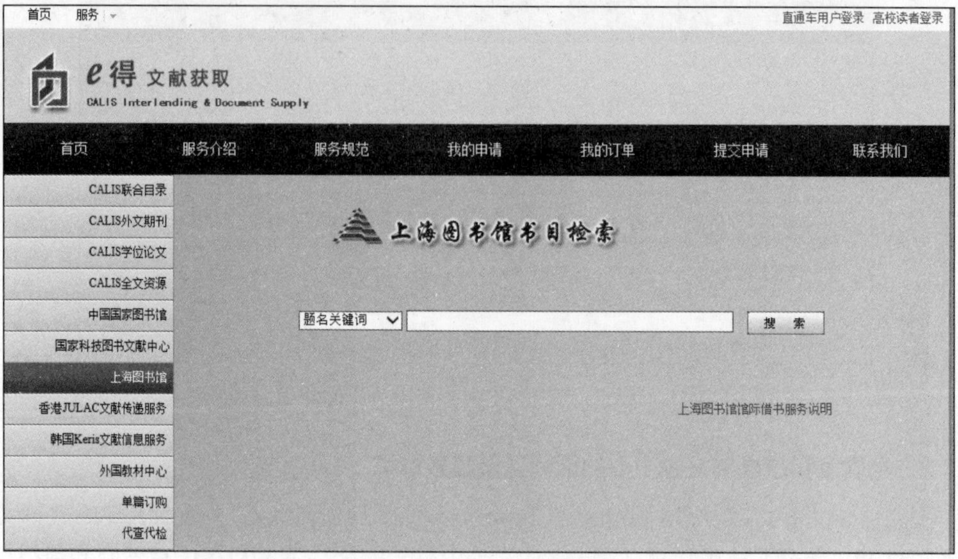

图 4-39　CALIS 与上海图书馆的馆际互借服务系统

4.6 CASHL 网站

中国高校人文社会科学文献中心（China Academic Social Sciences and Humanities Library，CASHL）又称开世览文，是目前全国高校系统唯一的人文社会科学外文期刊保障体系，可帮助各图书馆解决馆藏外文文献匮乏的问题。本节简要介绍 CASHL 的有关情况。

4.6.1 CASHL 简介

CASHL 是教育部根据高校人文社会科学的发展和文献资源建设的需要，引进专项经费，于 2004 年 3 月 15 日正式启动的，宗旨是组织若干所具有学科优势、文献资源优势和服务条件优势的高等学校图书馆，有计划、有系统地引进国外人文社会科学期刊，借助现代化的服务手段，为全国高校的人文社会科学教学和科研提供高水平的文献保障。

CASHL 的资源和服务体系由 2 个全国中心、5 个区域中心和 10 个学科中心构成，其职责是收藏资源并提供数据库检索和浏览、书刊馆际互借与原文传递、相关咨询服务等多种服务。文献类型包括中外文的期刊、图书、古籍等。CASHL 主页如图 4-40 所示。

图 4-40 CASHL 主页

4.6.2 CASHL 服务

1. 服务内容

目前，CASHL 可为用户提供的服务内容有图书查询、期刊题录检索、图书借阅、文献传递、全文下载、代查代借、课题咨询、特色资源、留言板等。

2. 服务程序

（1）用户注册

凡是 CASHL 高校成员馆的用户，若要全文传递服务，需先进行用户注册。注册完成后，持注册时填写的有效证件到本校图书馆的馆际互借处进行确认。确认后，即可成为 CASHL 的合法注册用户。

（2）收费标准

一般文献，如期刊论文、会议论文、图书的部分章节等，文献传递收费 = 复制费 +（加急费）；古籍等特殊文献依据古籍的时间、版本等不同，费用有所区别。

4.6.3 资源发现

CASHL 以外文资源为基础，且面向人文社科，涵盖历史、哲学、法学、社会学、语言学、经济学等多个一级重点人文社会学科。这些文献既可提供目次的分类浏览和检索查询，又可基于目次的文献原文传递服务。

CASHL 将文章、期刊、图书、大型特藏、区域文献、电子资源、古籍、学科特色资源、国家哲社期刊、前瞻研究等整合在一个检索平台——“资源发现”中，并根据不同文献类型的特点设立了不同的检索界面。下面主要介绍前 3 项，其他资源的检索方法大致相同。

1. 文章检索

文章检索即通过文章全文、篇名、作者、刊名及 ISSN 号进行检索，获取相关的文献信息。

文章检索有篇目简单检索和篇目高级检索两种。篇目简单检索只能输入单一词或词组进行检索，匹配方式有前方一致、包含和精确匹配 3 种，另有 20 个学科类别的检索限制。篇目高级检索一次最多可支持 4 个单词或词组的布尔逻辑（AND、OR、NOT）检索，此外，还有出版时间、馆藏地址、期刊类别的检索限制和显示设置，如图 4-41 所示。以上两种检索均支持二次检索。

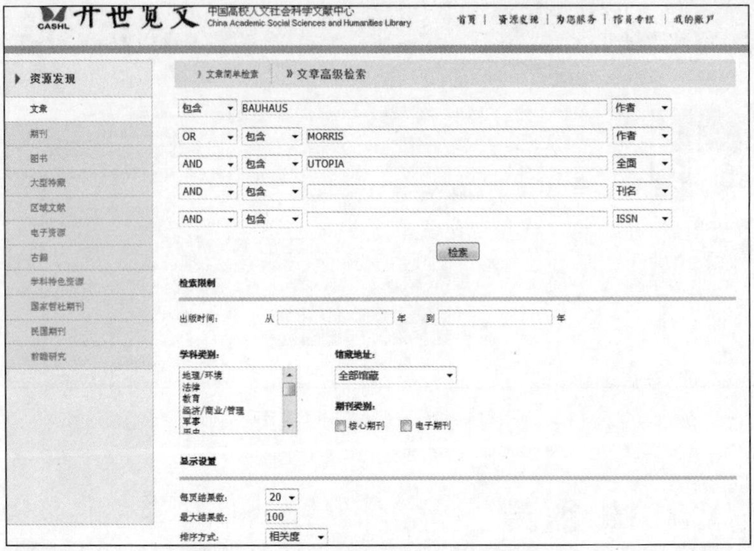

图 4-41 CASHL 篇目高级检索界面

检索结果如图 4-42 所示，每篇文献按“篇名、作者（斜体）、期刊类型、刊名、ISSN、出版日期、卷期、页码、文献传递”依次显示，可以发送邮件、导出文献，也可以进行二次检索。单击篇名或文献传递链接还可看到篇目详细内容和“发送文献传递请求”链接信息。

图 4-42 CASHL 篇目高级检索结果界面

【案例分析】

检索包豪斯和莫里斯所倡导的乌托邦方面的文献

检索词：包豪斯——Bauhaus，莫里斯——Morris，乌托邦——Utopia。

根据题意，使用文章的篇目高级检索，如图4-41所示。检出文献7篇，如图4-42所示。

2. 期刊检索与浏览

CASHL收录了近2万种人文社会科学外文期刊，核心期刊4 505种，可提供目次的分类浏览和检索查询，以及基于目次的文献原文传递服务。其中带有“核心”标识的期刊为核心期刊，即被SSCI及AHCI收录的人文社会科学外文期刊。期刊检索有期刊检索与浏览和核心期刊检索两种，如图4-43所示。在期刊检索与浏览界面中，可提供期刊名字顺浏览、学科列表和期刊检索。其中，期刊检索按刊名和ISSN号进行检索，匹配方式有前方一致、包含和精确匹配3种，此外，还有馆藏地址、核心期刊、电子期刊、学科和语种的限定选项。

图4-43 CASHL期刊检索与浏览界面

3. 图书检索与浏览

CASHL收录了112万种文科专款引进的印本图书和34万种电子图书，提供70所文科专款院校图书馆的人文社科外文图书联合目录查询。可按照书名进行检索，或按照书名首字母进行排序浏览，还可以按照学科分类进行浏览，如图4-44所示。

图 4-44　CASHL 图书检索与浏览界面

4.6.4 为您服务

在“为您服务”中，CASHL 提供了文献传递、图书借阅、代查代检、上海图书馆馆际借书服务、学科服务等服务方式，如图 4-45 左栏所示。下面重点介绍前 3 种服务方式。

1. 文献传递

CASHL 收录了 2 万多种人文社会科学外文期刊，涉及地理、法律、教育、经济管理、军事、历史、区域学、人物信息科学、文化、文学、心理学、艺术、政治等学科，可提供目次的分类浏览和检索查询，以及基于目次的文献原文传递服务。其中带有“核心”标识的期刊为核心期刊，如图 4-45 所示。

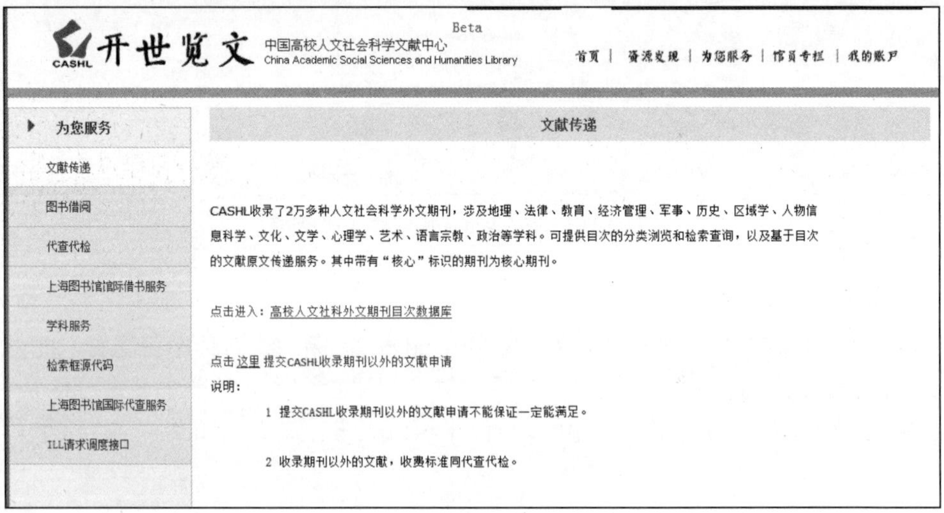

图 4-45　CASHL 文献传递界面

2. 图书借阅

CASHL 收录了 70 所“教育部文科图书引进专款”受益院校收藏的共计 129 万种人文社会科学外文图书，涉及地理、法律、教育、经济 / 商业 / 管理、军事、历史、区域学、人物 / 传记、社会科学、社会学、体育、统计学、图书馆学 / 信息科学、文化、文学、心理学、艺术、语言 / 文字、哲学 / 宗教、政治等学科，可提供图书分类浏览和书名、作者、主题、出版者及 ISBN 号等检索查询。CASHL 图书面向 CASHL 馆际互借成员馆提供馆际互借服务。此外，CASHL 还收录了上海图书馆 10 万种人文社科外文图书，面向全国 CASHL 成员馆用户提供馆际互借服务。

3. 代查代检

为了更好地满足广大高校与科研院所人文社科研究人员的文献需求，弥补 CASHL 目前资源的不足，CASHL 特推出国内外文献代查代检服务。

4.7 NSTL 网站

国家科技图书文献中心（National Science and Technology Library，NSTL）是涵盖理、工、农、医等各学科期刊论文、会议论文、专利文献等多种文献类型的科技文献资源网站，可以实现从二次文献检索到一次文献索取的一站式对接平台服务。

4.7.1 NSTL 简介

NSTL 是根据国务院领导的批示，于 2000 年 6 月正式组建的一个虚拟的科技文献信息服务机构，成员单位包括中国科学院文献情报中心、中国科学技术信息研究所、机械工业信息研究院、冶金工业信息标准研究院、中国化工信息中心中科院文献中心、中国农业科学院图书馆、中国医学科学院图书馆。网上共建单位包括中国标准化研究院和中国计量科学研究院。

NSTL 按照“统一采购、规范加工、联合上网、资源共享”的原则，采集、收藏和开发理、工、农、医各学科领域的科技文献资源，以实现资源共享。目前，NSTL 收藏有中外文期刊、图书、会议文献、科技报告、学位论文、专利文献、标准文献等各种类型、各种载体的科技文献信息资源，其主要任务是面向全国提供馆藏文献的阅读、复印、查询、检索、网络文献全文提供和各项电子信息服务。

NSTL 的资源服务是通过网络服务系统来实现的，可通过 Internet 向广大用户提供二次文献检索和一次文献提供服务。注册用户还可方便地要求系统以各种方式（电子邮件、传真、邮寄等）提供所需的一次文献。NSTL 主页如图 4-46 所示。

图 4-46　NSTL 主页

4.7.2 NSTL 服务

NSTL 文献资源网站所提供的服务项目包括文献检索、期刊浏览、全文文献、引文检索、代查代借、参考咨询等。

1. 文献检索

NSTL 可对中外文期刊、学位论文、科技报告、会议文献、专利文献、标准文献等多种类型的文献信息进行免费的二次文献检索服务。

2. 期刊浏览

期刊浏览列出的期刊，是“文献检索”栏目中收录的外文期刊，即 NSTL 各单位收藏的各语种期刊。可以通过刊名字顺和分类进行浏览。

3. 全文文献

NSTL 提供的全文包括 NSTL 订购的外文电子期刊、中文电子图书、开放获取期刊、试用期刊、NSTL 研究报告等。NSTL 提供的全文文献有以下 6 种情况，用户可对号使用。

（1）全国开通现刊数据库

NSTL 订购的国外网络版期刊，面向中国大陆学术界用户开放。用户为了科研、教学和学习目的，可少量下载和临时保存这些网络版期刊文章的书目、文摘或全文数据。符合开通条件的机构用户必须下载开通申请表，填写完成并按表中要求发送给相关机构后，才可免费开通 NSTL 订购的全国开通文献，详细情况可参考相关网页链接。

（2）全国开通回溯数据库

NSTL 购买的回溯数据库，通过 NSTL 的服务平台，免费为全国非营利学术型用户提供服务。部分回溯库可通过数据库现刊平台访问回溯内容。目前，NSTL 开通了 4 个回溯数据库：施普林格在线回溯数据库（Springer）、牛津期刊过刊回溯库、英国物理学会网络版期刊回溯文档数据库、Turpion 网络版期刊回溯文档数据库（Turpion），详细情况可参考相关网页链接。

（3）部分单位开通文献

NSTL 与中国科学院及 CALIS 等单位联合购买国外网络版期刊，面向我国部分学术机构用户开放。此外，NSTL 购买了北大方正中文电子图书，为国内部分机构开通使用。

（4）开放获取期刊

NSTL 组织开发了大量互联网免费获取的全文文献，通过开放获取资源集成检索系统供全国各地用户使用。

（5）试用期刊

NSTL 定期开展一些期刊、数据库的试用，详细情况可参考相关网页链接。

（6）NSTL 研究报告

NSTL 针对一些部门的需求，组织有关单位开展情报调研，形成的研究报告，供全国各地用户使用。

NSTL 提供的以上 6 种全文文献的详细情况，可参考 NSTL 相关网页链接。

4. 引文检索

NSTL 的引文检索分为 3 种检索范围："文献检索"的检索范围为 NSTL 文献库的所有来源刊的文献；"引文库收录文献检索"和"参考文献检索"的检索范围为国际科学引文数据库中收录的来源期刊。引文检索可以通过字段限定和逻辑组配进行检索。

5. 代查代借

代查代借面向注册用户提供各类型文献全文的委托传送服务。该服务的具体收费标准可参考 NSTL 代查代借网页链接。

6. 参考咨询

参考咨询是 NSTL 为解决用户在查询过程中遇到的问题或疑问而设立的一项服务，用户可通过实时咨询或非实时咨询两种途径提出问题。

4.7.3 检索方式

NSTL 将其各种类型文献整合在同一平台——"文献检索"下面，共提供了普通检索、高级检索、期刊检索和分类检索 4 种方式。

1. 普通检索

单击 NSTL 页面中的"文献检索"，默认的即是普通检索界面。该界面一次最多支持 4 个检索词，运用"AND、OR、NOT"构造检索表达式，并可选择数据库、设置查询条件进行限定检索，如图 4-47 所示。

要点提示

在选择数据库时，勾选不同文献类型的数据库，在上面的检索框"字段"菜单里会显示不同的字段选项，单库检索和跨库检索时，显示的字段也不同。注意，在选择数据库时，只能选择同一语种的数据库，在检索框中输入相应语种的检索词，不能进行跨语种数据库的选择。

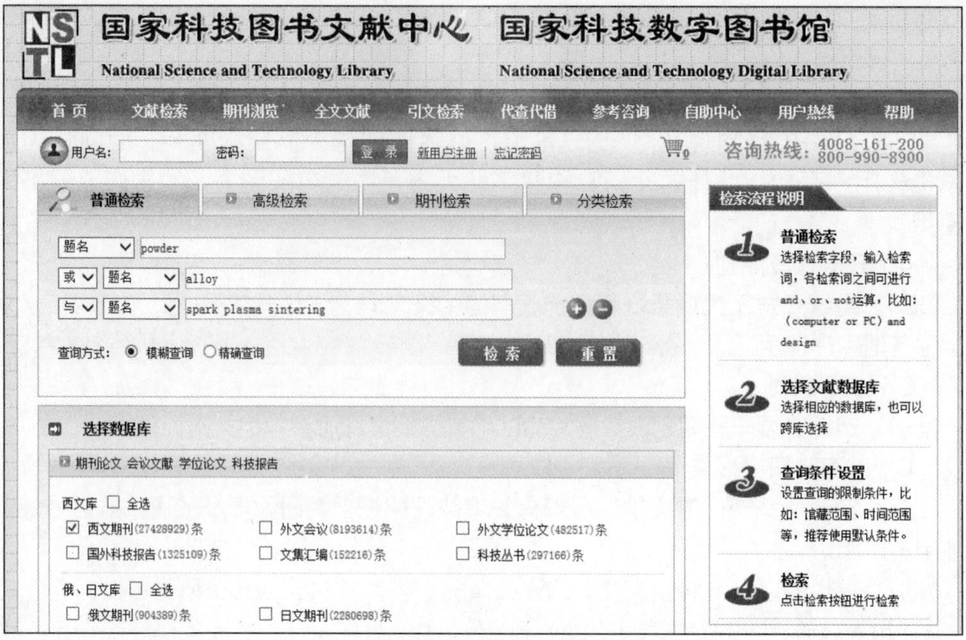

图 4-47　NSTL 普通检索界面

2. 高级检索

如果要一次检索由 4 个以上检索词组成的表达式，则可使用高级检索。采用高级检索时，可自由书写检索表达式，并通过在下面的检索框内输入检索词、选择字段和组配关系后，添加到上面的检索框中，再单击“检索”按钮即可，如图 4-48 所示。

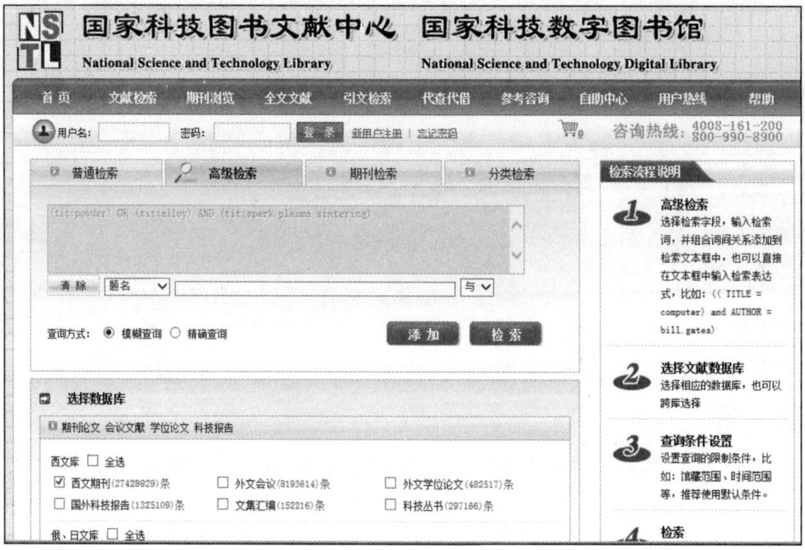

图 4-48　NSTL 高级检索界面

3. 期刊检索

期刊检索可通过刊名、ISSN 号、EISSN 号或期刊代码 4 个字段进行检索。

4. 分类检索

分类检索是在普通检索的基础上，增加了分类选择，设有 21 个大类，单击某一个大类后，下面还可显示其二级类。二级类最多选择 4 个，超过 4 个即勾选全部，如图 4-49 所示。

图 4-49 NSTL 分类检索界面

4.7.4 检索结果及文献传递

1. 检索结果

NSTL 的检索结果如图 4-50 所示，可在检索结果上方进行二次检索。每篇文章前有选中标记框、序号、篇名、作者（下画线）、刊名、ISSN、年、卷、期及起始页面。单击文章的标题，可浏览该篇文章除全文外的详细信息。

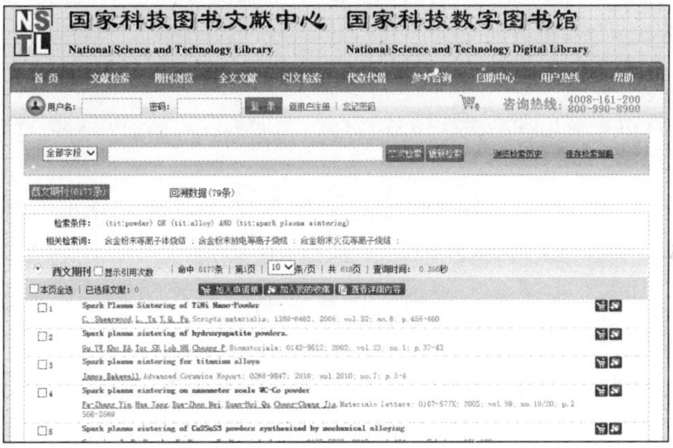

图 4-50 NSTL 检索结果界面

2. 原文传递

NSTL 提供文献检索和原文请求两种服务，非注册用户可以免费进行文献检索，注册用户还可以在文献检索的基础上请求文献原文。目前，NSTL 的原文请求服务为 24 小时全天候在系统中完成相关处理（节假日除外）。如果 NSTL 成员单位馆藏范围内有用户所需要的文献，用户提交申请表后，工作人员将在两个工作日内，按照用户所请求的方式发送原文。如果需要到国内其他文献信息机构或国外信息机构查找文献时，发送原文的时间将视具体情况而定。

单击图 4-50 所示界面中的“加入申请单”，按提示操作，即可进行原文请求。

要点提示

要想进行原文请求，必须先输入用户名、密码，进行登录。若是第一次使用，要进行新用户注册获取用户名和密码。另外，订购全文还要预先确认好支付费用的方式，NSTL 有预付款支付和网上支付两种情况。

【案例分析】

检索放电等离子烧结技术在粉末或合金材料中使用方面的文献

此案例可分别使用普通检索、高级检索和分类检索，如图 4-47、图 4-48 和图 4-49 所示。使用高级检索的表达式为：（tit:powder）OR（tit:alloy）AND（tit:spark plasma sintering）。普通检索和高级检索均检出文献 6 177 篇，如图 4-50 所示。可根据需要进行原文请求。

4.8 小结

本章重点讲述了 7 个数据库的检索技术、检索方式、检索结果的显示及处理。这 7 个数据库各具特色。EBSCO 全文数据库、ScienceDirect 电子期刊数据库和 SpringerLink 电子期刊数据库均为综合性全文数据库。其中，EBSCO 数据库以收录文献多著称。ScienceDirect 和 SpingerLink 电子期刊数据库的出版商都是世界上顶级的科技文献出版集团，同时，用户在印刷版期刊出版前，还可以提前看到其电子版，缩短了出版时差。Web of Science 检索平台是一个综合性检索平台，收录的文献类型涵盖范围很广泛，虽然只可以检索文摘信息，但是其所收录的都是全世界质量高、权威的文献，同时其还有强大的引文功能和文献分析评价功能。

CALIS、CASHL 和 NSTL 是国内建立的提供资源共享和馆际互借的服务平台，其本身可以进行题录和文摘信息的免费检索，若有用户需要全文，可在文献检索的基础上，请求“文献传递”或“订购全文”服务，但要收取一定的费用。对于高校的注册用户，CALIS 和 CASHL 都有一定的全文传递补贴。这 3 个服务平台可以帮助国内广大科研工作者获取全文，弥补科研工作者所在单位文献订购资源的不足，满足科研工作者科研和学习的需要。

4.9 习题

1. 在 EBSCO*host* 检索平台的 ASP 中，分别使用基本检索和高级检索查找两种基因在肺癌中的表达方面的文献，要求所有的检索词都限定在“题目”字段。

2. 利用 ScienceDirect 电子期刊数据库，检索在 *Journal of Banking & Finance* 杂志上 2017 年以来发表的关于“银行监督”方面的文献，并把找到的全文全部下载。

3. 在 SpringerLink 电子期刊数据库检索有关页岩油形成机制方面的文献。

4. 利用 Web of Science 检索平台检索 Web of Science 核心合集中的文献。

(1) 检索主要讲述高校数字图书馆方面的文献。

(2)检索数字水印技术方面的文献,查看被引频次最高的论文,并对结果从作者、国家/地区、文献类型、出版年几个方面进行分析。

5. 在 CALIS 检索服务平台的“资源检索”中检索关于“语音识别”方面的中文图书;另外,通过 e 得文献获取平台,检索上海图书馆收藏这方面图书的情况。要求:检索词限定为“书名”字段。

6. 在 CASHL 检索服务平台中的“资源发现”界面,检索高校数字图书馆方面的英文文章,并查看前 2 篇文章的馆藏情况。要求:字段均限定在“篇名”字段,并限制在图书馆学科和核心期刊中。

7. 利用 NSTL 网站中的“文献检索”功能,检索语音识别芯片方面的英文期刊论文。要求:检索词限定为“关键词”字段。

Chapter 05

第5章 特种文献检索

特种文献是介于图书与期刊之间的一种出版形式比较特殊的科技文献，如会议文献、学位论文、专利文献、标准文献、档案及政府出版物等，其内容广泛新颖、类型复杂多样，且涉及科学技术、生产生活的各大领域。因此，这些文献一般是本领域内较先进、较前沿，代表当前高水准的一类信息资源，对高校师生和研究人员具有重要的参考价值。

5.1 学位论文检索

学位论文是高等学校或研究机构的毕业生为评定学位而撰写的论文。目前，多数国家的学位分为学士、硕士和博士3级，但通常所称的学位论文一般仅指硕士和博士学位论文，如中国优秀博硕士学位论文全文数据库、中国学位论文全文数据库、CALIS高校学位论文数据库及博硕士论文数据库，这些学位论文数据库均指硕士和博士学位论文。本节将学位论文的特点和两个有影响的学位论文数据库。

5.1.1 学位论文的特点

学位论文一般可分为两大类：一类是综述型，该类论文作者主要是以前人有关某一领域的大量翔实的参考资料为依据，通过分析、综合、概括和总结，提出本人的独特见解；另一类是研究型，此类论文作者是在前人提出的论点和结论的基础上，再经过大量的实验和研究，提出进一步的新论点和新假说。

学位论文概述

学位论文与其他论文相比，一般具有以下3个特点。

（1）系统性

学位论文会对所研究的问题进行系统、完整、充分的阐述，通常对问题的历史、现状和未来均有论述，是系统了解和学习某一问题的最佳文献。

（2）创新性

创新性是学位论文的本质要求。特别是博士学位论文，都要经过该领域著名学者的严格审查，因此，具有一定的独创性，专业水准高、参考价值大。创新性是研究生教育的基本特征之一，研究生在接受教育的过程中，并不是要最大限度地增长知识，而是要掌握知识创新和技术创新的本领，因此硕士学位论文必须突出内容的创新性。

（3）新颖性

学位论文所研究的问题是前人尚未研究或未成熟的学科前沿性的问题，因此学位论文是科研人员了解国内外科技发展动态的重要信息媒介。

由以上 3 个特点可以看出，学位论文对科研人员的研究工作起着非常重要的作用，但学位论文一般情况下不进行公开报道和出版，使其学术价值没有得到充分利用。为挖掘学位论文的潜力，一些国家的图书馆将其编成目录、索引，制成网络版的学位论文数据库。目前，索取学位论文，除了向有关收藏单位借阅或复制，还可以登录专门的学位论文数据库网站进行索取。

5.1.2 中国学位论文全文数据库

1. 数据库简介

中国学位论文全文数据库的资源由国家法定学位论文收藏机构中国科技信息研究所提供，并委托万方数据加工建库，所以，也称为中国科技信息研究所万方数据或者万方学位论文库。该数据库涵盖自然科学、数理化、天文、生物、医药、卫生、工业技术、航空、环境、社会科学、人文地理等各学科领域的研究生论文。中国学位论文全文数据库有以下 4 个特点。

（1）收录国内学位论文数量最多

目前，中国学位论文全文数据库收录了国内高校、科研院所 500 多万篇学位论文，占研究生学位授予单位的 85% 以上，每年稳定新增 30 余万篇学位论文，并将逐年回溯并月度追加。中国学位论文全文数据库是我国收录数量最多的学位论文全文数据库。

（2）注重高品质学位论文的收录

中国学位论文全文数据库的学位论文大部分来自“985”“211”高校、中国科学院、中国工程院、中国农业科学院、中国医学科学院、中国林业科学研究院等研究机构。

（3）学位论文级别及类别齐全

目前，中国学位论文全文数据库收录的学位论文包括博士、博士后及硕士研究生论文，涵盖了《中华人民共和国学位条例暂行实施办法》规定的 12 个可授予学位的全部学科门类。

（4）收录年限跨度长

目前，中国学位论文全文数据库重点收录恢复高考以后的全部年限的学位论文，即 1980 年至今。

中国学位论文全文数据库有本地镜像版和远程版两种。本地镜像版的地址会因单位不同而各异。图 5-1 所示为万方数据知识服务平台，用户可通过该网站免费检索，凡订购中国学位论文全文数据库的高校用户既可通过校园网中的相应链接进入，又可直接登录该库的 IP 地址或本校镜像服务器的 IP 地址进行访问，本地镜像版和远程版在文献更新频率上和检索方式上有所不同，使用时需注意，在此仅介绍远程版的使用。

2. 检索技术

万方数据知识服务平台上无论是学位论文还是会议文献、标准、期刊、机构等资源信息，其检索技术基本一致。万方数据知识服务平台的检索技术如表 5-1 所示。

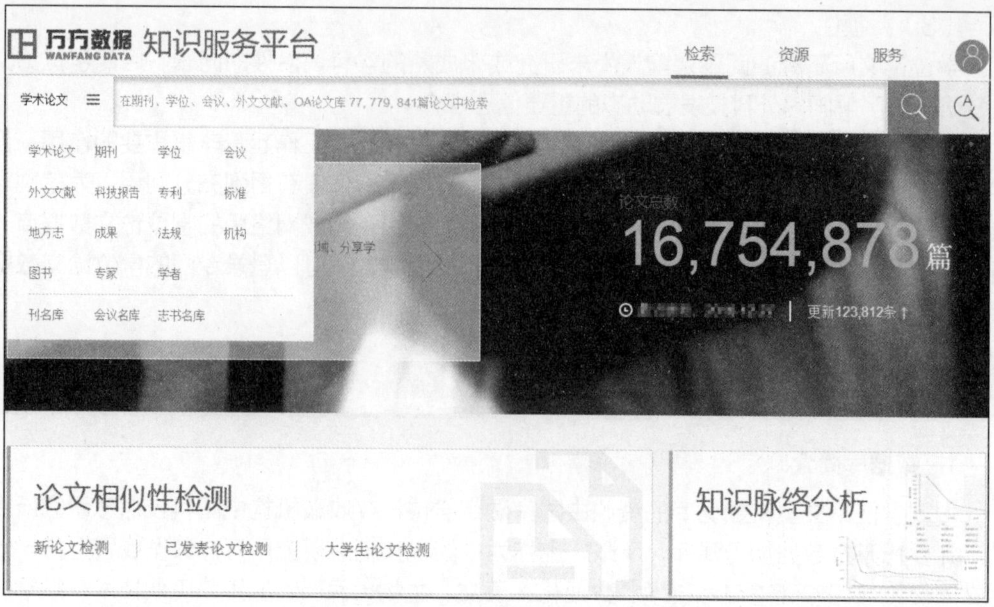

图 5-1　万方数据知识服务平台

表 5-1　万方数据知识服务平台的检索技术一览表

算符名称		算符标识	注释
逻辑运算	逻辑与	AND、*	多词同时出现在文献中
	逻辑或	OR、+	任意一词出现在文献中或多词同时出现在文献中均可
	逻辑非	NOT、^	在文献中出现算符前面的词，但排除算符后面的词
优先级检索		（ ）	括号里的运算优先执行
PQ 表达式		左（检索字段）：右（检索词）	由冒号“：”分隔为左右两部分，冒号左侧为限定的检索字段，右侧为检索词或短语
精确匹配		精确、“”	检索结果完全等同或包含与检索字（词）完全相同的词语
模糊匹配		模糊、默认	检索结果包含检索字（词）或检索词中的词素

3. 检索方式

万方数据知识服务平台自建库以来，其检索界面不断改版。2015 年 9 月以后启用的远程版，将原来的 4 种检索方式改成一种检索方式，设计了 7 个限定字段：题名、关键词、摘要、作者、专业、导师、学位授予单位。这种检索方式更加灵活，用户既可输入单一检索词检索，又可使用检索字段、检索技术进行复杂检索。

检索方式

使用万方数据知识服务平台检索时，首先要选择数据资源类型，将鼠标指针放在平台左上方“学术论文”旁的 ☰ 上，就会出现万方数据知识服务平台上的各种资源类型，如图 5-1 所示。单击“学位”，就可进入中国学位论文全文数据库的检索界面，例如，查会计信息失真方面的学位论文，可使用 PQ 表达式构造检索式，如图 5-2 所示。

高级检索及结果

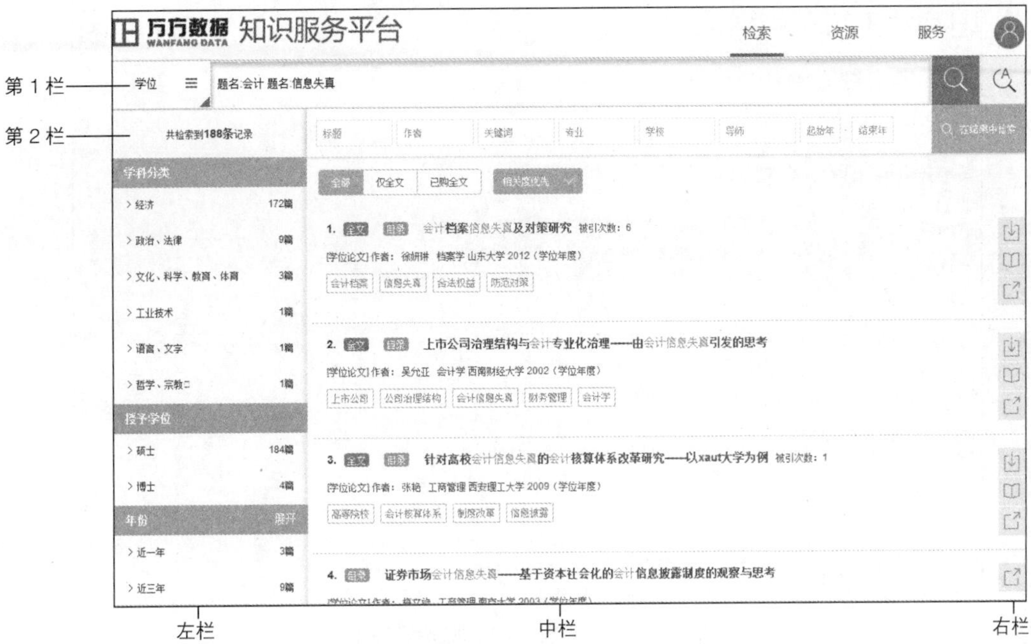

图 5-2　中国学位论文全文数据库的检索界面

4. 检索结果

中国学位论文全文数据库的检索结果分为 3×3 栏显示，如图 5-2 所示。第 1 栏为检索式。第 2 栏可对检索结果在标题、作者、关键词、专业、学校、导师、年份等字段进行二次检索。左栏显示命中文献数量，并可进一步在学科分类、授予学位、年份、相关检索词、相关学者中进行限定检索。纵向中栏显示命中结果的题录信息，每篇文献按论文序号、全文链接、目录链接、论文标题、被引次数、文献类型、作者、专业、授予学位单位、授予学位时间、关键词等信息依次排列。右栏列有下载全文、查看全文、导出的图标即。单击图 5-2 所示中的论文标题，可显示该篇学位论文详细的题录信息，如摘要、全文链接、语种、分类号等。单击全文图标、查看全文图标或下载全文图标，均可显示学位论文 PDF 格式的全文。

【案例分析】

检索哈尔滨理工大学和浙江大学在信号与信息处理专业中所授予的学位论文

根据题目的要求，找出 2 个检索字段、3 个检索词，构造检索表达式为专业：信号与信息处理 AND（学位授予单位：哈尔滨理工大学 + 学位授予单位：浙江大学）。首次检索命中 742 篇学位论文，经过筛查发现，凡是冠有浙江地区的大学在此专业授予的学位论文均会被检出。为了检索准确，使用精确匹配算符，修改检索表达式为专业：信号与信息处理 * 学位授予单位：(哈尔滨理工大学 or “浙江大学”）。命中 392 篇学位论文，如图 5-3 所示。其中一篇论文的详细题录信息、PDF 格式的全文和参考文献显示形式，如图 5-4、图 5-5 和图 5-6 所示。

图 5-3　万方数据知识服务平台 1

要点提示

（1）由于受到各自数据库出版发行版权等的限制，不同的学位论文数据库所收藏的学位论文年限、内容形式会有差异，例如，有的单位收录论文年限不全，有的单位收录的论文无法看到全文，只能阅读论文的文摘。

（2）使用作者专业字段检索时，一定要掌握准确的专业名称，例如，同一专业，有的学校称艺术设计学，而有的学校称设计艺术学。

（3）万方学位论文数据库中的逻辑与可以使用算符，但默认状态下用一个空格表示。

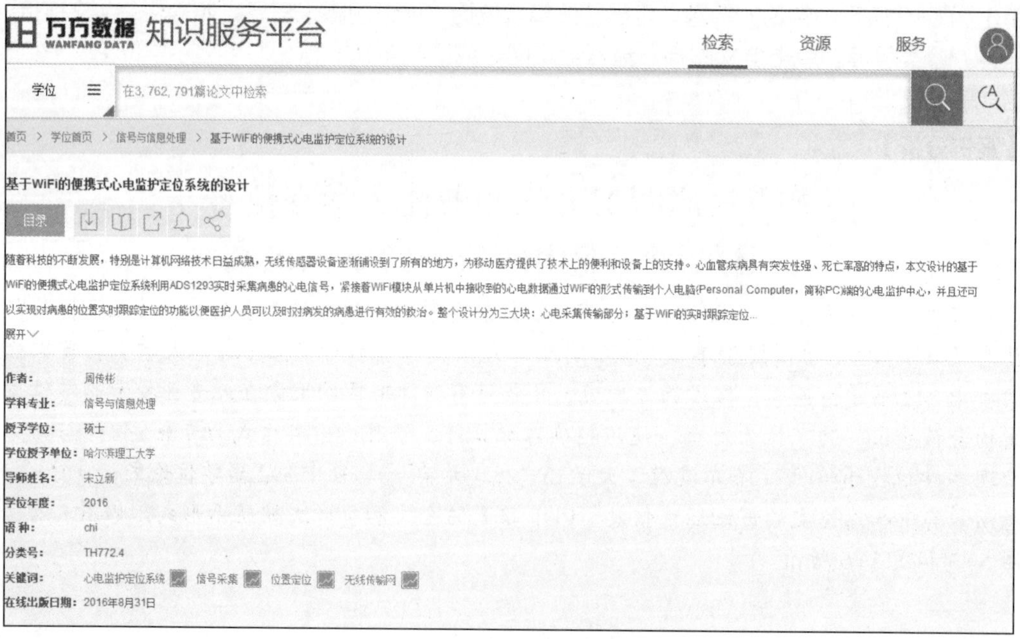

图 5-4　万方数据知识服务平台 2

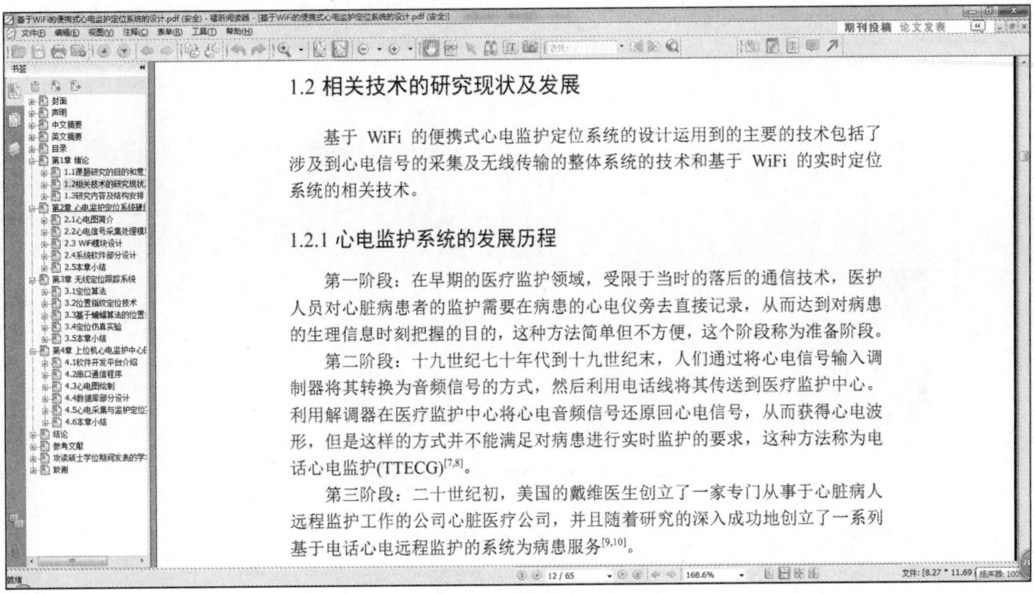

1.2 相关技术的研究现状及发展

基于 WiFi 的便携式心电监护定位系统的设计运用到的主要的技术包括了涉及到心电信号的采集及无线传输的整体系统的技术和基于 WiFi 的实时定位系统的相关技术。

1.2.1 心电监护系统的发展历程

第一阶段：在早期的医疗监护领域，受限于当时的落后的通信技术，医护人员对心脏病患者的监护需要在病患的心电仪旁去直接记录，从而达到对病患的生理信息时刻把握的目的，这种方法简单但不方便，这个阶段称为准备阶段。

第二阶段：十九世纪七十年代到十九世纪末，人们通过将心电信号输入调制器将其转换为音频信号的方式，然后利用电话线将其传送到医疗监护中心。利用解调器在医疗监护中心将心电音频信号还原回心电信号，从而获得心电波形，但是这样的方式并不能满足对病患进行实时监护的要求，这种方法称为电话心电监护(TTECG)[7,8]。

第三阶段：二十世纪初，美国的戴维医生创立了一家专门从事于心脏病人远程监护工作的公司心脏医疗公司，并且随着研究的深入成功地创立了一系列基于电话心电远程监护的系统为病患服务[9,10]。

图 5-5　万方数据知识服务平台 3

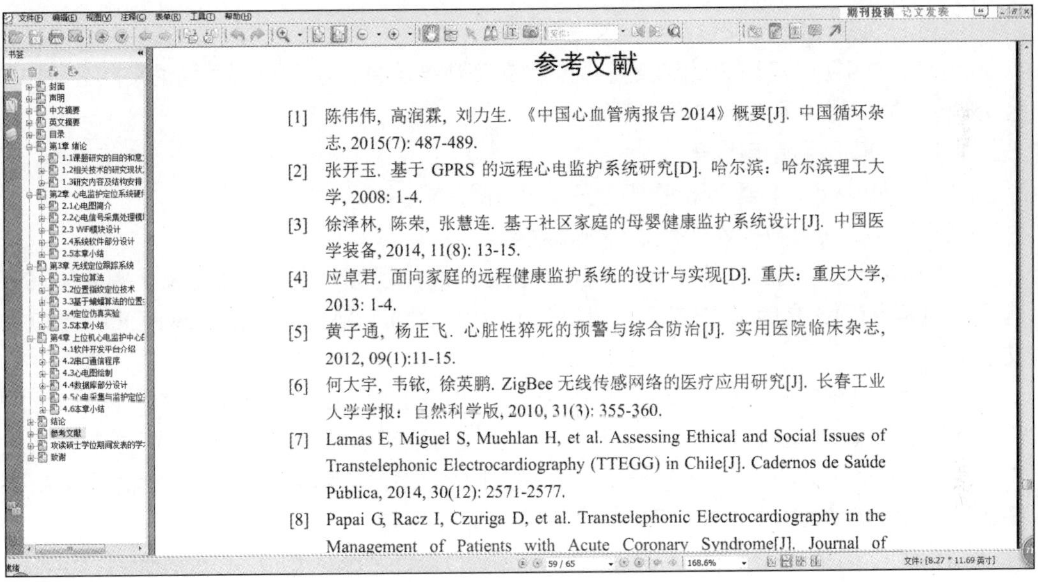

参考文献

[1] 陈伟伟, 高润霖, 刘力生. 《中国心血管病报告 2014》概要[J]. 中国循环杂志, 2015(7): 487-489.

[2] 张开玉. 基于 GPRS 的远程心电监护系统研究[D]. 哈尔滨：哈尔滨理工大学, 2008: 1-4.

[3] 徐泽林, 陈荣, 张慧连. 基于社区家庭的母婴健康监护系统设计[J]. 中国医学装备, 2014, 11(8): 13-15.

[4] 应卓君. 面向家庭的远程健康监护系统的设计与实现[D]. 重庆：重庆大学, 2013: 1-4.

[5] 黄子通, 杨正飞. 心脏性猝死的预警与综合防治[J]. 实用医院临床杂志, 2012, 09(1):11-15.

[6] 何大宇, 韦铱, 徐英鹏. ZigBee 无线传感网络的医疗应用研究[J]. 长春工业大学学报：自然科学版, 2010, 31(3): 355-360.

[7] Lamas E, Miguel S, Muehlan H, et al. Assessing Ethical and Social Issues of Transtelephonic Electrocardiography (TTEGG) in Chile[J]. Cadernos de Saúde Pública, 2014, 30(12): 2571-2577.

[8] Papai G, Racz I, Czuriga D, et al. Transtelephonic Electrocardiography in the Management of Patients with Acute Coronary Syndrome[J]. Journal of

图 5-6　万方数据知识服务平台 4

5.1.3 博硕士论文数据库

1. 数据库简介

博硕士论文数据库（ProQuest Dissertations & Theses，PQDT）基本检索界面如图 5-7 所示，其对应的印刷版刊物有：Dissertation Abstracts International（DAI）、American Doctoral Dissertations、Comprehensive Dissertation Index（CDI）、Masters Abstracts International。

PQDT 简介

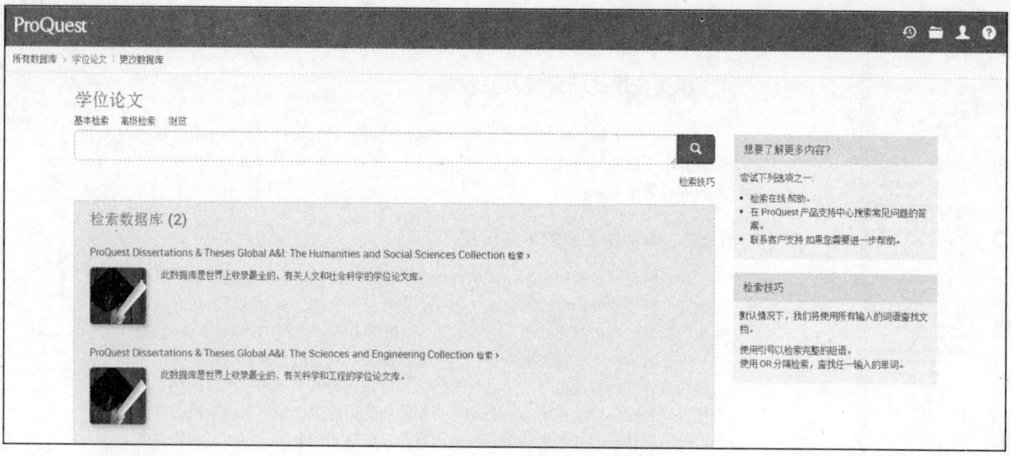

图 5-7　PQDT 基本检索界面

PQDT 的特色如下。

（1）PQDT 是国内唯一提供国外高质量学位论文的论文库。

PQDT 主要收录欧美 2 000 余所知名大学博硕论文的摘要索引，涵盖文、理、工、农、医等学科领域。

（2）PQDT 可提供阅读部分全文信息。

PQDT 中 1997 年以来的论文不仅能看文摘题录信息，还可看到每篇论文前 24 页的全文信息，同时提供网上全文订购服务。

（3）PQDT 回溯年代长。

PQDT 从 1861 年至今已有 150 多年的数据积累。

PQDT 中的全文数据库现有 3 种获取途径。

（1）随着 OA 出版物的出现，PQDT 也应运而生了部分开放学位论文，因此，只订购了 PQDT 博硕论文库（文摘库）的用户，也可以阅读到部分开放获取的 PQDT 学位论文全文。

（2）北大图书馆与国内其他高校馆联合订购了 PQDT 中部分学位论文的全文，国内可以共享的论文全文已经达到 50 多万篇，并且还将逐年增加。目前，PQDT 学位论文全文检索系统开通了 CALIS 本地镜像站、上海交通大学镜像站和中国科学技术信息研究所镜像站，以供购买学位论文全文使用权的用户直接阅读全文。

（3）PQDT 中设立了一个开放的数据库 PQDT Open，PQDT Open 免费提供部分开放获取的 PQDT 学位论文全文，用户可以简单迅速地检索与学科相关的学位论文，并能浏览完整的 PDF 格式的全文。

以上 3 种获取途径都提供网上全文订购服务。

PQDT 采用 IP 控制使用权限，凡属于 IP 地址订购单位范围内的用户具有访问权，既可通过校园网内的相应链接进入，又可直接输 IP 地址进行访问。

2. 检索技术及字段代码

（1）检索技术

PQDT 的检索技术有很多种，这里重点介绍 2 种，检索技术 1（见表 5-2）和检索技术 2（见表 5-3）。

表 5-2　PQDT 检索技术 1

算符名称		算符标识	示例	注释
逻辑检索	逻辑与	AND	A and B	A、B 两词必须在文献中同时出现
	逻辑或	OR	A or B	A、B 两词中的任意一个或两个同时出现在文献中均可
	逻辑非	NOT	A not B	NOT 算符前面的 A 词出现在文献中，后面所跟的 B 词不出现在文献中
优先级检索		（ ）	（A or B）not C	括号里的运算优先执行
位置检索		NEAR/*n* 或 N/*n*	A N/3 B	A、B 两词相隔不超过 3 个词，A、B 两词前后词序不受限定
		PRE/*n* 或 P/*n* 或 -	A PRE/2 B	A、B 两词相隔不超过 2 个词，A、B 两词前后词序一定； 连字符（-）可连接检索中的两个词语，等同于 PRE/0 或 P/0
准确检索		EXACT 或 X	SU.EXACT(“A B”) SU.X（“AB”）	在全部内容中查找准确检索词语，主要用于检索特定字段，如“主题”字段
短语检索		“ ”	“A B”	精确短语检索
限定符（副标题）		LNK(或--)	MESH（aspirin -- “adverse effects”）； IND（“dry eye”） LNK RG(Canada)	通过在词库窗口选择适当的限定符，或通过在基本检索、高级检索或命令行检索中使用 LNK（或 --），将描述词链接到副标题（限定符）； 此外，一起链接两个相关的数据元素，以确保用户检索的适当特异性，如将检索限定在加拿大地区治疗干眼症的药物的文献

要点提示

PQDT 在检索过程中，将诸如一些连词、介词、冠词、代词、系动词、情态动词等作为禁用词，会自动忽略并用空格取代进行检索。若要将它们用作检索短语的一部分，可用引号引起来，如“the sound and the fury”。

PQDT 检索技术

表 5-3　PQDT 检索技术 2

算符名称	算符标识	注释
截词算符	?	精确地代替一个字符。 nurse？ 可找到 nurses、nursed，但不是 nurse； sm？ th　可找到 smith 和 smyth； ad？？？ 可找到 added、adult、adopt
	*	截词字符（*）：支持前截词（左侧截词）、后截词（右侧截词）或中截词，每一个截词字符可以返回最多 500 个词的变体，如 nurse*，可找到 nurse、nurses、nursed； 标准截词（*）：最多可替换 10 个字符，如 colo*r，可查找 color、colour
	$*n* or[*n*]	$n 和 [*n] 是用来表示用户想截断多少个字符的等效运算符，如 nutr$5、nutr [*5]，可找到 nutrition、nutrient、nutrients
数字算符	<、>、<=、>=、-	在表示出版年份的数字中使用，如 YR（>=2005），表示大于等于 2005 年；YR（2005-2008）表示限定在 2005—2008 年检索范围内

（2）常用字段代码

PQDT 提供的检索字段非常多，有频繁使用的检索字段、检索限制项的字段、高级检索字段代码、图表检索字段代码和命令行检索字段代码，用户在使用时可随时查看检索页面上的字段代码、帮助和提示等。在此，只列出一些常用的检索字段，以供参考，如表 5-4 所示。

表 5-4　PQDT 常用字段代码一览表

字段名称	字段代码及全称	举例备注
摘要	AB= Abstract	
作者	AU= Author	
主题词（所有）	SU=subjects	
索引短语（关键字）	DISKW	
文献正文	FT=Document text	
文献标题	TI=Title	
文献类型	DTYPE= Document type	DTYPE（literature review）
卷 / 期	DISVOL	
大学 / 单位	SCH=school	
导师	ADV=Advisor	
学位	DG=Degree	
学位论文 / 毕业论文编号	DISPUB	
语言	LA= Language	
出版日期	PD= Publication date	年；月，日： PD(YYYYMMDD)-> PD(19900504) 年和月： PD（nov and 1990） PD（YYYYMM）-> PD（199011） 年：PD（1990）
出版年	YR= Publication year	

3. 检索方式

PQDT 有完整版和分册版本。分册版本有两个，分别为 A 辑和 B 辑，A 辑主要是人文社科版，B 辑主要是科学与工程版。完整版是将两个分册版本综合在一起的版本。单击图 5-7 所示界面左上角的“所有数据库”链接，即可看到图 5-8 所示的 PQDT 完整版界面。无论何种版本，PQDT 均提供基本检索、高级检索和浏览 3 种检索方式。在此，仅以分册版为例加以介绍。

PQDT 检索方式和结果

（1）基本检索

PQDT 分册版基本检索界面如图 5-9 所示，基本检索既支持单一词检索又支持复杂检索，复杂检索需用户熟练掌握数据库检索技术，灵活使用检索算符和字段代码（见表 5-2、表 5-3 和表 5-4）构造检索表达式，图 5-9 所示为查找密歇根大学安斯巴赫教授所指导的学位论文的表达式。

图 5-8　PQDT 完整版界面

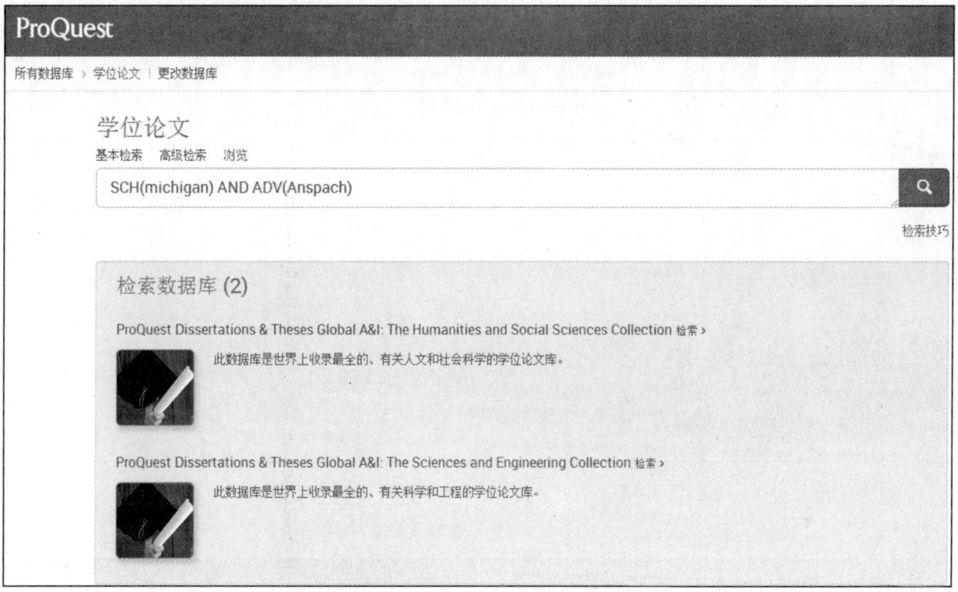

图 5-9　PQDT 分册版基本检索界面

（2）高级检索

单击 PQDT 页面上的“高级检索”选项卡，即可进入高级检索界面，如图 5-10 所示。高级检索包含高级检索和命令行两种形式。高级检索界面由上下两部分构成。上半部分为文本检索框，主要供用户编制检索表达式，用户只需点选右栏的字段、左栏的逻辑算符（AND、OR、NOT），并在相应的文本框中输词检索即可。若文本检索框不够用，可单击“添加行”按钮，添加文本框。下半部分为“更多检索选项”，用于限定检索。在命令行检索中，用户既可参见 PQDT 字段代码表，独立构造表达式，又可点选“运算符”和“检索字段”中的项目，再单击“添加到表格”按钮，将表达式添加到文本框中进行检索，如图 5-11 所示。

（3）浏览

PQDT 分册版浏览界面如图 5-12 所示，既可根据主题浏览，又可按地点浏览。

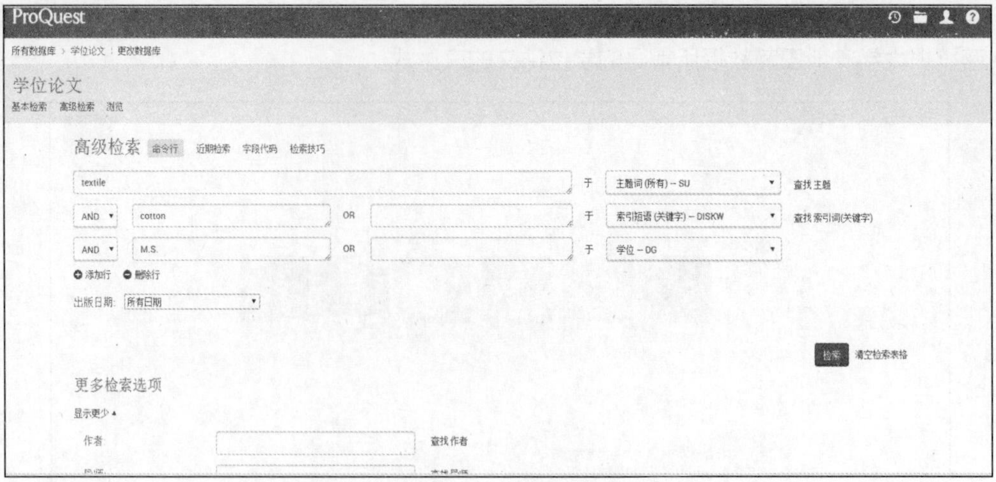

图 5-10　PQDT 分册版高级检索界面

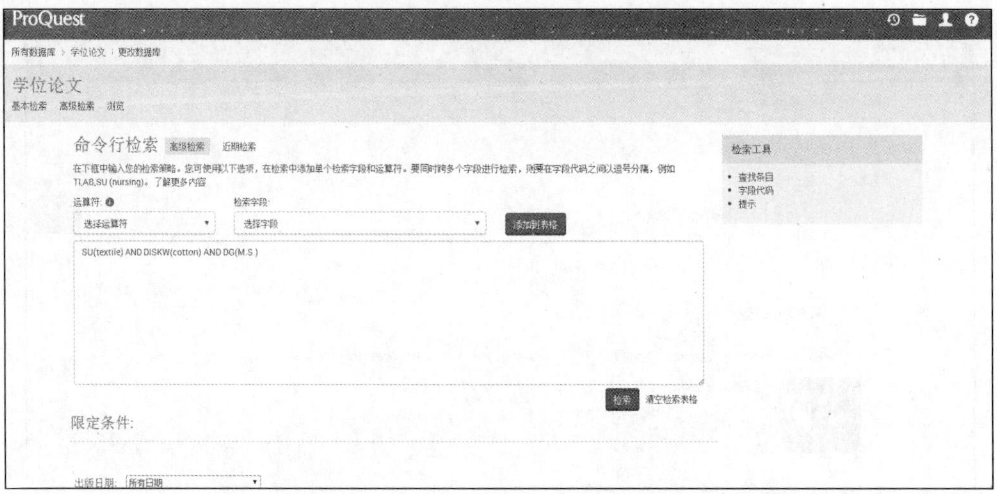

图 5-11　PQDT 分册版命令行检索界面

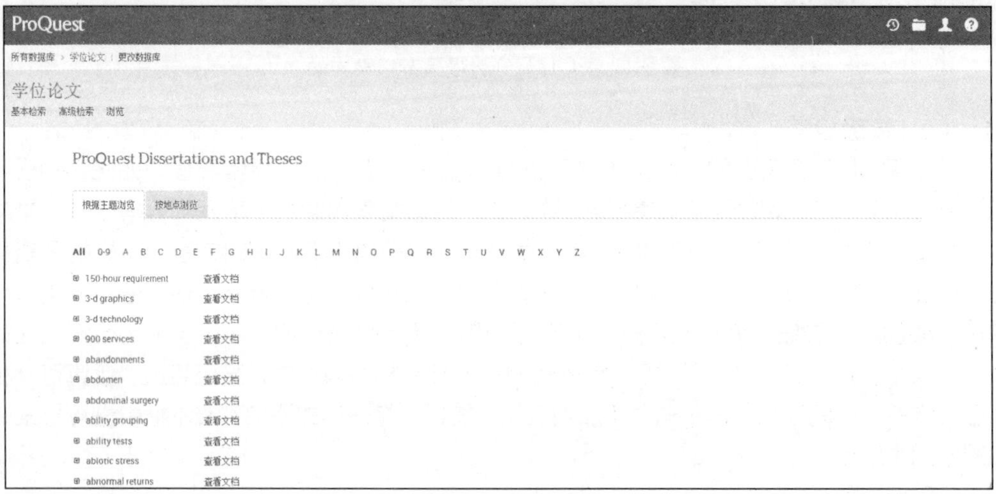

图 5-12　PQDT 分册版浏览界面

4. 检索结果

PQDT的检索结果界面如图5-13所示，界面显示了检索表达式、命中文献数量等信息，若想进一步缩小检索范围，可以对左栏的数据库、出版日期、主题、索引短语（关键字）、大学/单位、大学/单位位置、语言等进行限定检索。PQDT中的每篇文献按序号、论文标题、作者、授予学位的大学、出版商、颁发学位的年份、出版物/订购编号即学位论文/毕业论文编号、引用人、参考文献、摘要/索引、预览-PDF格式、CALIS e得文献获取和订购等信息依次显示。图5-14所示为一篇论文的文摘/索引显示界面，由于此研究生作品已出版并开放阅览（右栏中间标注），因此，用户可选择图5-15所示界面右上方的“引用”“电子邮件”“打印”“保存”命令获得该篇论文的全文。

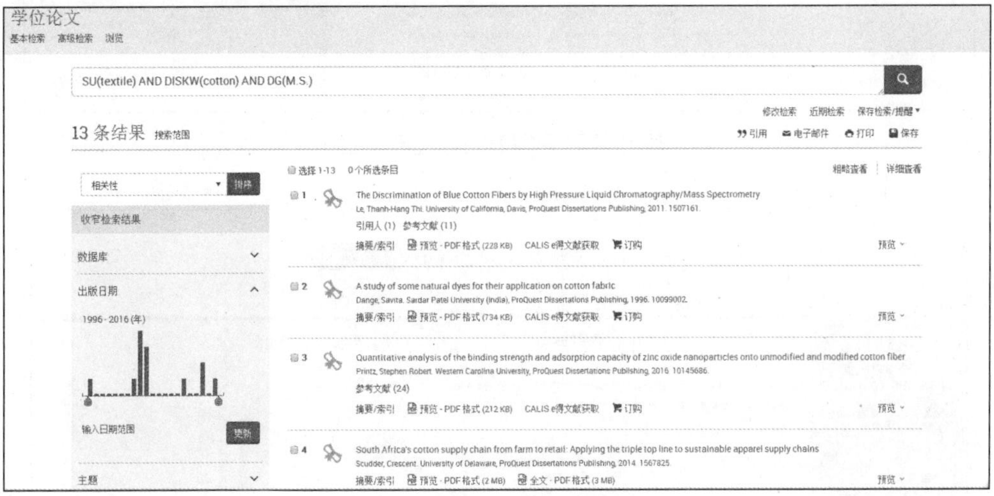

图5-13 PQDT检索结果界面

图5-14 PQDT摘要显示界面

此外，对多数非开放的学位论文，可以通过CALIS e得（新版本命名为开元知海e读）获取文献和订购链接，图5-16所示为开元知海e读文献获取界面。对于没有购买PQDT的用户可以使用免费的数据库PQDT Open进行检索，其检索技术如表5-2和表5-3所示，图5-17、图5-18所示为PQDT Open的检索界面和全文显示界面。

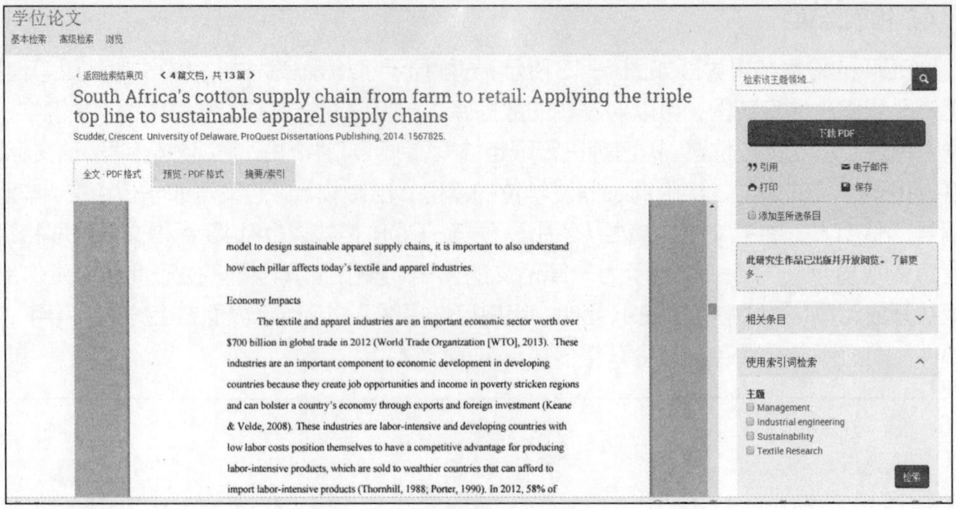

图 5-15 PQDT 全文显示界面

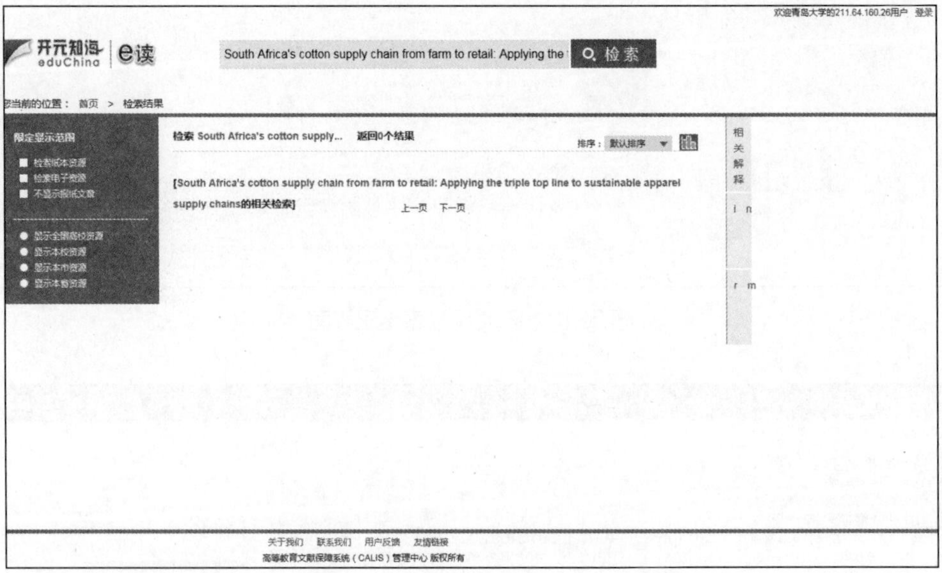

图 5-16 开元知海 e 读文献获取界面

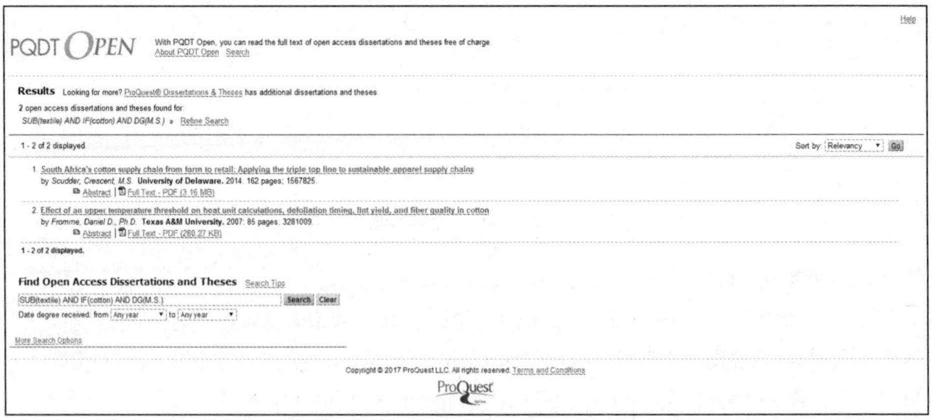

图 5-17 PQDT Open 检索界面

【案例分析】

检索内容中同时含有纺织和棉花方面的硕士学位论文

根据题目的要求，把纺织和棉花分别放在主题、索引短语（关键字）字段中，该题既可使用基本检索，又可使用高级检索。使用高级检索的表达式如图 5–10 所示。使用命令行检索的表达式为：SU（textile）AND DISKW（cotton）AND DG（M.S.），如图 5–11 所示。检索结果如图 5–13 所示。其中一篇论文的摘要、全文显示界面如图 5–14、图 5–15 所示，开元知海 e 读文献获取界面如图 5–16 所示。使用免费数据库 PQDT Open 的检索表达式为：SUB（textile）AND IF（cotton）AND DG（M.S.），如图 5–17 所示。全文显示界面如图 5–18 所示。

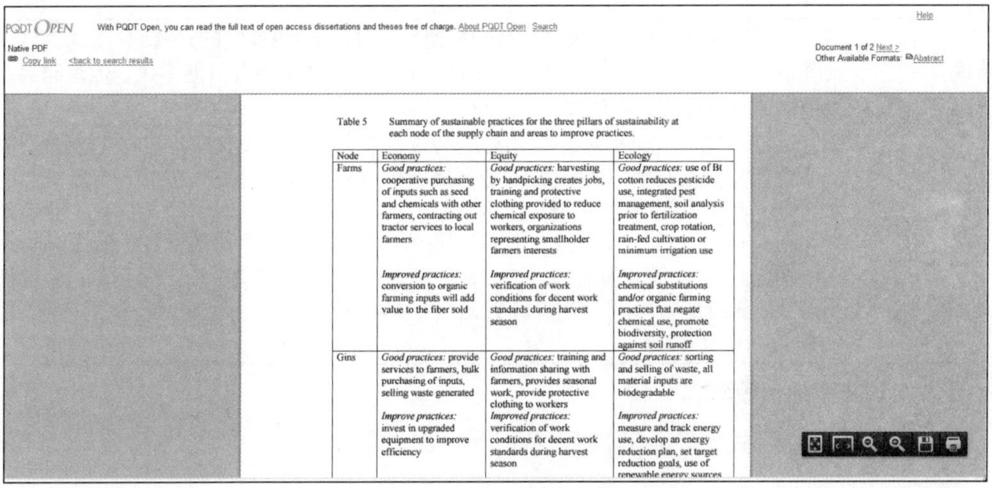

PQDT OPEN With PQDT Open, you can read the full text of open access dissertations and theses free of charge. About PQDT Open Search Help

Native PDF
Copy link <back to search results

Document 1 of 2 Next >
Other Available Formats: Abstract

Table 5 Summary of sustainable practices for the three pillars of sustainability at each node of the supply chain and areas to improve practices.

Node	Economy	Equity	Ecology
Farms	*Good practices:* cooperative purchasing of inputs such as seed and chemicals with other farmers, contracting out tractor services to local farmers *Improved practices:* conversion to organic farming inputs will add value to the fiber sold	*Good practices:* harvesting by handpicking creates jobs, training and protective clothing provided to reduce chemical exposure to workers, organizations representing smallholder farmers interests *Improved practices:* verification of work conditions for decent work standards during harvest season	*Good practices:* use of Bt cotton reduces pesticide use, integrated pest management, soil analysis prior to fertilization treatment, crop rotation, rain-fed cultivation or minimum irrigation use *Improved practices:* chemical substitutions and/or organic farming practices that negate chemical use, promote biodiversity, protection against soil runoff
Gins	*Good practices:* provide services to farmers, bulk purchasing of inputs, selling waste generated *Improve practices:* invest in upgraded equipment to improve efficiency	*Good practices:* training and information sharing with farmers, provides seasonal work, provide protective clothing to workers *Improved practices:* verification of work conditions for decent work standards during harvest season	*Good practices:* sorting and selling of waste, all material inputs are biodegradable *Improved practices:* measure and track energy use, develop an energy reduction plan, set target reduction goals, use of renewable energy sources

图 5–18 PQDT Open 全文显示界面

要点提示

PQDT Open 与 PQDT 两个数据库检索技术大同小异，主要区别是逻辑算符非不同：一个用 AND NOT，另一个用 NOT。另外其检索字段不同，在主题、索引短语（关键字）字段中，一个用 SUB、IF，另一个用 SU、DISKW。

5.2 会议文献检索

会议文献指在国内外的科学技术学会、协会及有关主管部门召开的学术会议或专业会议上以提交、宣读、讨论或交流等形式形成的一系列资料及出版物的总称，包括会议论文、会议决议、会议报告、讨论记录等。其中，会议论文是最主要的会议文献，本节将介绍会议文献的类型和出版形式，以及两个有影响的会议论文数据库。

会议文献检索

5.2.1 会议文献概述

会议文献与其他文献相比，具有专业性鲜明、针对性强、内容新颖、出版发行迅速多样等特点。会议文献往往代表一门学科或专业的最新研究成果，反映时代的发展水平或动态，是科研人员了解世界各国科技发展和动向的重要信息媒体之一。

1. 会议文献的类型

会议文献可分为会前文献、会间文献和会后文献 3 种文献类型，如表 5-5 所示。

表 5-5 会议文献类型一览表

类型	释义
会前文献	会前文献即在会议召开之前预先印发给与会代表的会议论文预印本、会议论文摘要或论文目录。由于一些会议并不出版会议录，因此，预印本将会是会议重要的保留资料
会间文献	会间文献大多是行政事务性和情况报道性文献，如会议期间的开幕词、贺词、报告、演讲词、闭幕词、讨论记录、会议决议等，一般学术参考价值不大，但有时会议期间请专家做的学术报告，还是较有价值的
会后文献	会后文献指会议结束后正式出版的会议论文，它是会议文献中的核心部分。由于会后文献是作者在会议讨论的基础上进行了修改、补充，因此，会后文献比会前文献更加准确和成熟。会后文献形式多样、名称各异，常见的有：会议录（Proceeding）、会议论文集（Symposium）、学术讲座论文集（Colloquium Papers）、会议论文汇编（Transactions）、会议记录（Records）、会议报告（Reports）、会议文集（Papers）、会议出版物（Publications）、会议辑要（Digest）等

2. 会议文献的出版形式

会议文献的出版形式如表 5-6 所示。

表 5-6 会议文献的出版形式一览表

出版形式	释义
图书	以图书形式出版的会议文献，大多称为会议录，会后文献一般采用该种形式出版
期刊	以专刊、特辑的形式发表在期刊上，多数刊载于主办学术会议的学会或者协会的会刊中，如电气与电子工程师协会（IEEE）、国际商业机器公司（IBM）主办的各种会刊等
科技报告	有些会议文献会以科技报告的形式出版，如在著名的美国 4 大科技报告中就有会议文献的内容
电子产品	会议文献的电子产品包括会议录音、录像等视听资料及 PDF 格式文字资料，所有资料以光盘或者网络下载形式提供给用户

5.2.2 中国学术会议文献数据库

1. 数据库简介

中国学术会议文献数据库（China Conference Paper Database，CCPD）是万方数据知识服务平台的系列产品之一，所以有时也称万方会议文献数据库。CCPD 有以下 4 个特点。

（1）同时收录中英文两个版本的会议文献，收录会议级别高。

CCPD 由中文全文数据库和西文全文数据库两部分构成，全国重点会议数量占收录会议总量 90% 以上。其中会议名称包含“国际”“中国”“多边”“双边”“全国”等字样。

中文全文数据库所收录的会议论文是以国家级学会、协会、研究会组织、高校等召开的全国性学术会议论文为主，文字使用中文；西文全文数据库主要收录在我国召开的国际会议的论文，文字使用英文。

（2）收录会议文献数量最多。

CCPD 每年涉及近 4 000 个重要的学术会议，目前会议论文已达 322 万余篇，且每年增加约 20 万篇全文，每月更新。

（3）涵盖学科广。

CCPD 涉及人文社会、自然、农林、医药、工程技术等各学科领域，是目前国内收集学科较全的会议论文数据库之一。

（4）收集年代久远。

CCPD 收集了 1983 年至今的很多重大会议的会议文献，有些机构、专业的会议文献已形成系列。

CCPD 有本地镜像版和远程版两种，本地镜像版的地址会因单位不同而各异，但用户首先进入的界面是一样的，如图 5-19 所示。用户可通过万方数据知识服务平台的网站免费检索会议文献，凡订购 CCPD 的高校用户既可通过校园网中的相应链接进入，又可直接登录 CCPD 的 IP 地址或本校镜像服务器的 IP 地址进行访问。本地镜像版和远程版在文献更新频率和检索方式上有所不同，使用时需注意，在此仅介绍远程版的使用。

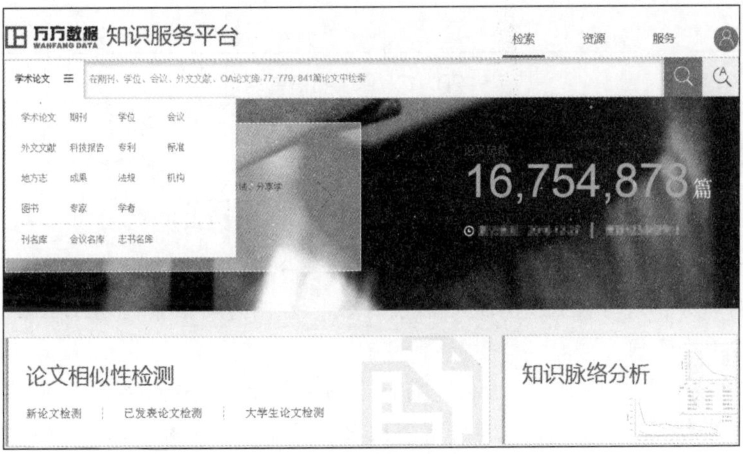

图 5-19　万方数据知识服务平台界面

2. 检索技术

目前万方数据知识服务平台是一个集万方各种数据资源于一体的网络平台，无论是会议文献，还是学位论文、标准、期刊、机构等资源信息，其检索技术基本一致。万方数据知识服务平台的检索技术如表 5-1 所示。

检索技术

3. 检索方式

CCPD 的检索界面与万方数据知识服务平台上的其他子库界面一样，目前启用了最新的检索方式，将原来的简单检索、高级检索、专业检索和分类检索 4 种检索方式合并为一种检索方式。CCPD 默认状态下给出 7 个限定字段：题名、关键词、摘要、作者、作者单位、会议名称、主办单位。用户检索方便灵活，既可输入单一检索词检索，又可使

检索方式

用 PQ 表达式检索，此外还可以根据需要，添加检索字段进行复杂检索。在此仅介绍最新版的检索方式的使用。

使用万方数据知识服务平台检索时，首先要选择数据资源类型，可把鼠标指针放在平台左上方“学术论文”旁的 ≡ 上，就会显示万方数据知识服务平台上的各种资源类型，如图 5-19 所示，单击“会议”就可进入 CCPD 的检索界面，例如查国务院主办的论文标题中含有安全制度的会议文献，使用 PQ 表达式构造检索式为题名 : 安全制度 主办单位 : 国务院，如图 5-20 所示。

图 5-20 CCPD 的检索界面

【案例分析】

PQ 表达式的基本用法

PQ 表达式中每个部分称为一个 Pair，用空格来分隔，每个 Pair 再由冒号分隔符“：”分隔为左右两部分，冒号左侧为限定的检索字段，右侧为要检索的词或短语，即“左（检索字段）：右（检索词）”。

PQ 表达式支持精确匹配，检索时，将检索词用引号“”或书名号《》括起来，表示精确匹配。例如作者：“张凡”，表示作者字段中含有并且只含有“张凡”的结果。

PQ 表达式中的空格表示逻辑与，也可以使用逻辑与算符。

4. 检索结果

CCPD 检索结果分为 3×3 栏显示，如图 5-21 所示。第 1 栏为检索式；第 2 栏可对检索结果在标题、作者、关键词、会议名称、年份等字段进行二次检索。左栏显示命中文献数量，并可进一步在学科分类、年份、相关检索词、相关学者中进行限定检索；中栏显示命中结果的题录信息，每篇文献按论文序号、全文链接、论文标题、文献类型、作者、会议名称、摘要、关键词等信息依次排列；右栏有下载全文、查看全文、导出图标即。单击图 5-21 所示界面中的论文标题，还可显示该篇会议文献更详细的题录信息，如摘要、全文链接、作者单位、会议时间、会议地点、主办单位等。单击图 5-21 所示界面中的下载全文图标、查看全文或导出图标，均可显示 PDF 格式的全文。此外，可按参考文献、NoteExpress、RefWorks、NoteFirst、EndNote、自定义格式和查新 7 种格式显示检索结果。

检索结果

图5-21 检索结果界面

【案例分析】

检索北京大学主办的会议名称中含有 Conference 或 Symposium 的会议文献

根据题目的要求，检索表达式为主办单位:北京大学会议名称：(Conference+Symposium)，如图5-22所示，图5-23为摘要索引显示界面，图5-24所示为PDF格式的全文显示界面，图5-25所示为按参考文献格式显示的检索结果的界面。

图5-22 检索表达式

要点提示

(1) CCPD既可使用中文检索，又可使用英文检索，还可使用两种文字混合检索。

(2) 英文书写的逻辑算符与检索项和检索词之间要空一格。

(3) 系统默认状态下执行的是逻辑与，即AND、*算符可以省略。

图 5-23　摘要索引显示界面

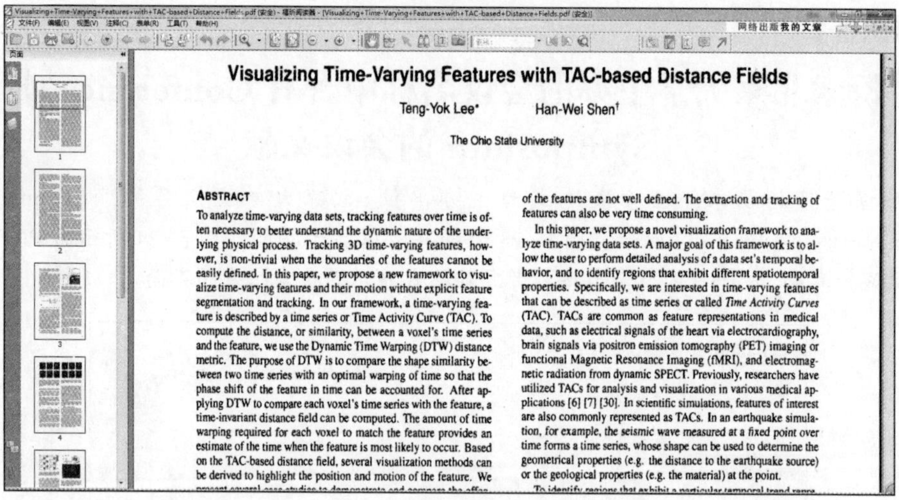

图 5-24　PDF 格式的全文显示界面

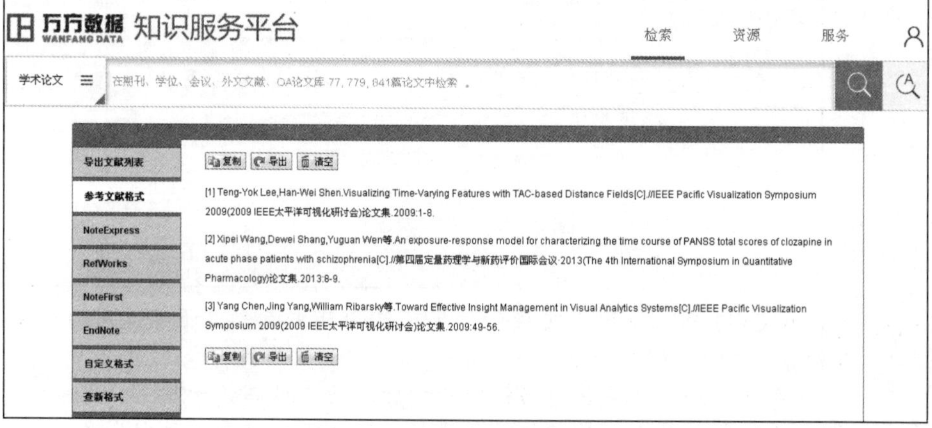

图 5-25　按参考文献格式显示检索结果的界面

5.2.3 科学会议录引文索引和社会科学与人文会议录引文索引

1. 数据库简介

科学会议录引文索引（Conference Proceedings Citation Index -Science，CPCI-S）和社会科学与人文会议录引文索引（Conference Proceedings Citation Index -Social Science & Humanities，CPCI-SSH）是查找全世界会议文献的权威检索工具，其曾用名为ISI Proceedings ISTP & ISSHP，最初均由美国科学情报研究所（Institute for Scientific Information，ISI）编辑出版。ISI是由美国尤金加菲尔德博士（Dr. Eugene Garfield）于1958年创办的，而后出版了世界上著名的3大引文索引——科学引文索引（Science Citation Index，SCI）、社会科学引文索引（Social Sciences Citation Index，SSCI）、艺术与人文引文索引（Arts&Humanities Citation Index，A&HCI）。1992年ISI并入了加拿大汤姆森公司（The Thomson Corporation），2008年4月17日，加拿大汤姆森公司与英国路透集团（Reuters Group PLC）合并，组成汤森路透（Thomson Reuters），CPCI-S和CPCI-SSH现在的归属机构为汤森路透集团。这两个会议录引文索引数据库不仅有印刷版、光盘版，而且有网络版。目前，它们已收录1990年以来超过6万个会议的410多万条记录，并每年收录12 000多个会议文献，每年新增20余万条记录，数据每周更新，是查找国外会议文献的首选数据库之一。CPCI-S、CPCI-SSH的特色如下。

（1）收录会议文献水准高。

CPCI-S、CPCI-SSH收录世界范围内较权威的国际会议提交的论文。汤森路透集团在Web of Science平台上，将CPCI-S、CPCI-SSH与世界上著名的3大引文索引SCI、SSCI和A&HCI并驾齐驱，集成在同一平台上检索。

（2）覆盖学科范围广。

CPCI-S、CPCI-SSH的资源涉及科学与技术、社会科学及人文科学领域。CPCI-S收录生命科学、医学、材料科学、计算机科学、数学、信息科学、物理与化学科学、农业、生物和环境科学、工程技术和应用科学等学科的会议文献。其中，工程技术与应用科学类会议文献约占35%，其他专业学科的座谈会文献约占65%；CPCI-SSH收录心理学、社会学、公共健康、管理学、经济学、艺术、历史、文学与哲学等学科。

（3）会议文献类型丰富。

CPCI-S、CPCI-SSH所收录的会议文献来自各种各样的会议，例如专题学术讨论会、座谈会等，其数据库内容的66%是以图书形式出版的会议录或丛书，其余来源于期刊。

（4）年限跨度长。

CPCI-S、CPCI-SSH收录会议文献的年限为1990年至今。

（5）具有会议文献查询、管理、分析与评价功能。

CPCI系列是一个集会议文献查询、管理、分析与评价等诸多功能于一体的大型数据库平台，与前面介绍的数据库最大的不同，就是它不仅能检索，还能快速锁定高影响力的论文，并能进行深度分析与评价、科学预测和个人文献管理。

CPCI系列数据库采用IP控制使用权限，凡属于IP地址订购单位范围内的用户具有访问权限，既可通过校园网内的相应链接进入，又可直接输入WOS的IP地址进行访问，如图5-26所示。

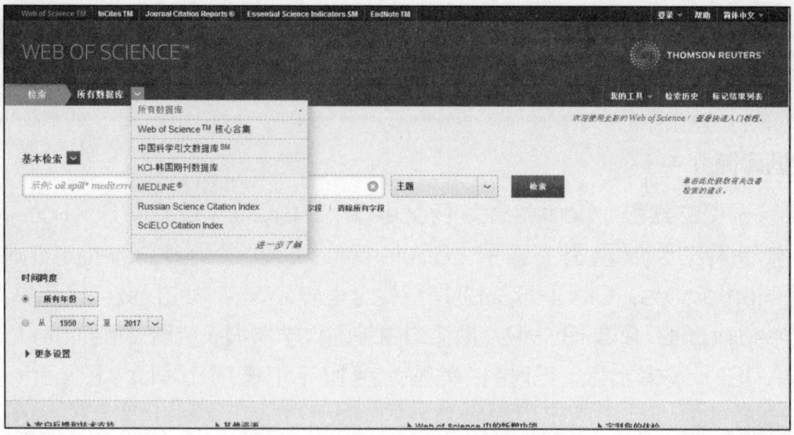

图 5-26 WOS 检索界面

2. 检索技术

CPCI-S、CPCI-SSH 与 3 大引文索引 SCI、SSCI 和 A&HCI 为同一个检索平台，故其检索技术基本相同（见表 4-4 Web of Science 检索平台的检索技术一览表）。

3. 检索方式

CPCI 系列与 WOS 平台上的数据库检索方式相似。检索时首先从图 5-26 所示“所有数据库”下拉菜单中选择**Web of Science TM 核心合集**，然后在“更多设置”下出现引文索引和化学索引两组数据库，用户可根据需要在此点选数据子库。CPCI 系列也提供基本检索、作者检索、被引参考文献检索、化学结构检索和高级检索多种检索方式，在此仅介绍基本检索和高级检索两种方式。

检索方式

（1）基本检索

WOS 平台上数据库的默认页面就是基本检索界面，如图 5-27 所示，该界面可通过点选字段、年限限定、检索算符并输词进行检索。若文本检索框不够，可单击“添加另一字段”命令，增加文本框。基本检索共提供 18 个检索字段：主题、标题、作者、作者识别符、团体作者、编者、出版物名称、DOI、出版年、地址、机构扩展、会议、语种、文献类型、基金资助机构、授权号、入藏号和 PubMed ID。

图 5-27 WOS 基本检索界面

基本检索在作者、团体作者、出版物名称和机构扩展4个字段之后设有**从索引中选择**检索辅助工具，单击该命令可以使用相应的字段索引，从而帮助用户准确地确定检索字段，并能将所选标题传输至“基本检索”页面上的相应字段。例如，图5-28所示为在出版物名称索引中输入Intercultural进行查找，然后确定INTERNATIONAL JOURNAL OF INTERCULTURAL RELATIONS和LANGUAGE AND INTERCULTURAL COMMUNICATION两个出版物名称，图5-29所示为将所选的出版物名称添加至“基本检索”页面上的“出版物名称”字段。

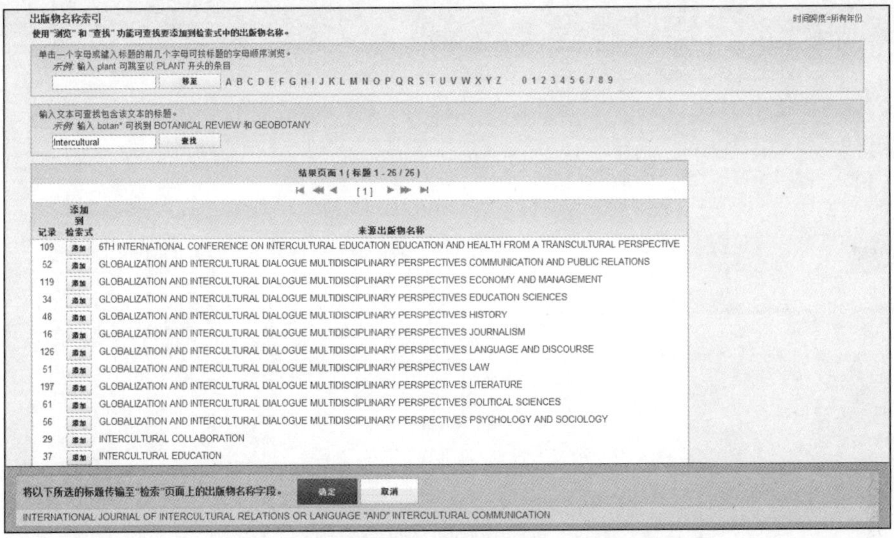

图5-28 出版物名称检索辅助工具界面

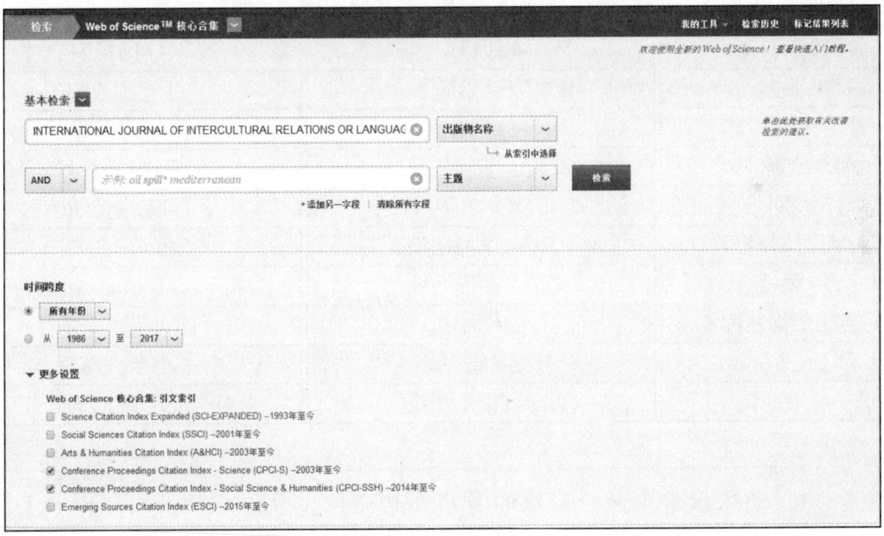

图5-29 添加所选的出版物名称到基本检索界面

要点提示

（1）对于姓氏不详的著者可用缩写anon进行检索。

（2）会议字段包括会议名称、会议地址、会议组办者及会议日期。通常，为了查找某一特定的会议，可用到两个词进行AND组配检索。

（3）只能在主书名或主刊名中检索，不包括丛书名和子刊名。

（2）高级检索

高级检索只设一个文本检索框，是一种比较适合专业人员的复杂检索方式。检索时必须使用字段标识、等号、检索技术或检索结果集合号创建检索表达式，结果显示在页面底部的“检索历史”中，并有检索文种、文献类型的检索限定，WOS 高级检索界面如图 5-30 所示。该检索共提供 27 个字段标识，如表 5-7 所示。

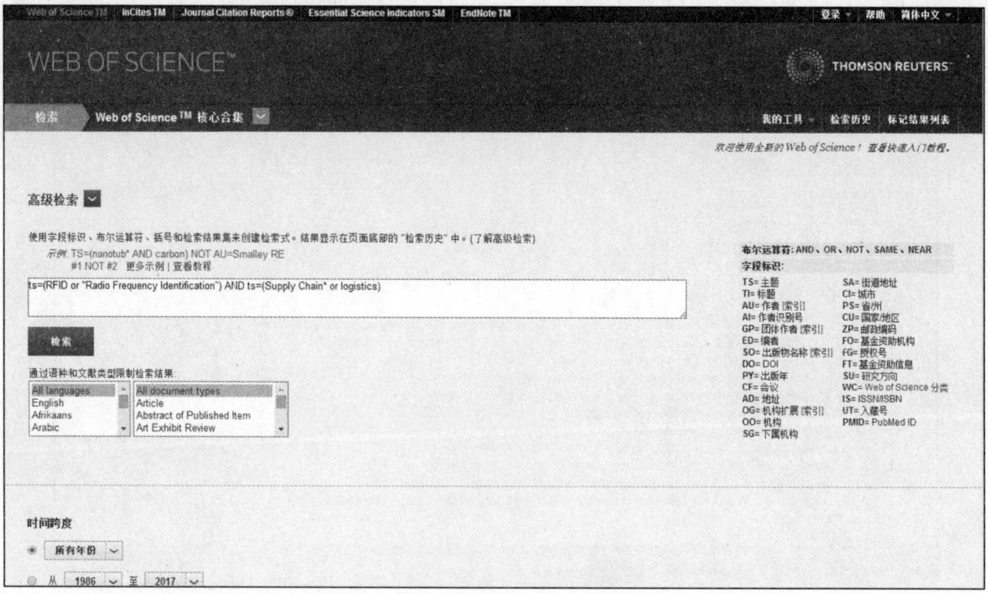

图 5-30　WOS 高级检索界面

表 5-7　WOS 高级检索字段标识一览表

字段标识	字段标识	字段标识
TS= 主题	CF= 会议	ZP= 邮政编码
TI= 标题	AD= 地址	FO= 基金资助机构
AU= 作者	OG= 机构扩展	FG= 授权号
AI= 作者识别符	OO= 机构	FT= 基金资助信息
GP= 团体作者	SG= 下属组织	SU= 研究方向
ED= 编者	SA= 街道地址	WC=Web of Science 分类
SO= 出版物名称	CI= 城市	IS=ISSN/ISBN
DO=DOI	PS= 省 / 州	UT= 入藏号
PY= 出版年	CU= 国家 / 地区	PMID= PubMed ID

要点提示

（1）高级检索中同一字段的多词在构造检索表达式时应用括号将其括起，如 SO=（Political Behavior OR Political Communication）。

（2）高级检索中无论是同一字段还是不同字段，都可用 OR、AND 和 NOT 算符书写检索表达式，但 SAME 只能在同一字段中使用。

（3）高级检索中，在同一检索表达式中不能同时使用集合号与字段标识组配检索。

4. 检索结果

高级检索的检索结果先在其页面底部的“检索历史”中出现，在高级检索中还可以使用集合号进行组配检索。所谓集合号就是在检索过程中系统自动生成的检索步骤号，如 #1、#2，可参见图 5-31 所示界面中的“检索历史”，每个集合号都可以代表一个完整的检索表达式。单击检索结果链接后，可查看到检索结果的详细信息，如图 5-32 所示。

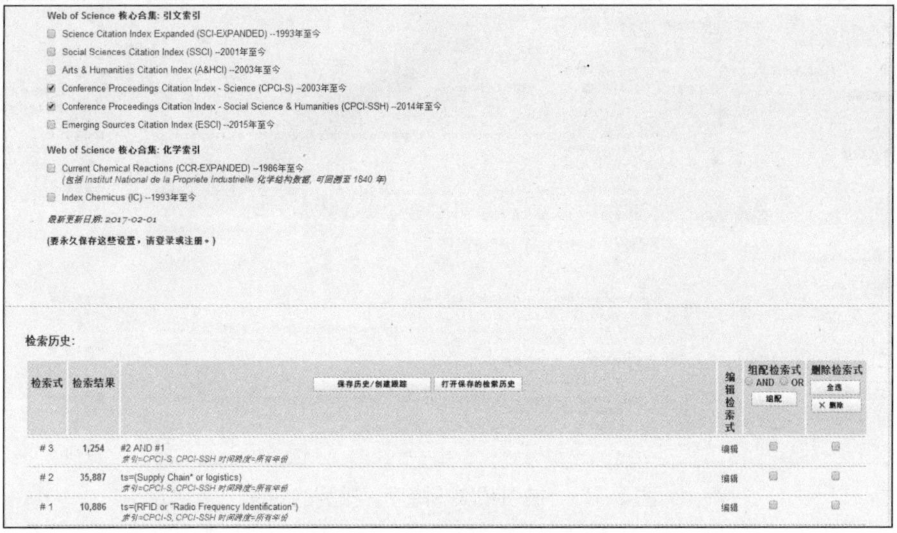

图 5-31　高级检索历史界面

检索结果一般分 3 纵栏显示，如图 5-32 所示，左栏分别显示检索表达式、检索命中数量和精练检索结果，精练检索结果主要用于缩小检索范围，可在 Web of Science 学科类别、文献类型、研究方向、作者、团体作者、编者、来源出版物名称、丛书名称、会议名称、出版年、机构扩展、基金资助机构、语种、国家 / 地区、ESI 高水平论文、开放获取和分析检索结果等检索项中进行二次检索。图 5-33 和图 5-34 所示为按被引频次（降序）和 Web of Science 学科类别排列的精练检索界面。中栏以序号、标题、作者、编者、会议名称、会议地点、会议日期、会议赞助商、来源出版物、卷、期、页、出版年、出版商处的全文、查看摘要等信息进行显示。右栏以分析检索结果、创建引文报告、被引频次、使用次数的形式依次显示。

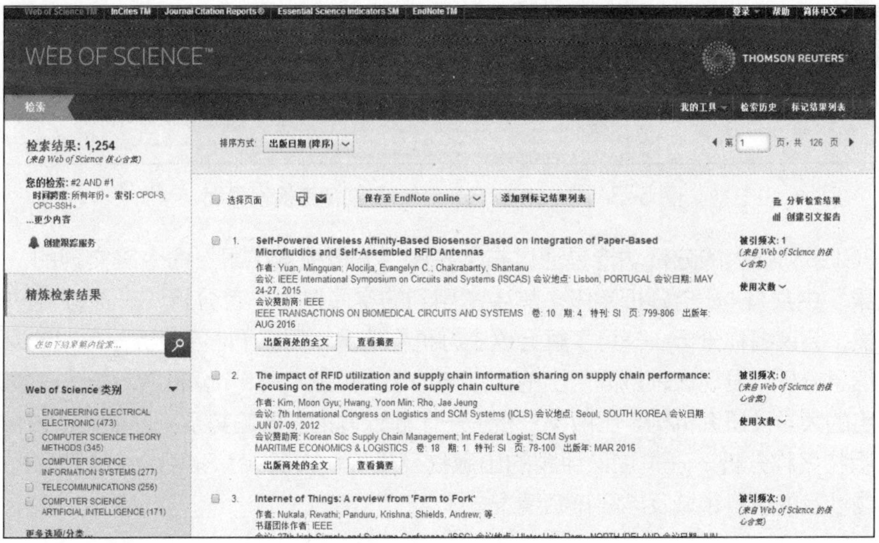

图 5-32　检索结果界面

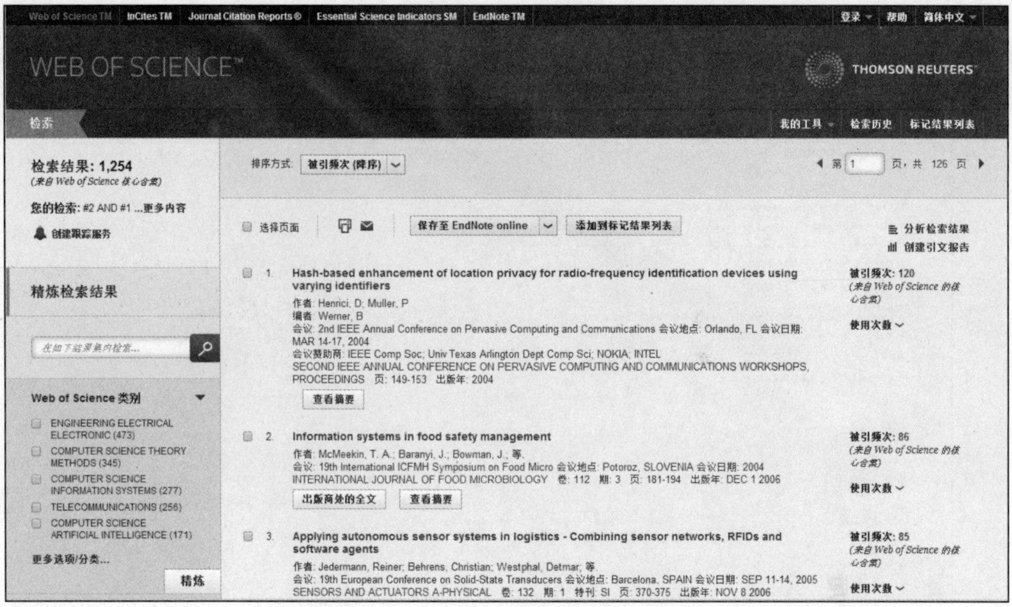

图 5-33　被引频次（降序）排列的界面

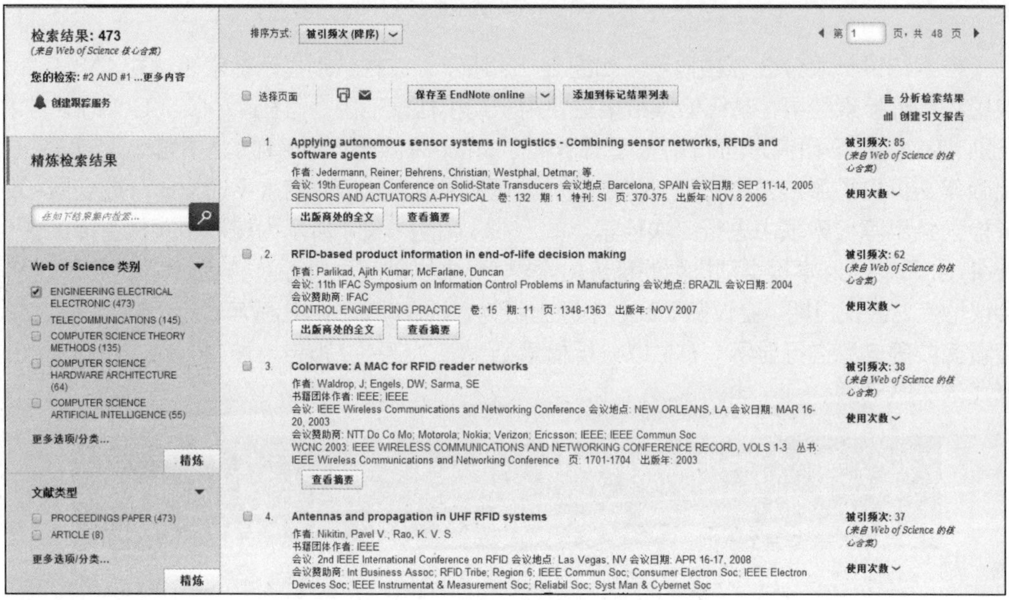

图 5-34　Web of Science 类别精练检索界面

CPCI 系列强大的分析功能是通过右上栏的“分析检索结果”命令来实现的，“分析检索结果”中共有 16 个分析字段。其中常用到的字段是，作者分析——该领域的高产出研究人员；会议名称分析——可了解会议主办机构情况；国家 / 地区分析——对该课题领域的国家信息分析，发现该领域高产出的国家与地区（见图 5-35）；机构分析——发现该领域高产出的大学及研究机构；出版年分析——了解课题的发展趋势及判断课题的发展阶段；来源出版物名称分析——关注该课题的出版物及投稿；Web of Science 类别分析——了解该课题涉及的学科领域及学科排名情况。

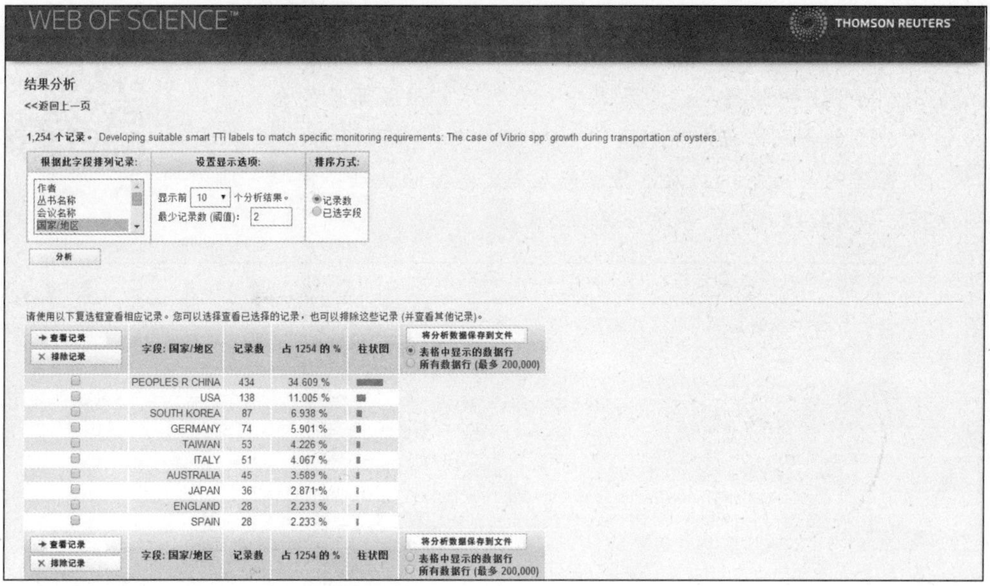

图 5-35　国家 / 地区分析界面

检索结果可以通过单击界面上的打印、电子邮件、保存按钮进行获取。

获取会议文献的全文有很多种途径，例如以下几种。

- 馆际互借、图书馆文献传递、OA 出版物。
- 查找免费全文网站。
- 查找全文的期刊。
- 查找作者通信地址或作者主页的电子邮件地址等。

CPCI 系列原本为文摘数据库，并不提供全文，但现在也设计了一个“出版商处的全文（NCBI）”链接，是否能从这个链接获得全文，取决于本馆订购的数据库的权限，否则只能使用其他途径获取全文。

【案例分析】

检索无线射频识别在供应链或物流中应用的会议文献

（1）根据题目的要求，找出检索词，使用检索技术书写表达式（RFID or “Radio Frequency Identification”）AND（Supply Chain* or logistics）。该案例既可使用基本检索，又可使用高级检索。

（2）在高级检索中，既可逐个检索词单独检索又可一次性检索。图 5-30 所示为一次性检索表达式：ts=（RFID or “Radio Frequency Identification”）AND ts=（Supply Chain* or logistics）。图 5-31 所示的高级检索历史界面呈现出分 3 步检索的表达式，检索结果如图 5-32 所示。

检索例题

（3）用户若要从检索出的 1254 篇会议文献中找出最需要的会议文献，可从“排序方式”中选择“被引频次（降序）”排列检索结果或用“ESI 高水平论文”进行限定检索，图 5-33 所示为将检索结果按“被引频次（降序）”排列的界面。

（4）用户如果想从整体上把握课题的发展方向和趋势，方法有 2 个。一是快速锁定特定学科领域论文，如通过“Web of Science 类别——勾选 ENGINEERING ELECTRICAL ELECTRONIC（473）—精炼”，如图 5-34 所示；二是快速检索综述性论文，可通过“文献类型—ARTICLE（51）—精炼”了解学术领军人物的约稿和展望。

（5）对检出的 1 254 篇文献进行分析，用户可通过右上栏的“分析检索结果”命令。图 5-35 所示为按国家和地区分析检索结果界面。

（6）CPCI 系列数据库检索结果中如果显示“出版商处的全文”链接按钮，则这个会议文献可直接下载、阅读。图 5-36 所示为一篇来自 Elsevier 数据库的全文显示结果界面。若无全文链接的地址，用户可通过其他途径，如直接联系作者等途径获取全文。

CPCI 文献深度例题

图 5-36 全文获取界面

5.3 专利文献检索

专利文献对人们科学研究、制订发展规划、市场预测、技术引进、新产品开发等方面具有前瞻性的指导作用，它既可避免人们工作中不必要的重复研究，又可使人们在研究工作中取得事半功倍的效果。下面介绍专利文献的特点。

专利概述

（1）专利文献内容新颖、实用及发布快速。

专利文献内容新颖、详尽、图文并茂，技术含量高、内容可靠、实用性强，发布快速，反映新技术速度快。世界知识产权组织（World Intellectual Property Organization，WIPO）曾做过这样的统计：在科研工作中，查阅专利文献可以缩短研究时间 60%，节省研究费用 40%。同时经济界认为，专利文献是衡量公司企业兴衰的“晴雨表”。因此，专利文献是一种集技术性、法律性、经济性信息于一体的重要信息资源。

（2）专利文献应用领域广阔。

大到高精尖的宇航飞机，小到日常生活中的纽扣、曲别针，全能寻找到专利文献的踪迹，它几乎遍布所有的应用领域。

（3）数量庞大、重复出版。

目前世界每年公开的专利说明书在 150 万件左右，其中一半以上是重复报道的，原因有二：一是专利的地域性；二是实行早期公开延迟审查制的国家，对一件专利说明书公布两次。

（4）载体多样、查阅方便。

专利文献的载体类型各种各样，有纸质印刷、缩微胶片、光盘、网络版等类型，60 余个国家及地区都建立了专利文献数据库，一些网站可以实现免费查阅和下载，十分方便。

本节将介绍有关专利权的一些基本知识和几个有影响力的专利文献数据库。

5.3.1 专利权概述

1. 专利权

专利权简称专利，指国家专利机关依专利法授予发明人或设计人在一定的时间、地域范围内，对其发明创造享有独占性的制造、使用和销售的专有权。专利有 3 层含义：一是权利；二是取得专利权的发明创造；三是专利文献。

2. 专利的特征

专利的第一层含义是从法律角度出发，指受专利法保护的权利。由于专利是知识产权的一种表现形式，也像其知识产权一样，具有以下 5 个主要特性。

（1）垄断性

垄断性，也称独占性或专有性，指国家授予同一内容的发明创造只有一次，被授予专利权的人独享专有，即专利权人对其发明创造享有独占性的制造、使用、销售和进出口的权利，具有排他性。按照专利法的规定，未经专利权人许可，任何单位和个人不得实施其专利，若有他人实施该专利，必须与专利权人订立许可合同，支付专利使用费。

（2）地域性

根据巴黎公约规定的专利独立原则，专利权的地域性指一个国家依照其本国专利法授予的权利，仅在该国法律管辖的范围内有效，对其他国家没有任何约束力，外国对其专利权不承担保护的义务。如果认为有必要在本国以外的地方获得专利保护，那就必须同时向国外申请专利。

（3）时间性

时间性指专利权人对其发明创造所拥有法律赋予的专有权只在法律规定的时间内有效，期限到期后，专利权人对其发明创造就不再享有独自制造、使用、销售等的专有权。至此，原来受法律保护的发明创造就成了社会的公共财富，任何单位或个人都可以无偿地使用。也就是说专利权只在专利法规定的一定期限内有效，即专利权的有效期限。

对于专利的这一期限，世界各国的规定是不一致的。绝大多数国家都规定为 10 年至 20 年不等。

（4）法定性

法定性指专利权必须经过国家（地区）的专利机关的一系列法定程序后才能被授予。

（5）公开性

公开性指任何一项专利权的获得，都必须将专利技术的内容公布于众。这样才能打破技术封锁，使其技术及早转化为生产力，促进社会的发展，这也是国家实行专利制度的根本目的。

3. 专利类型

专利类型指受专利法保护的发明。专利类型在不同的国家有不同的规定，例如中国、日本、德国、意大利等国的专利可分为发明、实用新型及外观设计 3 种类型，而英国专利仅有发明专利一种类型，美国专利则分为发明、植物、外观设计等 7 种不同专利类型。若就专利的地域性，同一项发明可向不同国家（地区）申请专利，按其产生专利文献的先后顺序不同，又可划分为基本专利、相同专利、同族专利及非法定专利 4 种类型。

（1）发明专利

发明专利指具有较高技术水平的发明创造，一般都经过专利局较严格的“新颖性、创业性和实用性”审查。发明专利包括两种情况：一是产品发明，如机器、设备工具等物品及某些无固定形状的非自然存在的人造物质；二是方法发明，如某种制造工艺、加工方法、测量方法、化验方法、通信方法等。

（2）实用新型专利

实用新型专利指技术水平较低的“小发明”，即指机器、设备、装置、用具或器件的产品形状、构造或其结合提出的新方案，新方案能够在工业制造上具有实用价值或实际用途的产品。

实用新型专利与发明专利相比有两个主要的区别：一是技术水平，实用新型专利略低于发明专利；二是各自涉及的范围，实用新型专利比发明专利要窄得多，发明专利不仅包括产品，而且包括各种方法，而实用新型专利仅适用于产品，不适用于工艺方法。

（3）外观设计专利

外观设计专利指对产品的形状、图案、色彩或其结合创作出的富于美感、适于工业上应用的新设计。这种新设计可以是产品的二维平面设计，也可以是产品的三维立体造型。外观设计专利与以上两种专利完全不同，即外观设计专利不是技术方案。因此，申请外观设计专利，需要指明该设计用于何种产品。外观设计还必须是只对产品的外表设计。此外，外观设计专利必须是能在工业上批量生产，即用于工业品，而不是用于艺术品。

实用新型专利与外观设计专利都提到形状，其区别在于，前者主要涉及产品的功能，后者一般只涉及产品的外观。

4. 专利条件

专利的第二层含义是从技术角度出发，指受专利法保护的发明，即专利技术。一项发明创造要获得专利权，其一要按照专利法规定，向专利局提出专利申请；其二应属于专利法规定的授予专利权的发明创造范围。除此之外，专利还应具备新颖性、创造性和实用性，即通常所说的专利的“三性”，这是授予专利权的实质性审查条件。

（1）新颖性。

发明的新颖性指一项发明是前所未有的，即指一项发明在申请日以前，未被公开发表过或未被公知公用。目前，各国专利法都把新颖性作为获得专利权的首要条件。

（2）创造性

发明的创造性在有些国家也叫“先进性”或“非显而易见性”。创造性指同申请日以前已有的技术相比，该发明有突出的实质性特点和显著的进步。

（3）实用性

发明的实用性也称工业实用性，或工业再现性。实用性就是能够在产业上制造或使用，也就是能在工农业等各种产业中应用。凡不能在产业上应用的发明，就不具备实用性。

5. 专利说明书的组成

专利的第三层含义是从文献角度出发的，指专利文献。从广义上讲，专利文献指与工业产权有关的所有专利资料，即有关的专利组织在审批专利过程中所产生的各种文件，如申请专利时提交的权利要求书、各种类型的专利说明书，还包括有关部门在处理专利诉讼时的法律性文件以及专利公报、专利索引等出版物。狭义地讲，专利文献就是指专利说明书，它是专利文献的主体。因此，专利文献是一种集技术与法律于一体的实用性很强的文献信息媒体。目前，各国专利说明书的内容已逐渐趋于一致，并形成了固定的格式，一般可由3部分构成：标头部分（著录项目\摘要）、说明书正文部分和权利要求（附图）部分。

专利目录

（1）标头部分（著录项目\摘要）

专利说明书的著录项目很多，通常都刊登在专利文献的扉页上，包含丰富的情报事项，这是区别于任何其他文献的显著标志之一。它包括发明的名称、国际专利分类号、申请人、发明人、受让人、申请号、优先权申请号、优先权申请日期、优先权申请国家、专利合作协定（Patent Cooperation Treaty，PCT）的指定国等项。标头部分在专利文献中均以带有方括号的数字表示，如[21]代表申请号，[51]表示为国际专利分类号（即Int.Cl.或IPC）。表5-8列出了一些常用的专利文献著录项目名称示例。

表5-8 常用的专利文献著录项目名称一览表

著录项目名称	示例说明
[21] 申请（专利）号	我国专利号沿用申请号，包括申请年号、申请种类号和申请流水号等部分，如92228729.5、CN200510028479.0、ZL200510028479.0
[11] 公开（公告）号	我国的授权公告号沿用专利公开号，均由国别代码、数字和专利法律状态符号等组成，如CN1050324A、CN1473987B、CN2475414Y
[81] PCT	专利合作条约，PCT的宗旨是简化国际间的专利申请手续和程序，从而节省时间和开支。申请人只要用一种语言，向一个受理局提出一件专利申请，通过一次检索，就能在申请人要求指定的每一个PCT成员国（地区）都有效，而不必分别到各国（地区）提出申请、检索，如国际专利指的是按照PCT规定提出的专利申请案
[30] 优先权项	优先权指任一个缔约国（地区）的申请人就同一发明先在一个成员国申请专利，只要时间间隔不超过一定期限（发明与实用新型为12个月，外观设计、商标为6个月），则后来向其他成员国（地区）的申请日期均按最早的那次申请日期算起。优先权项一般包括优先申请号、申请日期和申请国，如US174431 16 October 1998
[51] Int.Cl. 或IPC	我国发明、实用新型两种专利也是直接使用IPC，IPC共8个部，分别用A至H这8个大写字母表示，其分类号由5大部分组成，最多可细分至8级。而我国外观设计专利采用的是国际外观设计分类，即洛迦诺分类，该分类表采用大类和小类两级分类制

在此重点解释一下国际专利分类号。国际专利分类法（International Patent Classification，IPC或Int.Cl.）是专门适用于专利文献的分类法。IPC采用“混合式分类”

原则，即“功能分类和应用分类相结合”的原则。目前，主要工业发达国家除美国、英国外，日本、德国、俄罗斯、法国、意大利等国，全部采用国际专利分类法作为本国专利文献的分类体系。我国发明、实用新型两种专利，也是直接使用国际专利分类法。

IPC 以等级的形式，将技术内容按部（Section）、分部（Subsection）、大类（Class）、小类（Subclass）、主组（Maingroup）、分组（Subgroup）逐级分类，IPC 类号采用字母数字混合编排方式。

IPC 部下的分部没有类号标识，共 20 个，如表 5-9 所示。

表 5-9　IPC 的部与分部

部	部名	分部名
A	人类生活必需（农、轻、医）	农业；食品与烟草；保健与娱乐；个人与家用物品
B	作业、运输	分离、混合；成型；印刷；交通运输
C	化学	化学；冶金
D	纺织、造纸	纺织；造纸
E	固定建筑物	建筑；掘井、采矿
F	机械工程	发动机或泵；一般工程；照明、加热；武器、爆破
G	物理	仪器；核子学
H	电学	

IPC 大类 130 余个，由所属部的符号加上两位阿拉伯数字组成，如 A21；小类 600 多个，由大类类号加上一个大写字母（第一版 IPC 中用小写英文字母）组成，如 A21B。

IPC 主组与分组都用数字表示，之间用“/”分隔。主组号由小类号加上 1 ~ 3 个三位数字，其中斜线“/”加在后两位数字之前，且后两位数字都为零，如 A21B1/00；分组号为主组号中斜线“/”后两位数字（不同时为零），如 A21B1/02。分组又可细分出一级分组、二级分组等，IPC 最多可分至 8 级。分组的等级关系由类目前面的错位及“·”的数目表示。示例如下。

A	人类生活必需	部
	食品与烟草	分部
A21		大类
A21B		小类
A21B1/00	食品烤炉	主组
A21B1/02	·以加热装置为特征的	一级分组
A21B1/04	··在焙烤前只用火加热的烤炉	二级分组
A21B1/06	··用辐射器加热的烤炉	二级分组
A21B1/08	···用蒸汽加热的辐射器	三级分组

斜线后的数字在分类表中不表示任何进一步细分类的等级关系，即 1/06 并不是 1/04 的细分类，而 1/08 后的 3 个圆点决定了它是 1/06 的细分类，即是离它最近的少一个圆点类号的细分类。

我国外观设计专利采用的是国际外观设计分类，即洛迦诺分类。该分类表依据产品的用途，采用大类和小类两级分类制。大类号和小类号分别用两位阿拉伯数字表示，不足两位数的，在数字 1 ~ 9 之前加 0，目前共分为 31 个大类和 217 个小类，包括 7 000 多个产品系列。此外，还设有第 99 类，将各个大类和小类中未包括的产品划到第 99 类中。示例如下。

19类　文具用品、办公设备、艺术家用材料及教学材料

19-01　书写纸、明信片和通知卡

19-02　办公设备

19-03　年历、日历

19-04　书本及其他与其外观相似物品

19-05　空白

19-06　用于写字、绘图、绘画、雕刻、雕塑和其他工艺技术的材料和器械

19-07　教学材料

19-08　其他印刷品

19-99　其他杂项

专利说明书摘要是对该发明创造的技术内容所做的简明描述，一般紧接在专利说明书的有关著录项目之后。

（2）说明书正文部分

专利说明书正文是申请人向专利局申请专利权时必须上交的文件之一。在说明书中，申请人详尽地叙述了发明创造名称、发明的目的、发明的技术背景、发明的详细内容及发明创造的效果等。

专利说明书

（3）权利要求（附图）部分

权力要求书可提供专利申请人请求法律保护的范围，它是专利局判定是否侵权的依据。权力要求书必须以说明书的内容为依据，不能超出说明书范围。

附图可更好地阐明发明创造内容，尤其对一些涉及设备电路和具体产品的发明创造，一般都用附图加以补充说明。

6. 专利检索依据

可用作专利检索依据的专利信息很多。通常情况下，所有专利文献著录项目都可以作为专利信息检索依据。专利检索依据主要可归纳为3种情况，如表5-10所示。

表5-10　专利检索依据一览表

检索路径	释义
主题检索	分类检索（IPC分类号等）和关键词检索（发明名称、摘要）
名字检索	申请人（专利权人、专利受让人）、代理人、发明人（设计人）、代理机构
号码检索	申请日、公开（公告）日、公布（批准）日、申请号、专利号、优先权项

5.3.2 中华人民共和国国家知识产权局网

1. 数据库简介

网上能提供中国专利数据库的网站很多，多数只能免费阅读题录、文摘信息，在此，先介绍一下中华人民共和国国家知识产权局网，如图5-37所示。中华人民共和国国家知识产权局网收录了103个国家、地区和组织的专利数据，以及引文、同族、法律状态等数据信息。该网不仅能检索国内外专利，还具有各种分析功能。

知识产权局网

中华人民共和国国家知识产权局网的专利检索入口：主页→专利检

索→专利检索及分析入口→专利检索及分析。

图 5-37 中华人民共和国国家知识产权局网主页

2. 检索技术

表 5-11 所示为中华人民共和国国家知识产权局网的检索技术一览表。

专利检索技术

表 5-11 中华人民共和国国家知识产权局网检索技术一览表

算符名称	算符释义
逻辑检索	AND、OR、NOT 分别表示与、或、非。同一字段的多个关键词之间用空格隔开，且使用英文双引号括起，则执行逻辑 AND 运算，如“沈阳 中国石油”；否则，系统将按照逻辑 OR 算符执行，即沈阳 OR 中国石油。也就是说同一字段的多个关键词之间用空格隔开，系统执行的是逻辑 OR 运算，而不同字段之间检索执行的是逻辑 AND 运算
精确检索	系统使用英文的双引号表示
截词符	+ 代表任何长度的字符，# 代表一个强制存在的字符，? 代表一个或没有字符
申请号格式	申请国别 + 申请流水号，如 CN201010109988
公开（公告）号格式	国别 + 公开（公告）流水号 + 公布等级，如 CN201033311Y

3. 检索方式

中华人民共和国国家知识产权局网可提供常规检索、高级检索和分类导航 3 种检索方式。

（1）常规检索

常规检索是中华人民共和国国家知识产权局网专利检索及分析的默认页面，可以在自动识别、检索要素、申请号、公开（公告）号、申请（专利权）人、发明人和发明名称 7

个字段中进行检索。其中，检索要素指同时在标题、摘要、关键词、权利要求和分类号中检索。自动识别为常规检索的默认字段，也可以根据需要选择字段。图 5-38 所示为在申请（专利权）人字段中检索鲁泰纺织申请的专利。

图 5-38　常规检索界面

（2）高级检索

单击专利检索及分析页面上的“高级检索”即可进入高级检索界面。高级检索实为表格检索，共提供了 14 个检索字段输入框，既可进行多词组配检索，又可进行单一词检索。高级检索具有检索技术提示功能，用户检索时，只要把鼠标指针放在某一字段输入框上，就会显示检索提示功能。在高级检索下方还有一个“检索式编辑区”，该区既可单独构造表达式检索，又可与上方的表格检索配合检索。图 5-39 所示为高级检索界面。

专利高级检索

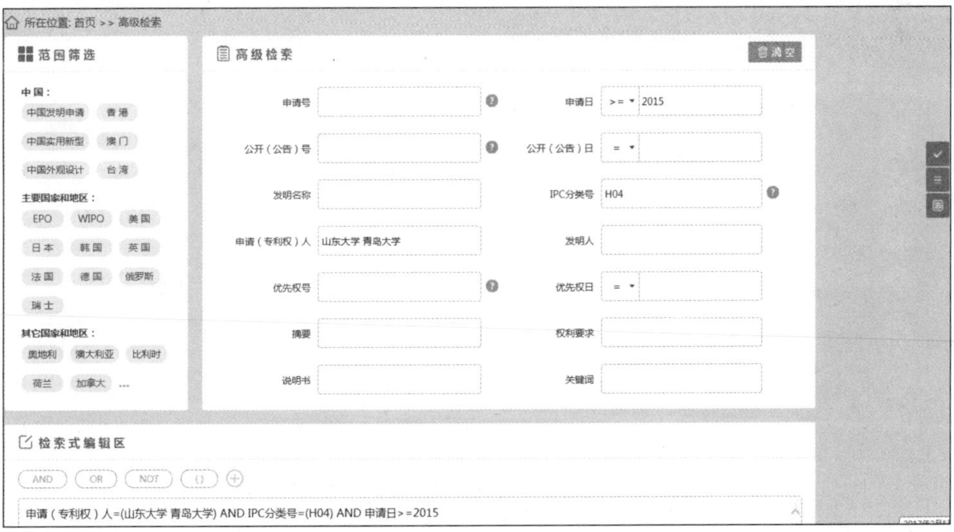

图 5-39　高级检索界面

要点提示

（1）所有字符均为半角字符，如截词符、双引号等。
（2）中华人民共和国国家知识产权局网的说明书为 TIF 格式文件，在线浏览说明书全文必须安装该网站提供的专用浏览器。

（3）分类导航

单击高级检索界面左侧的“分类导航”即可开始分类导航。使用分类导航应先确定 IPC 的 8 个大部，如选 A 部（人类生活必需），如图 5-40 所示。然后在该部下，可进一步逐级选择类目，如选 A41、A41D，如图 5-41 所示。

图 5-40　IPC 分类导航界面 1

图 5-41　IPC 分类导航界面 2

4. 检索结果

中华人民共和国国家知识产权局网的专利检索结果分左右两栏显示，如图 5-42 所示。左栏为“检索结果统计”，可对申请人、发明人、技术领域、申请日、公开日进行统计。右栏最上方列出了 4 种显示方式及命中专利数量，系统默认显示方式为搜索式，显著位置则按篇罗列专利文献，每篇专利以“专利名称、公开或授权公告、申请号、申请日、公开(公告)号、公开(公告)日、IPC 分类号、申请(专利权)人、发明人、代理人、代理机构和附图”依次显示，另设有详览、法律状态和申请人的链接，单击这些链接，可查看专利文摘等详细信息以及法律状态授权日期和申请人的基本信息。图 5-43 所示为一篇专利的详览界面。

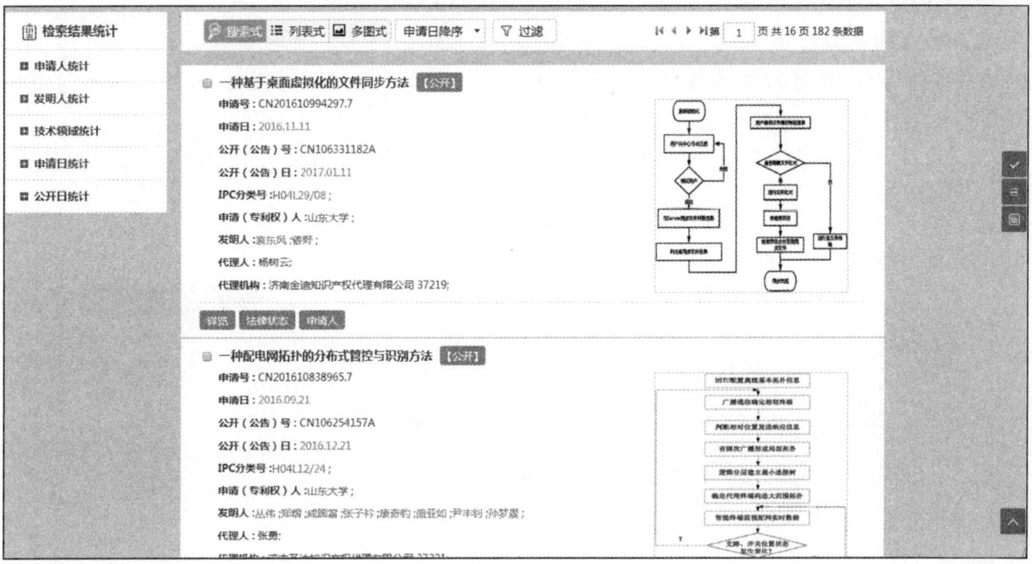

图 5-42 检索结果界面

图 5-43 检索结果详览界面

【案例分析】

检索山东大学和青岛大学 2015 年以来在电通信技术领域发明的专利

根据题目的要求，该案例使用高级检索较好。在高级检索中，既可使用表格检索，又可使用“检索式编辑区”构造表达式检索：申请（专利权）人 =（山东大学 青岛大学）AND IPC 分类号 =（H04）AND 申请日 >=2015，如图 5-39 所示。检索结果如图 5-42、图 5-43 所示。

查看专利

其中 IPC 分类号可通过单击该字段后面的❓按钮确定，如图 5-44 所示。首先确定 IPC 的大部：H 部——电学。其次在该部下，进一步逐级选择类目 H04 电通信技术并勾选，最后单击右上方的“应用”按钮，H04 就会自动添加到表格检索中相应的字段下。

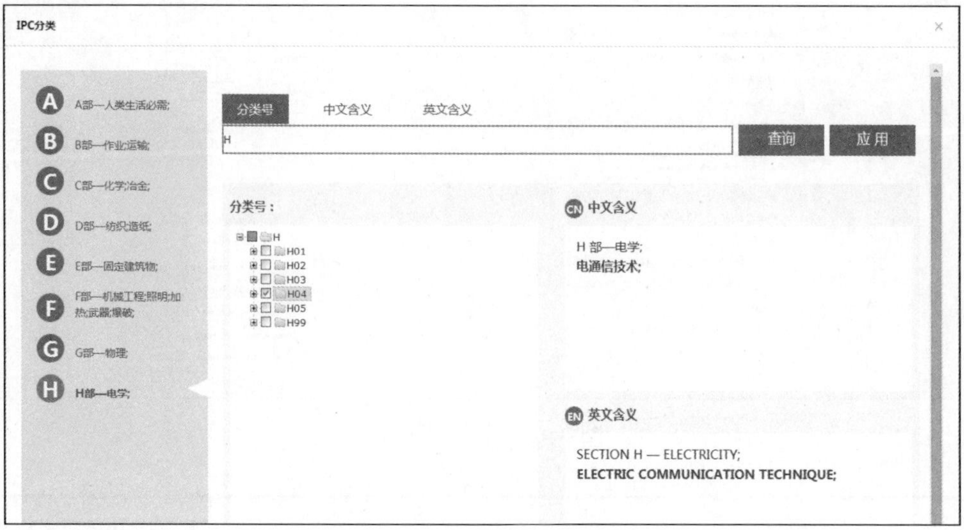

图 5-44　IPC 分类号确定界面

5.3.3 中外专利数据库

1. 数据库简介

中外专利数据库（Wanfang Patent Database，WFPD）是中国科技信息研究所万方数据的一个子库，因此，有时也称万方专利库。该库收录了自 1985 年以来的国内外发明、实用新型及外观设计等专利 5 442 万余项，包括 11 国两组织（中国、美国、澳大利亚、加拿大、瑞士、德国、法国、英国、日本、韩国、俄罗斯、欧洲专利局和世界知识产权组织）的专利信息数据，内容涉及自然科学各个学科领域，每年新增 25 万条专利，国内专利每两周更新一次，国外专利每季度更新一次。

中外专利数据库有本地镜像版和远程版两种，本地镜像版的地址会因单位不同而各异，远程版如图 5-45 所示。中外专利数据库除了可下载全文外，对全部用户都可通过万方数据的网站免费检索。凡订购全文数据库的高校用户既可通过校园网中的相应链接进入，又可直接登录该库的 IP 地址或本校镜像服务器的 IP 地址进行访问。本地镜像版和远程版在文献更新频率上和检索方式上有所不同，使用时需注意，在此仅介绍远程版的使用。

图 5-45　万方数据知识服务平台

2. 检索技术

目前，万方数据是一个集万方各种数据资源于一体的知识服务平台，因此，无论是学位论文还是会议文献、标准、期刊、专利等资源信息，其检索技术、方式、方法基本一致。万方数据知识服务平台的检索技术如表 5-1 所示。

3. 检索方式

中外专利数据库远程版的检索界面与万方数据知识服务平台上的其他子库一样，大大简化了检索界面，只使用一种全新的检索方式。系统默认情况下只给出 4 个限定字段：题名、摘要、发明人和专利权人。用户使用方便、检索灵活，既可用单一检索词检索，又可用 PQ 表达式检索；另外，还可根据需要，使用数据库特有的检索字段，甚至是外文字段。在此仅介绍最新版的远程检索方式的使用。

由于万方数据知识服务平台上汇集了各种各样的子库，因此使用该平台检索时，要先选择所用数据资源的类型。使用时，只要把鼠标指针放在平台左上方“学术论文”旁的 ☰ 上，就会显现万方数据知识服务平台上的各种资源类型，如图 5-45 所示。单击选定的“专利”即可进入中外专利数据库的检索界面，如图 5-46 所示。

图 5-46　万方数据知识服务平台检索界面

中外专利数据库与中国学位论文全文数据库、中国学术会议文献数据库的检索界面、技术大同小异，既可输入单一检索词检索，又可进行布尔逻辑（AND、OR、NOT）检索，此外，还支持 PairQuery 检索语言，也就是 PQ 表达式，如图 5-46 所示。

4. 检索结果

中外专利数据库的检索结果如图 5-46 所示，最上栏为检索表达式；次上栏可对检索结果在专利名称、发明人、申请人、年份等字段进行二次检索；左栏显示命中文献数量，并可进一步在专利分类、专利类型、国家 / 组织、申请日期、相关学者中进行限定检索；纵向中栏显示命中结果的题录信息，每篇专利文献按序号、全文链接、专利标题、专利类型、申请（专利）号、申请（专利权）人、申请日期和摘要等信息依次排列；右栏列有下载全文、查看全文、导出图标（ ）。单击图 5-46 所示界面中的论文标题，还可显示该项专利详细的题录信息，如下载全文、查看全文、导出图标的链接、摘要、主权项和法律状态等，如图 5-47 所示。单击下载全文、查看全文链接，均可显示 PDF 的全文格式，如图 5-48 所示。

【案例分析】

检索鲁泰在纺织和服装领域里发明的专利

该题的关键是找出纺织和服装所属的 IPC 分类号及检索字段，纺织和服装所属的 IPC 分类号可通过中华人民共和国国家知识产权局网的分类导航确定：D 和 A41。检索字段可用分类号试试，这样检索表达式为：专利权人 : 鲁泰 and 分类号 :（A41 + D），如图 5-46、图 5-47 和图 5-48 所示。

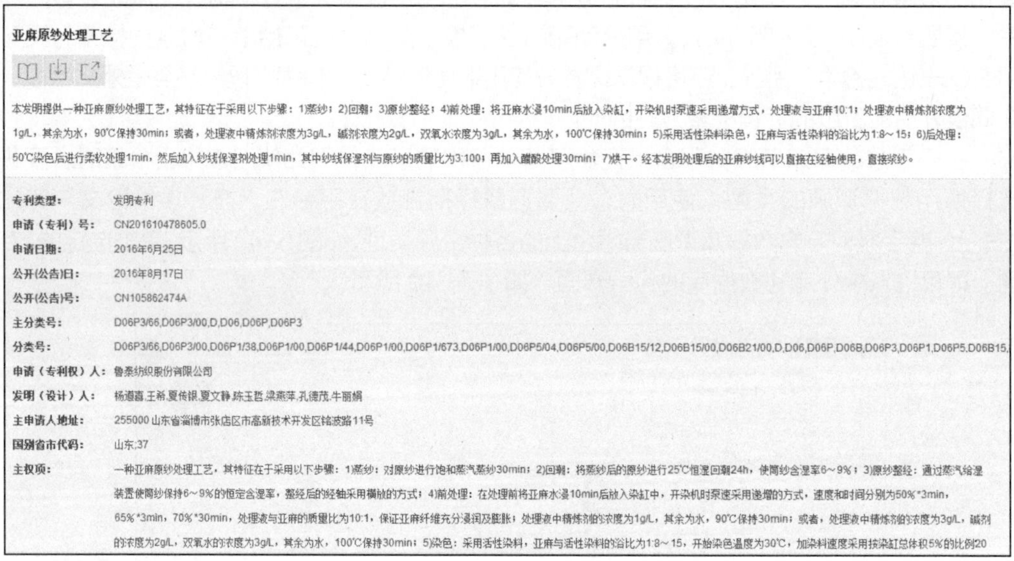

图 5-47　万方数据专利检索结果界面

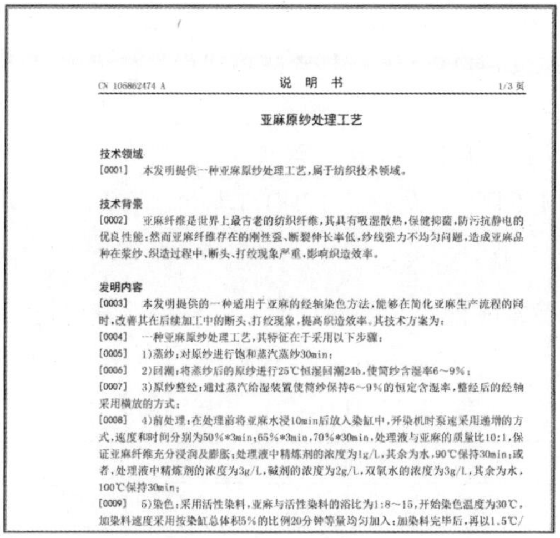

CN 105862474 A　　说　明　书　　1/3 页

亚麻原纱处理工艺

技术领域

[0001] 本发明提供一种亚麻原纱处理工艺，属于纺织技术领域。

技术背景

[0002] 亚麻纤维是世界上最古老的纺织纤维，其具有吸湿散热，保健抑菌，防污抗静电的优良性能；然而亚麻纤维存在的刚性强、断裂伸长率低，纱线强力不均匀问题，造成亚麻品种在浆纱、织造过程中，断头、打绞现象严重，影响织造效率。

发明内容

[0003] 本发明提供的一种适用于亚麻的经轴染色方法，能够在简化亚麻生产流程的同时，改善其在后续加工中的断头、打绞现象，提高织造效率。其技术方案为：

[0004] 一种亚麻原纱处理工艺，其特征在于采用以下步骤：

[0005] 1)蒸纱：对原纱进行饱和蒸汽蒸纱30min；

[0006] 2)回潮：将蒸纱后的原纱进行25℃恒湿回潮24h，使筒纱含湿率6～9%；

[0007] 3)原纱整经：通过蒸汽给湿装置使筒纱保持6～9%的恒定含湿率，整经后的经轴采用横放的方式；

[0008] 4)前处理：在处理前将亚麻水浸10min后放入染缸中，开染机时泵速采用递增的方式，速度和时间分别为50%*3min；65%*3min，70%*30min，处理液与亚麻的质量比10:1，保证亚麻纤维充分浸润及膨胀；处理液中精炼剂的浓度为1g/L，其余为水，90℃保持30min；或者，处理液中精炼剂的浓度为3g/L，碱剂的浓度为2g/L，双氧水的浓度为3g/L，其余为水，100℃保持30min；

[0009] 5)染色：采用活性染料，亚麻与活性染料的浴比为1:8～15，开始染色温度为30℃，加染料速度采用按染缸总体积5%的比例20分钟等量均匀加入；加染料完毕后，再以1.5℃/

图 5-48　万方数据专利检索全文界面

要点提示

中外专利数据库虽然只给出了 4 个限定字段，但也可根据需要增加一些字段。若要检索国外专利，在题名、摘要等字段输入外文检索词或使用二次检索均可实现。

5.3.4 美国专利检索

1. 美国专利与商标局简介

在 Internet 上，有数家机构的 Web 服务器提供美国专利数据库检索。其中，美国专利与商标局（United States Patent and Trademark Office，USPTO）的服务器可免费提供美国专利全文信息，如图 5-49 所示。

USPTO 简介

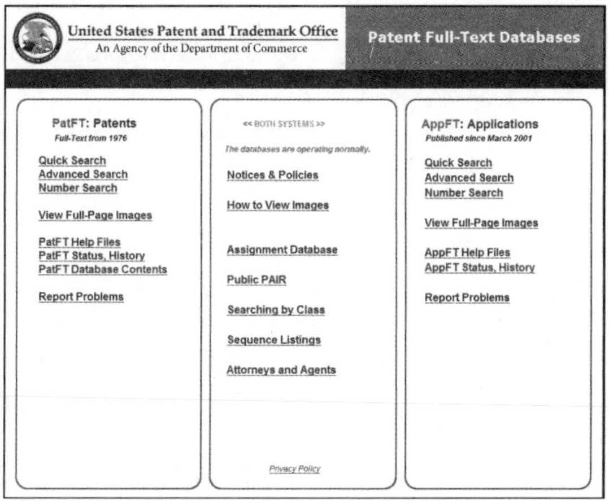

图 5-49　USPTO 主页

USPTO 网站的专利检索有以下 4 个特色。

（1）收录专利类型多且可免费获取全文。该网站收录了 8 种美国专利，且可免费阅读其专利全文信息。

（2）覆盖领域宽泛。USPTO 涉及几乎所有科学与技术应用领域。美国是全世界可授予专利领域较全的国家之一。

（3）数据库更新快。USPTO 数据库每周二更新。

（4）回溯时间长。USPTO 收录了 1790 年至今的专利。

2. 检索技术

检索技术是数据库检索的核心，即通常所说的各种检索算符，USPTO 的常用检索技术如表 5-12 所示。

表 5-12　USPTO 常用检索技术

算符名称	使用符号	实例	注释
逻辑与	AND	Solar AND energy	两词同时出现在同一记录中
逻辑或	OR	Garment OR apparel	两词中任意一词或同时出现在文献记录中
逻辑非	AND NOT	Energy AND NOT nuclear	Energy 出现在文献记录中，但 nuclear 不出现
优先级	（ ）	（chitin or chitosan）and garment	凡加此算符的表达式优先执行
截词符	$	plant$	可检出与 plant 词干相同，而词尾字母不限的所有词
短语检索	“ ”	“Solar energy”	精确短语检索

3. 检索方式

在图 5-49 所示界面中，USPTO 专利库主页左栏为已公布（批准）的专利，右栏为申请专利，中栏为通知和政策及帮助事项。该库提供 3 种检索模式，即快速检索（Quick Search）、高级检索（Advanced Search）和专利号检索（Number Search）。

（1）快速检索

以 USPTO 主页左栏为例，单击其上的“Quick Search”或其他页面中的 Quick 链接，都可进入快速检索界面。快速检索只提供两个文本输入框，用户可通过下拉菜单选择检索字段、逻辑算符及检索年代，并输入检索词进行检索，如图 5-50 所示。

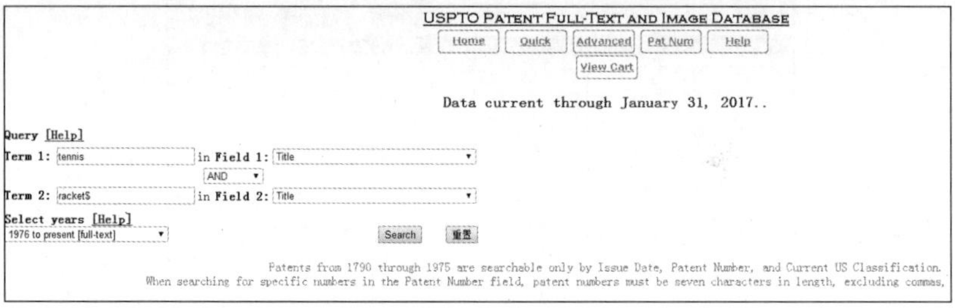

图 5-50　快速检索界面

快速检索可选择的字段包括题名、文摘、专利号、发明人等 50 多个字段，参见表 5-13，默认状态下为所有字段。该检索界面简单直观，易于初学者掌握。

要点提示

快速检索只适用于两个及以下检索词或短语的检索，每个文本框中只允许输入一个检索词或短语，对于两个以上的检索词或短语的检索必须用高级检索进行。

（2）高级检索

单击USPTO主页中左栏的“Advanced Search”或其他页面中的Advanced链接，都可进入高级检索界面，如图5-51所示。在高级检索界面中，用户可根据需要，用表5-12所示的检索技术和表5-13中USPTO部分检索字段代码，在Query文本查询框内输入检索表达式进行检索。

USPTO 高级检索

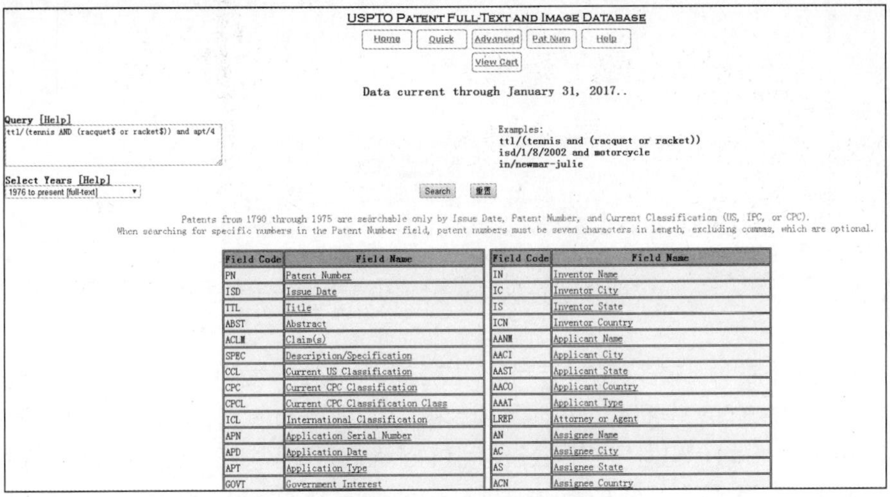

图5-51　高级检索界面

表5-13　USPTO部分检索字段代码

代码	字段名称	代码	字段名称
PN（专利号）	Patent Number	IN（发明人名称）	Inventor Name
ISD（公布日期）	Issue Date	IC（发明人所在城市）	Inventor City
TTL（题名）	Title	IS（发明人所在州）	Inventor State
ABST（文摘）	Abstract	ICN（发明人所在国家）	Inventor Country
ACLM（权利要求）	Claim（s）	LREP（律师或代理人）	Attorney or Agent
SPEC（说明书）	Description/Specification	AN（专利权人名称）	Assignee Name
CCL（最新美国专利分类号）	Current US Classification	AC(专利权人所在城市)	Assignee City
ICL(国际专利分类号)	International Classification	AS(专利权人所在州)	Assignee State
APN（申请号）	Application Serial Number	ACN（专利权人所在国家）	Assignee Country
APD（申请日期）	Application Date	EXP（主审人）	Primary Examiner
PARN（原始案例信息）	Parent Case Information	EXA（助理审查人）	Assistant Examiner
RLAP（相关US申请日期）	Related US App. Data	REF（引用文献）	Referenced By
REIS（再公告日期）	Reissue Data	FREF(国外参考文献)	Foreign References
PRIR（外国优先权）	Foreign Priority	OREF(其他参考文献)	Other References
PCT（专利合作条约信息）	PCT Information	GOVT（政府股份）	Government Interest
APT（申请类型）	Application Type	——	——

（3）专利号检索

单击 USPTO 主页中左栏的“Number Search”或其他页面中的 Pat Num 链接，都可进入专利号检索界面。专利号检索只提供一个文本查询框，用户在此只能对专利号进行检索，如图 5-52 所示。

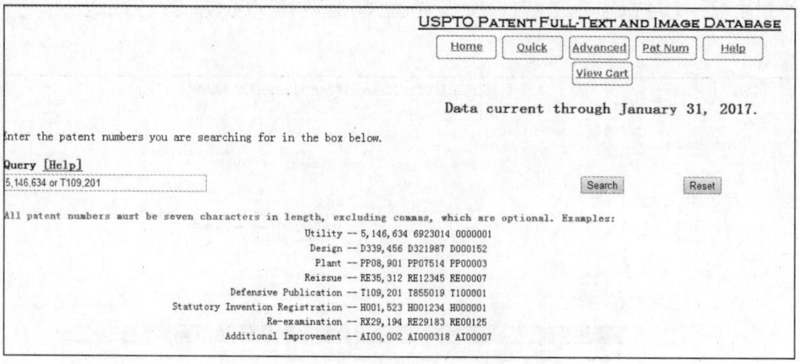

图 5-52　专利号检索界面

由于美国专利的种类较多，在输专利号时应注意它的格式：发明专利（Utility）代码为 A，输入时省略，直接输专利号即可；其他 7 种专利，如外观设计专利（Design）代码为 D，植物专利（Plant Patent）代码为 PP，再公告专利（Reissue）代码为 RE，防卫性公告（Defensive Publication）代码为“T”，依法登记的发明（Statutory Invention Registration）代码为 H，再审查专利（Re-examination）代码为 RX，补充专利（Additional Improvement）代码为 AI，在检索框中除了输入专利号，还要在专利号之前冠以专利代码符号。

4．检索结果

在上述 3 种检索模式中，单击“Search”按钮，系统会执行检索并将匹配的记录输出到屏幕上。其显示内容有检索表达式、命中条数、专利题录等信息，其专利题录包括记录顺序号、专利号和发明名称，显示结果如图 5-53 所示。系统按专利号大小降序排列，可在“Jump To”按钮旁的输入框中，输入记录顺序号来显示该条记录。单击专利号或专利名称，可看到除附图之外的专利说明书的所有内容，包括各种专利著录项目、摘要、说明书和权项等信息，如图 5-54 所示。若要浏览专利说明书图形或查看扫描图像的专利全文，可单击专利页面上部的“Images”按钮，如图 5-55 所示。检索结果可以保存和打印，但一次只能保存和打印一条全记录。

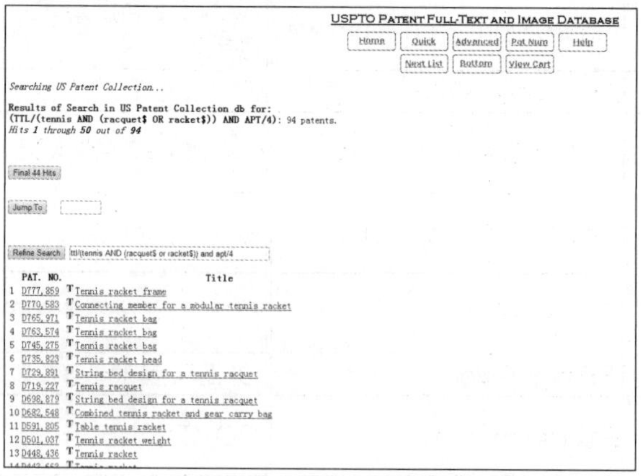

图 5-53　检索结果界面

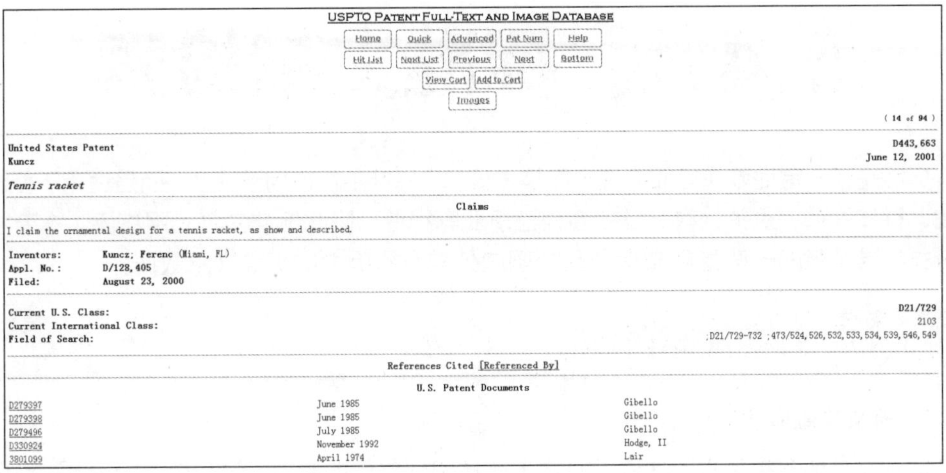

图 5-54　专利全文显示界面

（1）高级检索的分隔符号“/”与字段代码之间不要空格，否则检索容易出错。
（2）用专利号检索，包括代码在内，不能超过 7 位数字。

要点提示

【案例分析】

检索网球拍方面的外观设计专利

根据题目的要求，该案例使用高级检索较好，若使用快速检索，则要分几步完成。在高级检索中，网球拍限定在题名字段，外观设计专利可单击高级检索界面中的“Field Name”表中的“Applicant Type”链接，查看“Application Type（APT）”来确定外观设计专利字段和其类型的数字代码，最后构造表达式检索：ttl/（tennis AND（racquet$ or racket$））and apt/4。检出 94 件专利，如图 5-51、图 5-53 所示。其中一篇专利（Tennis racket D443，663）的检索结果（题录、全文、扫描图像全文显示界面）如图 5-54、图 5-55 所示。

USPTO 例题

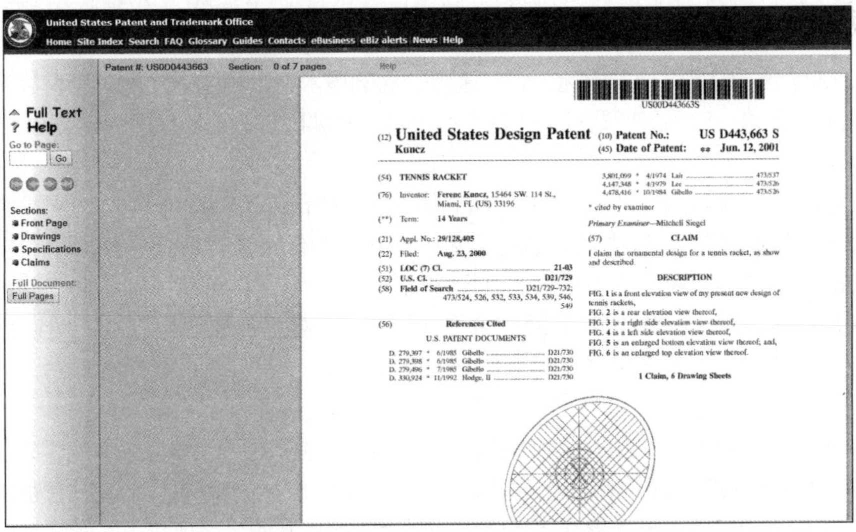

图 5-55　专利扫描图像全文显示界面

5.4 标准文献检索

标准是在一定地域或行业内统一的技术要求。标准不仅适用于企业，而且适用于旅游、金融、科技服务、机关、教育及社会公益事业等行业，因此标准文献应用广泛。本节将介绍有关标准文献的一些基础知识和几个国内外较有影响力的标准文献数据库。

5.4.1 标准文献概述

1. 标准文献概念

标准文献指在有关方面的通力协作下，按照规定程序编制并经主管机关批准，以特定形式发布，为在一定的范围内获得最佳秩序，对活动或其结果规定共同的和重复使用的规则、导则、定额或要求的文件。标准一般以科学、技术和经验的综合成果为基础，以改进产品、过程和服务的适用性，防止壁垒，促进技术合作，获得最佳社会效益为目的。

标准文献概述

2. 标准文献类型

标准文献类型有很多种，以下是部分标准的类型。

- 按标准化对象划分：技术标准、管理标准和工作标准。
- 按内容划分：基础标准、产品标准、检验标准、方法标准和安全标准。
- 按使用范围划分：国际标准、地区标准、国家标准、行业标准、地方标准和企业标准。
- 按成熟度划分：法定标准、推荐标准、试行标准和草案标准。
- 按法律属性划分：强制性标准、推荐性标准和标准化指导性技术文件。

在此重点介绍按使用范围和法律属性划分的标准类型及相关的组织。

（1）国际标准

国际标准指国际标准化组织（International Organization for Stardardization，ISO）、国际电工委员会（International Electrotechnical Commission，IEC）和国际电信联盟（International Telecommu nication Union，ITU）以及国际标准化组织确认并公布的近 30 个其他国际组织制定的标准，在世界范围内统一使用的标准。这些国际组织制定的标准化文献主要有国际标准、国际建议、国际公约、国际公约的技术附录和国际代码，也有经各国政府认可的强制性要求，对国际贸易业务和信息交流具有重要影响。下面着重介绍 ISO 和 IEC。

① ISO

ISO 成立于 1947 年 2 月 23 日，总部设在瑞士的日内瓦。ISO 是一个全球性的非政府组织，是国际标准化领域中较大的组织之一。ISO 的任务是促进全球范围内的标准化的制定及形成，其宗旨是在世界范围内促进标准化工作的开展，以利于国际物资交流和互助，并扩大知识、科学、技术和经济方面的合作。其主要任务是制定国际标准，协调世界范围内的标准化工作，与其他国际性组织合作研究有关标准化问题。

② IEC

IEC 成立于 1906 年，现总部也设在瑞士的日内瓦。它是世界上成立最早的国际性电工标准化机构，负责有关电气工程和电子工程领域中的国际标准化工作。IEC 的宗旨是促进电工、电子和相关技术领域有关电工标准化等所有问题上（如标准的合格评定）的国际合作。目前 IEC 的工作领域已由单纯研究电气设备、电机的名词术语和功率等问题扩展到电子、电力、微电子及其应用、通信、视听、机器人、信息技术、新型医疗器械和核仪表等电工技术的各个方面。

IEC 标准的权威性是世界公认的。IEC 每年要在世界各地召开 100 多次国际标准会议，世界各国的近 10 万名专家参与了 IEC 的标准制定、修订工作。

（2）国家标准

根据《中华人民共和国标准化法》的规定，我国标准包括国家标准、行业标准、地方标准、团体标准和企业标准 5 类。国家标准分为强制性标准、推荐性标准，行业标准和地方标准是推荐性标准。

3．标准分类

《中国图书馆分类法》主要适用于书刊等文献的分类，而对于标准文献的分类，不同国家分类法各异，我国使用的是《中国标准文献分类法》（Chinese Classification for Standards，CCS）。CCS 原则上把标准文献细分到二级类目。一级类目共设 24 个大类，用英文大写字母 A ~ Z（除 I 和 O）表示，如表 5-14 所示。二级类目用两位阿拉伯数字表示。例如：M 通信、广播（一级类目），M72 音响、电声设备（二级类目）。

表 5-14 《中国标准文献分类法》一级类目

一级类目分类号及类目名称		
A 综合	J 机械	S 铁路
B 农业、林业	K 电工	T 车辆
C 医药、卫生、劳动保护	L 电子元器件与信息技术	U 船舶
D 矿业	M 通信、广播	V 航空、航天
E 石油	N 仪器、仪表	W 纺织
F 能源、核技术	P 工程建设	X 食品
G 化工	Q 建材	Y 轻工、文化与生活用品
H 冶金	R 公路、水路运输	Z 环境保护

ISO 和 IEC 则按国际标准分类体系把标准文献划分为 41 个大类，按等级共分 3 级：第一级由两位数字组成；第一级细分为组，称第二级，由三位数字组成；组再细分为次组，称第三级，由两位数字组成，各级之间以“.”隔开。国际标准分类号（International Classification Standards，ICS）示例如下。

13　Environment.Health protection.Safety　环保、保健与安全

13.060　Water quality　水质

13.060.20　Drinking water　饮用水

4．标准文献检索依据

标准文献检索依据很多，主要是指构成标准文献特征的一些字段，在此仅介绍经常使用的 5 个检索字段：标准号、分类号、关键词、采用关系和被代替标准。

标准文献检索依据

（1）标准号

标准文献无论是从编写格式、描述内容、遣词用字上、还是在审批程序、管理办法以及使用范围等方面，都不同于一般的文献，而是自成体系。标准文献的一个显著标志，就是一项标准对应一个标准号。一项标准即使仅有廖廖数页也单独成册出版，一般只解决一个问题。标准文献的显著标志就是标准号，它一般由标准代号加顺序号和年份代号组成。例如以下几类。

ISO 898- 1：1999（分别表示国际标准化组织代号、标准序号、分序号和年份）。

IEC 60455-3-2（1987-04）（分别表示国际电工委员会标准代号、标准序号、部号、分部号和出版年月）。

GB 25199—2015（分别表示我国国家强制性标准代号、标准序号和年份）。

FZ/T 30003-2000（分别表示我国纺织行业推荐性标准代号、标准序号和年份）。

DB 33/T 915-2014（分别表示我国浙江省推荐性地方标准代号、标准序号和年份）。

ISO 与 IEC 在标准化的工作领域和范围有所不同，但也有合作。IEC 负责有关电工、电子领域的国际标准化工作；ISO 负责除电工、电子领域和军工、石油、船舶制造之外的很多重要领域的标准化活动。

（2）分类号

如果用户想了解某一专业或某一学科都有什么样的标准，根据分类检索应为首选。按分类检索必须熟悉各种分类体系。《中国标准文献分类法》如表 5-14 所示，国际标准分类法如图 5-56 所示。

检索分类号

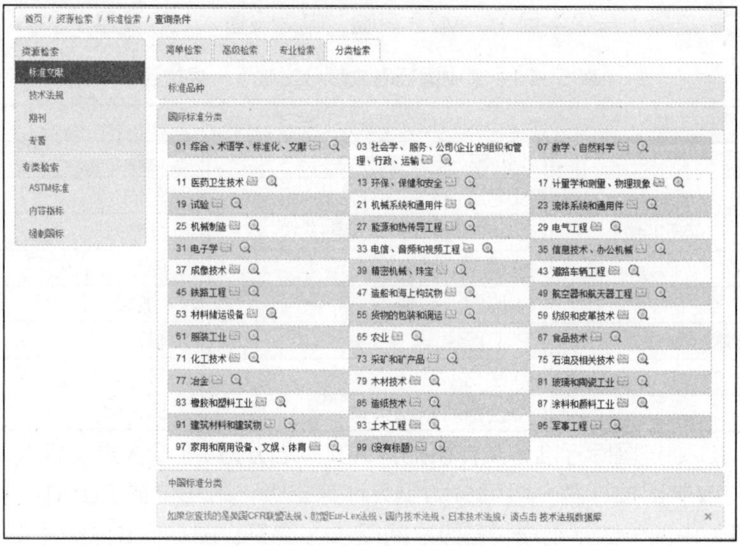

图 5-56　国际标准分类法

（3）关键词

在实际应用中，用户经常不知道所查标准的标准号，也不知道所查标准的分类号，但知道要查的某一具体标准的一些描述词，如某用户想弄明白商品包装袋上条码的含义，就可借助关键词“条码”检索。所谓关键词就是在标准题目或关键词字段中出现的主要词，用户输入的词必须与数据库标准题目或关键词字段中的词匹配才会被检出，因此，关键词检索只是字面匹配而非内容匹配。

（4）采用关系

采用关系是我国采用国际标准的一项重要技术政策，是指我国标准采用国际标准或国外先进标准的程度。为此，国家质量监督检验检疫总局发布了《采用国际标准管理办法》，规定了采用原则、采用程度、表示方法和有关措施。

采用国际标准的表示方法可分为等同采用、修改采用和非等效采用 3 种。等同采用指技术内容与文本结构均与国际标准完全相同，没有或仅有编辑性修改，编写方法完全相对应。修改采用指主要技术内容相同，技术上只有很小差异，编写方法不完全相对应。非等效采用指技术内容有重大差异。对于等同采用、修改采用国际标准（包括即将制定完成的国际标准）和国外先进标准（不包括国外先进企业标准）编制的我国标准，在标准封面上必须注明采用标准和采用程度；在标准前言中，写明被采用标准的组织、国别、编号、名称、采用的程度和简要说明我国标准与被采用标准的主要差别。非等效采用编制的我国标准，则不需要在封面上标注，也不算采标，但在前言中应说明“本标准与ISO××××：××××标准的一致性程度为非等效”。

（5）被代替标准

标准实施后，根据科技发展和经济建设需要，由标准的主管部门组织有关单位适时进行复审，复审周期一般不超过5年。对复审的结果按以下3种情况进行处理。

不需要修改的标准确认继续有效，这种标准不改顺序号和年号，当标准重版时，在标准封面上、编号下注明“××××年确认有效”字样；需做修改的标准列入修订计划，修订的标准顺序号不变，只是把年号改为修订的年号；对已无存在必要的标准，予以废止。

因此，被代替标准指需做修改的标准，即非现行的标准。由此看出，一个标准不论修订多少次，标准号中的顺序号一般不变。除非修订中包括了原有若干个标准，则用其中为主标准的顺序号，而年号数字仍随修订后批准发布的年份而改变。如GB/T 7714—1987、GB/T 7714—2005、GB/T 7714—2015即为一项标准，经过3次修订，GB/T 7714—2015是一项专门供著者和编辑编撰文后参考文献使用的国家标准，非等效采用ISO 690《文献工作文后参考文献内容、形式与结构》和ISO 690-2《信息与文献参考文献第2部分：电子文献部分》两项国际标准。GB/T 7714—2015在著录项目的设置、著录格式的确定、参考文献的著录以及参考文献表的组织等方面尽可能与国际标准保持一致，以达到共享文献信息资源的目的。

5.4.2 中国标准服务网

1. 中国标准服务网简介

中国标准服务网是国家级标准信息服务门户，是世界标准服务网的中国站点。该网站主要依托于国家标准化管理委员会、中国标准化研究院标准馆及院属科研部门、地方标准化研究院（所）及国内外相关标准化机构，其中，中国标准化研究院标准馆负责网站的标准信息维护、网员管理和技术支撑。中国标准化研究院标准馆现已收藏60多个国家、70多个国际和区域性标准化组织、450多个专业学（协）会的标准以及全部中国国家标准和行业标准共计60多万件。中国标准服务网还收集了160多种国内外标准化期刊和7 000多册标准化专著，与30多个国家及国际标准化机构建立了长期、稳固的标准资料交换关系。此外，中国标准服务网还作为一些国外标准出版机构的代理，从事国外和国际标准的营销工作，每年投入大量经费和技术人员，对标准文献信息进行收集、加工并进行数据库和信息系统的建设、维护与相关研究。中国标准服务网还免费提供强制性国家标准阅读，但必须事先注册，且要下载并安装ActiveX插件。

2. 检索方式

中国标准服务网主页如图5-57所示，该网站可提供简单检索、高级检索、专业检索和分类检索4种检索方式。

图 5-57　中国标准服务网主页

（1）简单检索

简单检索位于主页上或隐含在高级检索中，只能按标准号和关键词字段进行单一词检索，此处单一词检索的含义是系统本身支持截词检索（前后截词），但不支持位置算符检索。

（2）高级检索

单击主页上的“高级检索”链接即可进入高级检索界面，高级检索提供的检索项较多，有关键词、标准号、国际标准分类（选择）、中国标准分类（选择）、采用关系、标准品种（选择）、年代号、标准状态。高级检索既支持单一词检索，又支持逻辑与运算，适合目的性较强的用户检索，如图 5-58 所示。

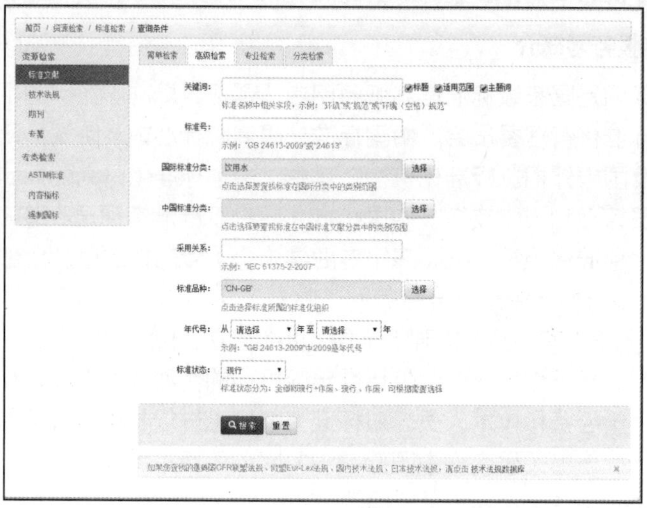

图 5-58　中国标准服务网高级检索界面

（3）专业检索

专业检索提供中英文标题、中英文主题词、代替标准、被代替标准、引用标准等 18 个检索字段，支持逻辑与、逻辑或检索，并支持精确和模糊匹配。此外，专业检索还提供标准发布单位供用户进行筛选。因此，专业检索比高级检索更利于用户进行复杂的检索。专业检索界面如图 5-59 所示。

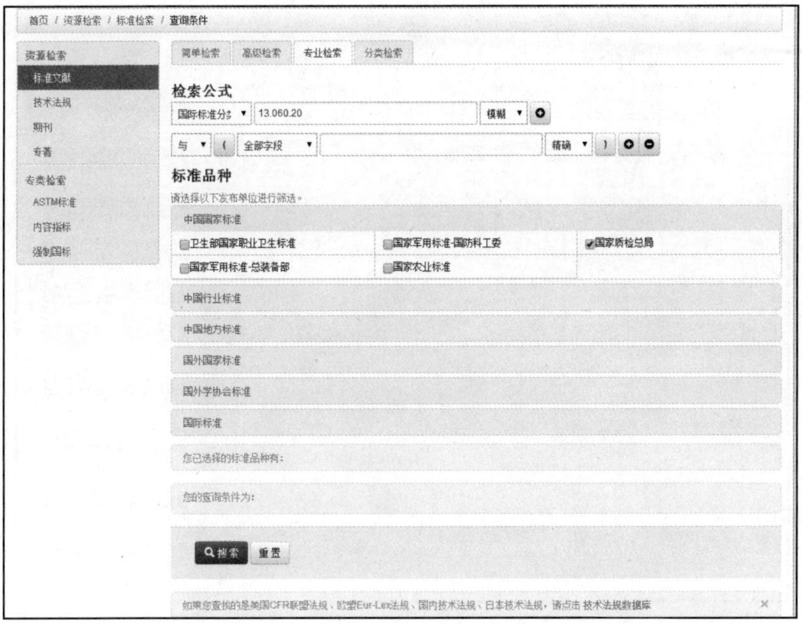

图5-59　中国标准服务网专业检索界面

（4）分类检索

分类检索分为“国际标准分类（ICS分类）”和“中国标准分类（CCS分类）”。ICS分类共设41个大类，按等级共分3级；CCS分类共设24个一级类目，原则上把标准文献细分到二级类目。无论是何种分类法，单击相应的类别后面的文件夹链接，都会显示当前类别下的明细分类，直到显示该类下的所有标准，图5-56所示为ICS的41个大类，图5-60所示为选择饮用水的三级类目，单击“确定”按钮后即可对该类目进行检索。

图5-60　中国标准服务网CCS分类检索界面

3. 检索结果

在检索结果界面不仅可看到标准的标准号、中英文标准题名，还可看到标准的基本信息、适用范围、关联标准、标准分类号以及浏览过的文献，如图5-61和图5-62所示。

图 5-61　检索结果界面

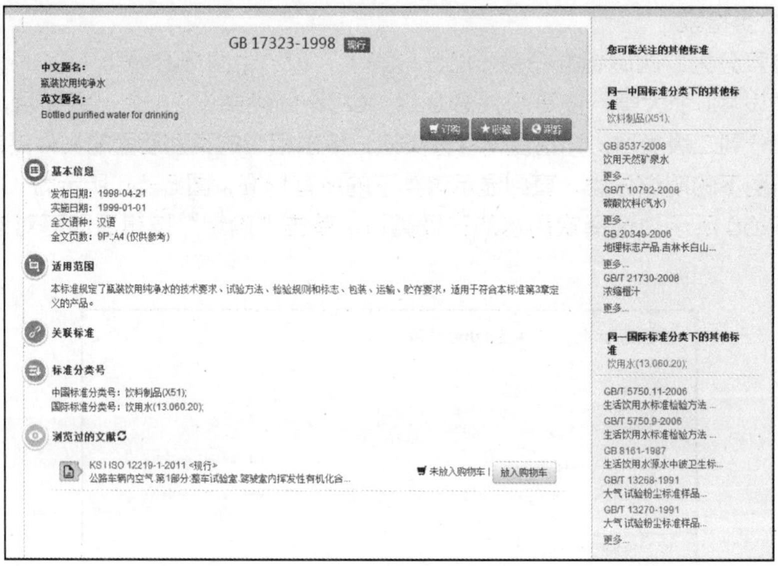

图 5-62　检索结果界面

【案例分析】

检索有关饮用水方面的强制性国家标准

该案例的关键是确定“饮用水”的检索入口词，若只使用关键词字段，检准率欠佳；而国际标准分类法中正好设有饮用水的分类号——13.060.20，因此首选使用 ICS 分类检索，如图 5-56 和图 5-60 所示。其次选用中国标准服务网主页右侧的“GB 强制性国家标准阅读”的高级检索，在此再使用 ICS 分类字段后面的“选择”来确定分类号——13.060.20 对应的检索词“饮用水”，如图 5-63 所示。检索结果如图 5-64 所示，其中一篇标准的全文如图 5-65 所示。

此案例如果只检索饮用水方面的国家标准，可用高级检索或专业检索，参见图 5-58 和图 5-59，检索结果如图 5-61 和图 5-62 所示。

图 5-63　中国标准服务网强制性国家标准高级检索界面

图 5-64　中国标准服务网强制性国家标准检索结果界面

中华人民共和国国家标准

瓶装饮用纯净水　　GB 17323—1998

Bottled purified water for drinking

1　范围

本标准规定了瓶装饮用纯净水的技术要求、试验方法、检验规则和标志、包装、运输、贮存要求，适用于符合本标准第3章定义的产品。

2　引用标准

下列标准所包含的条文，通过在本标准中引用而构成为本标准的条文。本标准出版时，所示版本均为有效。所有标准都会被修订，使用本标准的各方应探讨使用下列标准最新版本的可能性。

GB 191—90　包装储运图示标志
GB 5749—85　生活饮用水卫生标准
GB 5750—85　生活饮用水卫生标准检验方法
GB 6682—92　分析实验室用水规格和试验方法
GB 7718—94　食品标签通用标准
GB/T 8538—1995　饮用天然矿泉水检验方法
GB 10789—1996　软饮料的分类
GB 10790—89　软饮料的检验规则、标志、包装、运输、贮存
GB 17324—1998　瓶装饮用纯净水卫生标准

3　定义

本标准采用下列定义。

3.1　瓶装饮用纯净水　bottled purified water for drinking

符合生活饮用水卫生标准的水为水源，采用蒸馏法、去离子法或离子交换法、反渗透法及其他适当的加工方法制得的，密封于容器中，不含任何添加物，可直接饮用的水。

4　技术要求

4.1　水源必须符合GB 5749各项技术要求。

图5-65　中国标准服务网强制性国家标准全文界面

5.4.3　中外标准数据库

1. 数据库简介

中外标准数据库（Wanfang Standards Database，WFSD）资源来源于国家指定标准出版单位，由中国科技信息研究所万方数据加工建库。该库收录了国内外的大量标准，包括中国国家发布的全部标准、某些行业的行业标准以及电气和电子工程师技术标准；还收录了国际标准化组织标准、国际电工委员会标准、欧洲标准、美英德法等的国家标准，以及某些国家的行业标准。目前，WFSD收录中国标准、国际标准以及各国标准等共计43万余条记录。每月更新，保证了资源的实用性和实效性。

WFSD有本地镜像版和远程版两种，本地镜像版的IP地址会因单位不同而不同，远程版如图5-66所示。WFSD除了提供下载全文服务外，全部用户都可通过万方数据的网站免费检索。凡订购全文数据库的高校用户既可通过校园网中的相应链接进入，又可直接登录该库的IP地址或本校镜像服务器的IP地址进行访问，本地镜像版和远程版在文献更新频率上和检索方式上有所不同，使用时需注意，在此仅介绍远程版的使用。

2. 检索技术

目前，万方数据是一个集万方各种数据资源于一体的知识服务平台，因此，无论是标准文献还是会议文献、学位论文、期刊、机构等资源信息，检索技术、方式、方法基本一致。万方数据知识服务平台的检索技术如表5-1所示。

3. 检索方式

WFSD和万方数据知识服务平台上的其他子库一样，为了与时俱进，其检索界面不断修改。远程版2015年下半年将原来的4种检索方式合并成一种检索方式，简化了以前的检索界面，使用户使用起来得心应手、灵活便利。系统通常情况下只给出5个限定字段：题名、关键词、标准编号、起草单位和发布单位。用户不仅可输入单一检索词、PQ表达式检索，而且可根据数据库特征，自己增加检索字段，运用检索技术进行复杂检索，在此

仅介绍最新版的远程检索方式的使用方法。

图 5-66　万方数据知识服务平台

由于万方数据知识服务平台将各种字库隐现在“学术论文”旁的 ≡ 中，因此使用 WFSD 检索时，首要任务是从其平台中找出数据资源类型，用户只要把鼠标指针放在平台左上方的 ≡ 上，就会显示该平台上的各种资源类型，如图 5-66 所示，单击“标准”就可进入 WFSD 的检索界面，例如，图 5-67 所示为使用 PQ 表达式构造的“纺织品抗菌”方面的标准文献检索式。

图 5-67　万方数据知识服务平台检索界面

4．检索结果

WFSD 的检索结果如图 5-68 所示，最上栏为课题的检索表达式；次上栏可对检索结果在标题名称、关键词、年份等字段进行二次检索；左栏显示检出标准文献数量，并可进一步在标准分类、标准类型、发布日期、相关检索词中进行限定检索；纵向中栏显示检索结果的题录信息，每篇标准按文献序号、标准名称链接、标准号、数据库类型、标准来源、发布日期、标准状态、摘要、关键词等信息依次排列；右栏列有下载全文、查看全文、导出图标（ ），而对于免费使用的用户，只有导出图标。单击图 5-68 所示界面中的标题，还可显示该篇标准的详细题录信息，如摘要、全文链接、语种、分类号等，如图 5-69 所示。

图 5-68 万方数据知识服务平台检索结果 1

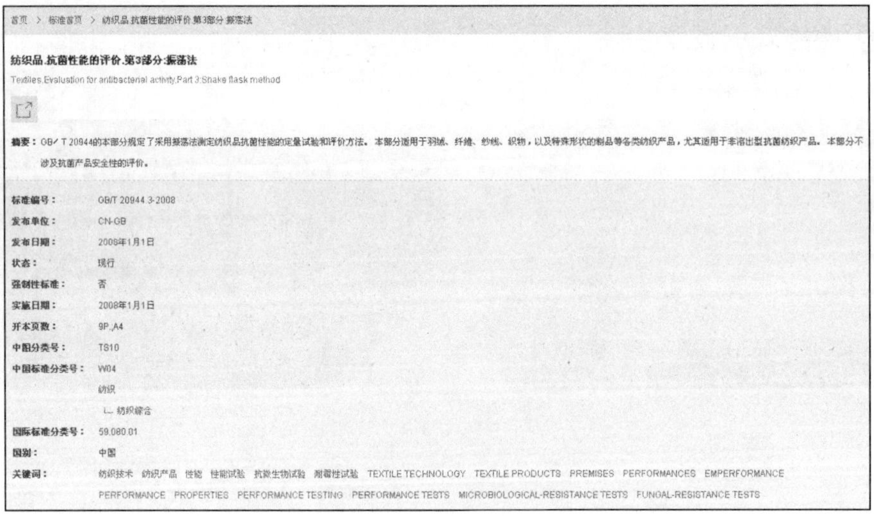

图 5-69 万方数据知识服务平台检索结果 2

【案例分析】

检索纺织品抗菌方面的标准

根据题目的要求，找出 2 个检索词，使用 PQ 表达式：题名 : 纺织品 题名 : 抗菌，如图 5-67 所示。检索结果如图 5-68 所示，其中一篇论文的详细题录信息如图 5-69 所示。

5.4.4 食品伙伴网

1. 数据库简介

食品伙伴网创立于 2001 年，目前已经发展成为国内食品技术领域的领航网站。网站根据食品技术人员的需求，开设了各种栏目，包括资讯、法规、生产、质量、检验、仪器、标准、资料、文库、图库、视频、百科、专利、数据库、学习、考试、培训、翻译、商务、公司、招商、供应、求购、行情、会展、会议等栏目，为食品技术人员提供全方位的服务。

食品伙伴网

在食品伙伴网不仅可免费下载与食品相关的国家标准、行业标准、地方标准，而且可下载一些国外标准全文，甚至下载一些与食品无关的国内外标准全文。

食品伙伴网主页如图 5-70 所示，单击最上栏的“标准”，即可对标准文献进行浏览、检索和下载，如图 5-71 所示。

图 5-70　食品伙伴网主页

图 5-71　食品伙伴网标准检索界面

2. 检索方式

食品伙伴网的检索方式有一般关键词、高级搜索、分类和按标准字母 4 种，如图 5-71 所示。利用食品伙伴网检索标准时，关键词力求简洁，最好使用单一检索词或词组，不能多个关键词同时检索，且只支持精确检索。对于标准号检索，只输入标准序号即可，标准的组织代码或标准的年代都不要输入。图 5-72 所示为使用高级搜索检索的界面。

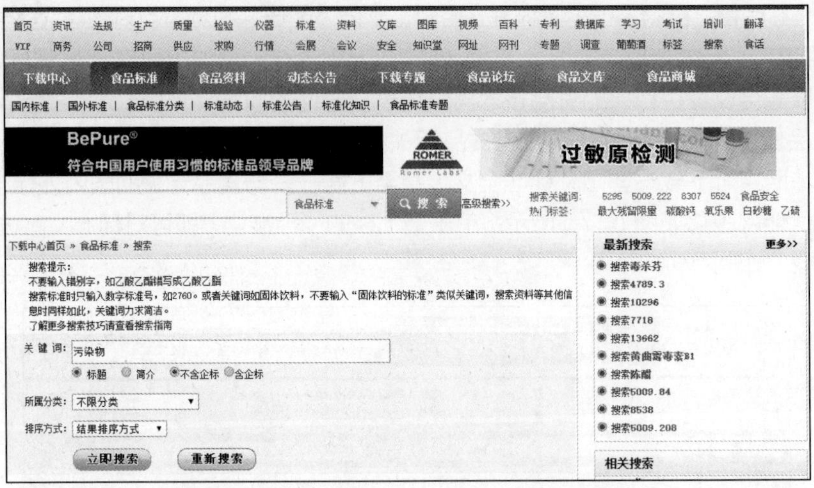

图 5-72　食品伙伴网标准的高级检索界面

3. 检索结果

食品伙伴网的检索结果分 3 部分显示，最下栏显示按标准字母检索；第二部分显示命中结果的数量；最上面的部分为命中结果的题录信息，每篇标准按标准号、标准名称链接、上传日期、标准简介等信息依次排列，对于国外标准还同时显示中文标题，如图 5-73 所示。单击标准号、标准名称链接，可看到下载该标准链接的 3 种图标：电信、网通和备用下载（见图 5-74）。单击图 5-74 所示界面中的某一下载链接图标，则可显示该篇标准的全文，且可打印、保存，如图 5-75 所示，全文为 PDF 格式的压缩文件。

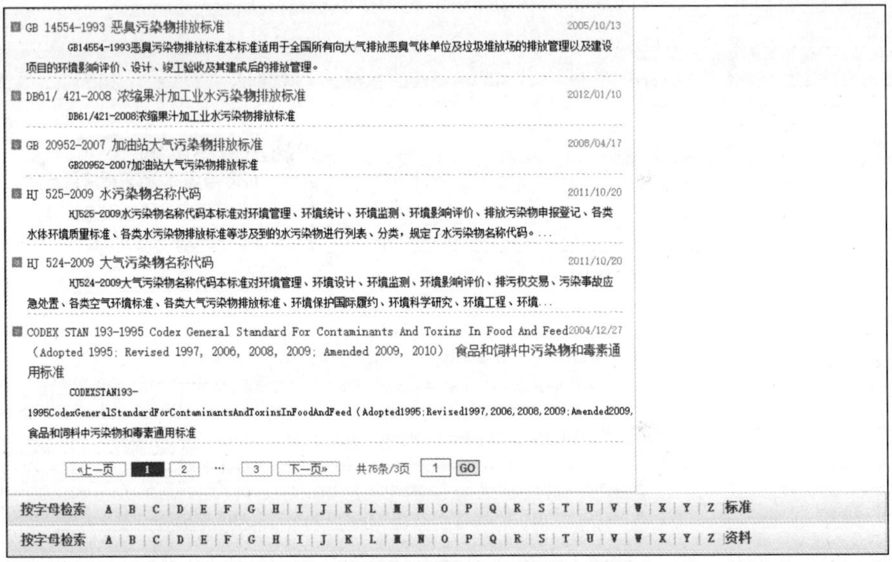

图 5-73　食品伙伴网标准检索结果界面 1

图 5-74 食品伙伴网标准的检索结果界面 2

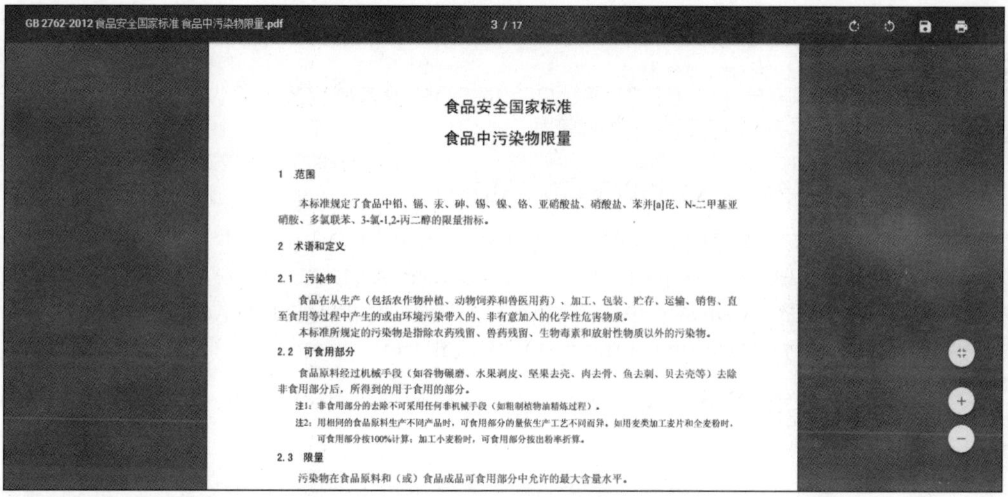

图 5-75 食品伙伴网标准全文显示界面

【案例分析】

检索有关食品污染物方面的标准

要求：网上时有媒体报道食品中某种污染物超标的信息，请用有关的国家标准确认一下食品中的污染物限量标准是多少？

解析：由于食品伙伴网只支持单一关键词或词组检索，且不支持模糊匹配，根据题意，直接使用“食品污染物”这一关键词进行检索，结果没有；只好将其拆分为两个检索词分头检索。图 5-72 所示为使用高级搜索输入“污染物”的检索界面；图 5-73 所示为检出 75 件各国标准文献的检索结果界面；图 5-74 所示为单击“GB 2762—2012 食品安全国家标准 - 食品中污染物限量”链接后的 3 种下载链接图标——电信、网通和备用下载；图 5-75 所示为该件标准的全文，在此可查到各种食品中污染物限量的指标，且可打印、保存。

5.5 小结

本章内容广泛新颖、类型复杂多样，分别介绍了学位论文检索、会议文献检索、专利文献检索和标准文献检索，重点讲述了特种文献的特点及检索方式、方法。

5.6 习题

1. 用中国学位论文数据库检索任两所大学在本专业授予的学位论文，要求写出检索方式、表达式及检出论文篇数。

2. 使用 PQDT 博硕论文库或 PQDT Open 库检索有关评论“法国作家福楼拜所写的《包法利夫人》小说”这方面的学位论文。

3. 检索本校最近两年被中国学术会议文献数据库收录的论文情况。

4. 使用 WOS 平台中的 CPCI-S、CPCI-SSH 检索感兴趣的会议文献，要求写出检索题目、检索方式、表达式及检出文献篇数。

5. 用 CPCI 系列会议录判断以下写法是否正确。

① TS=quark* OR TS=lepton* ② TS=（quark* OR lepton*）
③ TS=（quark* SAME polariz*） ④ TS=addict* AND AU=Poser
⑤ TS=addict* SAME AU=Poser ⑥ SURFACE AND INTERFACE ANALYSIS
⑦ #5 AND TI=COMPUTER ⑧（#1 OR #2）NOT #3

6. 查找本专业领域中优先权项是中国的美国专利，要求写出网址、检索方式、检索入口词及检出专利数量。

7. 查一下许重宁和张悉妮各自发明的专利，要求写出网址、检索方式、检索入口词和专利名称。

8. 检索与 ISO 颁布的题名中含有质量管理或环境管理方面的等同中国国家标准，要求写出网址、检索方式、检索入口词和检出标准的数量。

9. 利用国家标准 GB/T 21732—2008 查找苯甲酸在乳制品中的使用指标量。

10. 下载有关化妆品微生物标准检验方法方面的强制性国家标准，要求写出网址、检索方式、检索入口词和检出标准的数量。

Chapter 06

第6章 网络信息检索

前面给大家介绍的信息检索基本知识、中外文数据库及特种文献数据库，着重介绍的是学术研究方面的信息资料，是从事科学研究和论文写作的重要检索源。但有关大学公开课、精品课程、考研、求职应聘、医学科普知识、学术讨论等的文献信息在以上各种数据库中很难见到，那么该如何收集这类信息呢？

6.1 Internet 应用基础

Internet 上呈现了丰富多彩的文字、图像、视频等，那么这些信息是谁提供的，又是如何传输到用户的计算机中的呢？在这一节里，将给读者介绍相关的知识。

6.1.1 Internet 概述

Internet 是一个连通全世界的超级计算机互联网络，是全球信息中心。Internet 最早起源于美国国防部的军事研究项目 ARPANET（阿帕网），后来随着大学、科研机构的加入，从技术到规模都得到了快速发展，到 20 世纪 90 年代初期，基本发展成了覆盖全球范围的超大计算机网络。

Internet 应用基础

1. TCP/IP

TCP/IP 实际上是一个协议集合，由许多协议组成，是信息在 Internet 中的计算机之间准确无误地传送和接收的保证。在这个协议集里，最重要的两个协议就是传输控制协议（Transmission Control Protocol，TCP）和网络之间互连的协议（Internet Protocol，IP）。

TCP 保证了数据能够顺利到达目的地。用户发送数据时，TCP 负责将用户数据分解成数据包，在数据包头部加入发送和接收节点的名称及其他信息。用户接收数据时，TCP 负责将收到的数据包还原成一个文件，从而保证了发送者和接收者所看到的内容是一样的。

IP 是为计算机网络相互连接进行通信而设计的协议，主要完成两项任务：一是提供相邻节点之间的数据传送，二是为数据的传送提供路径选择。根据 IP，计算机在接入 Internet 时都有一个 IP 地址，是一台计算机在 Internet 上的唯一身份标识。有些计算机是有固定不变的身份标识的，例如，网上众多的网页服务器，而大部分终端用户的计算机都是动态的身份标识，这个动态是在一定范围内变化的，如一个用户的局域网 IP 地址段是 218.242.178.11 ~ 218.242.178.50，那么该用户在上网的时候，Internet 上的其他用户看到该用户的 IP 地址是在这 40 个地址当中变化的。

2. IPv4 和 IPv6

IP 分为 IPv4 和 IPv6 两种。使用 Windows 的用户在配置更改宽带连接属性时会发现，在属性配置栏里有两个版本的 Internet 协议，如图 6-1 所示。用户在申请 Internet 服务时要弄清服务商提供的 IP 到底是哪种类型的。

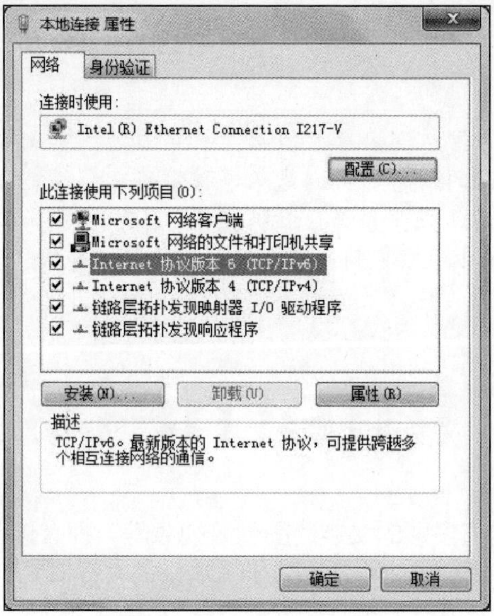

图 6-1　Internet 协议版本

（1）IPv4

目前，我国大部分上网用户使用的都是 IPv4 地址，IPv4 使用 32 位地址，因此，最多可能有 4 294 967 296（$=2^{32}$）个地址。IPv4 地址的长度为 32 位，分为 4 段，每段 8 位，用十进制数字表示，每段数字范围为 0 ~ 255，段与段之间用句点隔开，例如 159.226.1.1。IP 地址由两部分组成，一部分为网络地址，另一部分为主机地址。下面是一些特别的 IP 地址段。

- 127.x.x.x：保留地址，供测试用。
- 224.x.x.x：为多播地址段。
- 255.255.255.255：为通用的广播地址。
- 10.x.x.x，172.16.x.x 和 192.168.x.x：供本地网使用，这些网络连到 Internet 上需要对这些本地网地址进行转换。

（2）IPv6

IPv6 是互联网工程任务组（Internet Engineering Task Force，IETF）设计的用于替代现行 IPv4 的下一代 Internet 协议。IPv6 正处在不断发展和完善的过程中，会逐渐取代 IPv4。IPv6 不仅可以使每一台计算机都连入 Internet，而且可以使家用电器、传感器、远程照相机、汽车等加入 Internet 中。

单从数字上来说，IPv6 所拥有的地址容量是 IPv4 的约 8×10^{28} 倍，IPv6 支持 2^{128}（约 3.4×10^{38}）个网络地址，这不但解决了网络地址资源数量的问题，同时，也为除计算机外的设备连入 Internet 在数量限制上扫清了障碍。如果说 IPv4 实现的只是人机对话，而 IPv6 则扩展到任意事物之间的对话，它不仅可以为人类服务，而且将服务于众多硬件设备，将构成无时不在、无处不在的深入社会每个角落的真正的宽带网。

IPv6 地址的表达形式一般采用 32 个十六进制数，IPv6 地址由两个逻辑部分组成：一个 64 位的网络前缀和一个 64 位的主机地址。主机地址通常根据物理地址自动生成。

目前，IPv6 技术已经开始在我国应用，第二代中国教育和科研计算机网（CERNET2），是中国下一代 Internet 示范工程（CNGI）最大的核心网和唯一的全国性学术网，也是目前世界上规模最大的纯 IPv6 网络。南开大学、南京林业大学、重庆大学、上海理工大学等都已经将网络升级到 IPv6。

6.1.2 网络信息资源的特点

网络信息资源也称虚拟信息资源、数字化信息、电子资源，它是以数字化形式记录、以多媒体形式表达，存储在网络计算机磁存储介质、光存储介质以及各类通信介质上，并通过计算机网络通信方式进行传递的信息内容集合。简而言之，网络信息资源就是通过计算机网络可以利用的各种信息资源的总和。目前，网络信息资源以 Internet 信息资源为主，同时也包括其他没有在 Internet 上呈现，但是可以通过 Internet 传输的信息资源，如 FTP、电子邮件等。

网络信息资源经过十几年的发展，主要有以下 5 个特点。

1. 以数字化形式存储，占用空间少

信息资源由纸张上的文字转变为数字化信息存储在磁性存储介质或光存储介质上，使信息的存储、传递和查询更加方便，而且所存储的信息密度高、容量大，可以无损耗地被重复使用。以数字化形式存在的信息，既可以在计算机内高速处理，又可以通过信息网络进行远距离传送。

2. 信息种类多样

传统信息资源主要是以文字或数字形式表现出来的信息，而网络信息资源则可以是以文本、图像、音频、视频、软件、数据库等多种形式存在的，涉及领域从经济、科研、教育、艺术到生活中的方方面面，包含的文献类型从电子报刊、电子工具书、商业信息、新闻报道、书目数据库、文献信息索引到统计数据、图表、电子地图等。

3. 数量巨大，增长迅速

互联网是一个集各种信息资源于一体的资源网，由于政府、机构、企业、个人随时都可以在网上发布信息，因此，网络资源增长迅速，成为无所不有的庞杂信息源，并具有跨区域、分布广、多语种、高度共享的特点。

4. 传播方式的动态性

在网络环境下，信息的传递和反馈快速灵敏，具有动态性和实时性等特点。信息在网络中的流动非常迅速，电子流取代了纸张和邮政的物流，加上无线电和卫星通信技术的充分运用，上传到网上的任何信息资源，都只需要短短的数秒钟就能传递到世界各地的每一个角落。

5. 信息源复杂

由于 Internet 是开放的、共享共建的，因此，人人都可以在 Internet 上存取信息。

尤其是 Web 2.0 技术的推广，提供了很多的网络出版平台，使得网络出版与网上创作更加容易，但由于没有质量控制和管理机制，有些信息没有经过严格编辑和整理，良莠不齐，各种不良和无用的信息大量充斥在网络上，给用户选择和利用网络信息带来了障碍。

根据网络信息资源的这些特点，我们在使用网络资源的时候，一定要验证是否准确，以免使用了错误的信息。

6.1.3 网络信息资源的服务形式

1. 免费内容服务

Internet 上的信息资源大部分是免费的，有各种类型的免费信息，有网站直接发布的，也有网民在各种发布平台上个人上传的信息，网上可以利用的免费学术资源可以分为以下 2 种类型。

（1）按内容加工的深度可分为：一次出版信息，包括网上图书、期刊、报纸、专利、政府出版物、会议资料等；二次出版信息，包括文摘索引数据库、搜索引擎、网站导航等；三次出版信息，包括百科全书、手册指南等参考型网站。

（2）按交流方式分为：正式出版的电子图书、电子期刊、数据库、计算机软件、图书馆公共查询目录等；非正式出版的电子邮件、电子公告版、论坛、博客等。

2. 有偿内容服务

有偿内容服务主要指由电子资源提供商提供的一些大型文献数据库，一般都是正式出版的图书、期刊、文摘索引工具、参考工具书、会议录和学位论文等文献的网络版，在本书前面的章节中介绍的中文数据库、外文数据库都是 Internet 有偿服务的最常见的内容。

目前，网上的有偿内容的服务方式主要分两种。一是机构购买后提供给下辖的所有人员使用，这类服务的提供方式基本靠 IP 地址范围控制，如某大学购买了 ScienceDirect 的使用权，其所属的学生和所有的教职工都可在校园网上访问，或通过代理服务器远程访问。二是个人用户购买检索卡或设立预付费账户，获取某些电子资源网站提供的文献，如中国知网，用户注册成为其会员后，按照网站提供方式充值，就可以在任何能上网的地方下载中国知网中的学术论文，十分方便，可以随时随地使用知识资源。

6.2 网络搜索引擎

Internet 诞生不久便面临着查询难的问题，随着连入的计算机数量的增加，网上的信息量也在不断增加，信息的增加也意味着查询越来越困难，于是，就有了 Internet 初期的查询工具 Archie（为 FTP 站点建立的索引）、WAIS（广域网信息服务）和 Gopher（一个被称为地鼠的菜单式检索系统）。而真正具有搜索引擎意义的检索工具则是随着万维网（World Wide Web，WWW）的出现而诞生并迅速发展起来的，从 1994 年到 2009 年搜索引擎经历了飞跃式的发展。

网络搜索引擎

6.2.1 搜索引擎

搜索引擎（Search Engine），是利用软件自动搜索网上的所有信息，组建成自己的索引数据库，供人们检索网上信息的检索系统。每一个搜索引擎也是一个万维网网站，与普通网站不同的是，搜索引擎网站的主要资源是它的索引数据库，而非它的网页信息，因此它的主要功能是为人们搜索 Internet 上的信息并提供获得所需信息的途径。

一个完整的搜索引擎主要包括 4 部分。

1. 搜索引擎的搜索程序

搜索程序又称“采集器”和“搜索器”，用于搜索和寻找网站和网页。搜索引擎网站采用两种方式进行数据收集：人工方式是由专门的工作人员跟踪和选择有用的 Web 站点和网页，根据站点内容对其进行规范化的分类标引，建立索引数据库；自动收集数据的方式是搜索引擎网站使用 ROBOT（也称 Crawler、Spider）自动跟踪索引搜索程序，沿着万维网的超文本链接，在网上搜索新的网页信息，分析新的链接点，并建立、维护和更新索引数据库，从而保证对网络资源的跟踪与检索的有效性和及时性。

2. 标引程序

标引程序用于标引数据库中的内容，实际上标引程序并不是一个单独的程序，而是 ROBOT 的一部分功能，ROBOT 在执行完收集任务后会根据分析结果，对采集到的信息进行自动标引。ROBOT 对网页进行标引的方法是根据网页中的词频高低进行选词，即在略去只起语法作用的共用词后，一个词在文献中出现的频率越高，说明它代表该文件主题的程度越高，从而作为标引词的准确性也越高。ROBOT 进行标引时，还利用网页的 HTML 标签中的词，如网页名称标签 <title> </title>，标题标签 <head> </head>，链接点标签 <a> </a>，网页中开始几段文字 <body> </body>，ROBOT 会根据这些标签中的词来帮助选词，确定标引词。ROBOT 对网页内容是进行全文标引，分析整个网页所有词汇，依据其在网页中出现的位置和频率来确定权重。

3. 索引数据库

搜索引擎对信息的组织，是利用数据库管理系统（Database Management System，DBMS）对所采集标引的网页信息进行组织，从中抽取出索引项，形成索引数据库。数据库中的索引项基本上对应一个网页，一般包括关键词、标题、摘要、URL（统一资源定位地址）、更新时间等信息。由于各个搜索引擎的标引方式不同，针对同一网页，索引记录的内容可能相差很大。

数据库靠信息搜集模块和信息标引模块共同进行动态维护。网络处于多变的环境下，网页内容会不断地更新，网页地址会发生变化，所以，ROBOT 要对索引数据库进行及时更新、添加和删除，以保证索引数据库的准确性。

4. 检索程序

检索程序即接到提问要求后，从索引、数据库中检索资料的相关程序。一般搜索引擎的检索程序部分包括检索界面子模块、检索策略子模块、检索执行子模块和检索结果子模块。用户通过检索界面将检索提问式输入计算机，然后检索策略模块将用户的请求编制成规范化的检索式，执行模块利用检索式检索数据库，最后由检索结果模块将与检索提问式相匹配的信息进行整理组织，并反馈给用户。

Internet 搜索引擎经过十几年的发展，很多网站都发展成了综合性网站，提供的检索内容也越来越丰富，检索功能也越来越与专业文献检索系统相近，搜索引擎从基于关键词检索技术发展到基于超链分析技术，已经大大增强了搜索引擎的功能，也为用户提供了更准确的检索结果，从而节省了用户的时间。

6.2.2 百度

百度搜索引擎是目前全球最大的中文搜索引擎。它使用了高性能的“百度蜘蛛”程序自动在 Internet 中搜索信息。可定制、高扩展性的调度算法使得搜索器能在极短的时间内收集到最大数量的互联网信息。百度搜索引擎拥有庞大的中文信息库，并且还在快速增长。百度采用的超链分析技术，就是通过分析链接网站的多少，来评价被链接的网站质量，这保证了用户在百度搜索时，越受用户欢迎的内容排名越靠前。

百度目前提供的服务内容涉及工作生活中的方方面面，主要有搜索服务、社区服务、导航服务、游戏服务、移动服务、站长与开发者服务、软件工具等几十种服务内容，而且还在不断增加。

1. 百度提供的检索方式

百度提供简单检索和高级检索两种检索方式。百度的默认主页就是简单检索界面，如图 6-2 所示。百度提供的简单检索方式又包括新闻、网页、贴吧、音乐、图片、视频等多种检索页面，每种检索页面各有特点。我们可以在检索框中直接输入检索词，也可以在框中输入组合好的带有字段限定名称和算符代码的检索式进行检索。单击页面上的“更多产品”，将列出所有百度服务产品。

图 6-2　百度主页

单击百度主页面的“设置”，选择“高级搜索”即进入高级检索界面，如图 6-3 所示。高级检索提供了关键词的布尔逻辑、时间、文档格式、关键词位置站内搜索等选项。在这里特别要指出的是文件格式限定，用户可以通过此项限定，准确地查找到网上特定类型的文件，共有 .pdf、.doc、.xls、.ppt、.rtf 5 种文件格式。如果用户要检索“医学文献检索课”的课件做参考，可以在高级检索界面进行检索词输入与限定，如图 6-3 所示，检索结果如图 6-4 所示。

另外，在百度的高级检索界面，还可以对搜索的网站进行限制，也可以把搜索结果局限于某个具体网站或者网站频道。

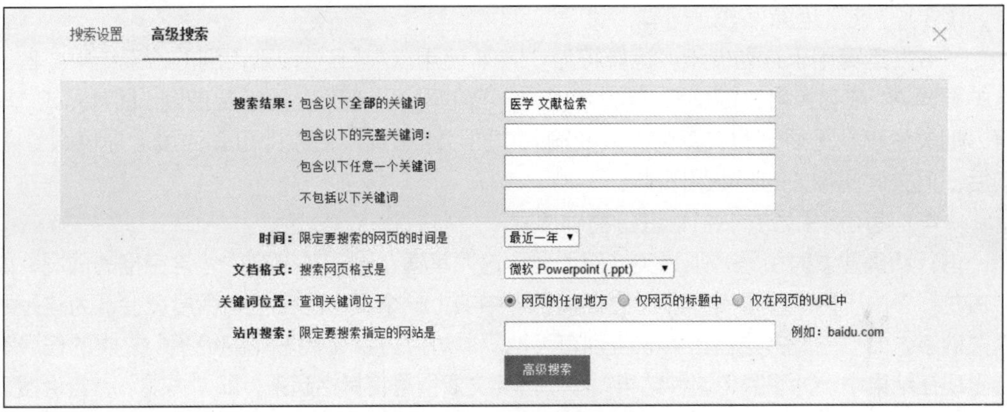

图 6-3　百度高级检索界面

图 6-4　百度检索结果界面

2. 基本检索技术

（1）“与”运算

“与”运算用于缩小搜索范围，运算符为“空格”或“+”。在使用时可以将两个检索词（或检索式）用一个空格隔开，表示进行“与”运算，也可以使用“+”将两个检索式连接起来进行运算，但需要注意的是用“+”时，其前后必须留出一个半角空格，否则检索程序在运行检索式时会将“+”作为检索词来处理。

（2）“非”运算

“非”运算用于去除特定的不需要的资料，运算符为“-”。减号前后也必须留一半角空格，语法是“A-B”。有时候，排除含有某些词语的资料有利于缩小查询范围。例如，要搜寻关于“武侠小说”，但不含“古龙”的资料，可使用如下查询：武侠小说 - 古龙。查到的资料就是指定检索项中不含“古龙”信息的资料。

（3）“或”运算

“或”运算用于并列搜索，运算符为“|”。使用“A | B”搜索得到的检索结果或者包含关键词 A，或者包含关键词 B，或者包含 A、B 的网页。例如：用户要查询“图片”或“写真”相关资料，无须分两次查询，只要输入“图片 | 写真”搜索即可。百度会提供跟“|”前后任何关键词相关的网站和资料。

（4）使用双引号或书名号进行精确搜索

进行精确搜索时引号必须是英文双引号。这尤其适合输入关键字中包含空格的情况，如“古龙”，由于网站收录其作品时会在其名字中加上一个汉字的空格，百度就会认为这是两个关键字，如“内蒙古龙首山大峡谷别有天地”“对付古墓 2 代恶龙的绝招”之类的信息都会出现在结果中。为了避免这种结果，不妨用英文双引号将其括起来，即“古龙”，告诉搜索引擎这是一个词而不是两个关键字，则结果会更加准确。用双引号可以进行整句话的精确搜索。例如，用户想在网上查一下“什么是搜索引擎”，如果直接输入这句话检索，检索程序就会把关键字确定为“搜索引擎”，那么得到的结果会将包括搜索引擎的各类信息都检索出来，数量达到上千万篇。但是，如果将这句话加上英文双引号再检索，结果不仅少了很多，而且更准确。

在百度检索中，中文书名号是作为检索词被查询的。加上书名号的查询词，有两层特殊功能：一是书名号会出现在搜索结果中；二是被书名号括起来的内容，不会被拆分。书名号在某些情况下特别有效果，例如，查名字很通俗和常用的那些电影或者小说。

6.2.3 百度学术

百度学术搜索是百度旗下的提供海量中英文文献检索的学术资源搜索平台，2014 年 6 月初上线，可检索到收费和免费的中英文期刊、会议和学位论文等学术文献，内容涵盖自然科学、人文科学、社会科学等多种学科，可以同时检索中国知网、万方数据、维普期刊、SpringerLink、ScienceDirect、Wiley Online Library 等多个中外文数据库。

1. 检索方式

百度学术搜索提供的检索方式也有基本检索和高级检索两种。基本检索界面如图 6-5 所示，高级检索界面如图 6-6 所示。在高级检索界面可以用逻辑算符 AND（包含全部检索词）、OR（包含至少一个检索词）、NOT（不包含检索词）的组配，以及精确检索、题目、作者、出版物、时间、语种的限制。

图 6-5　百度学术基本检索界面

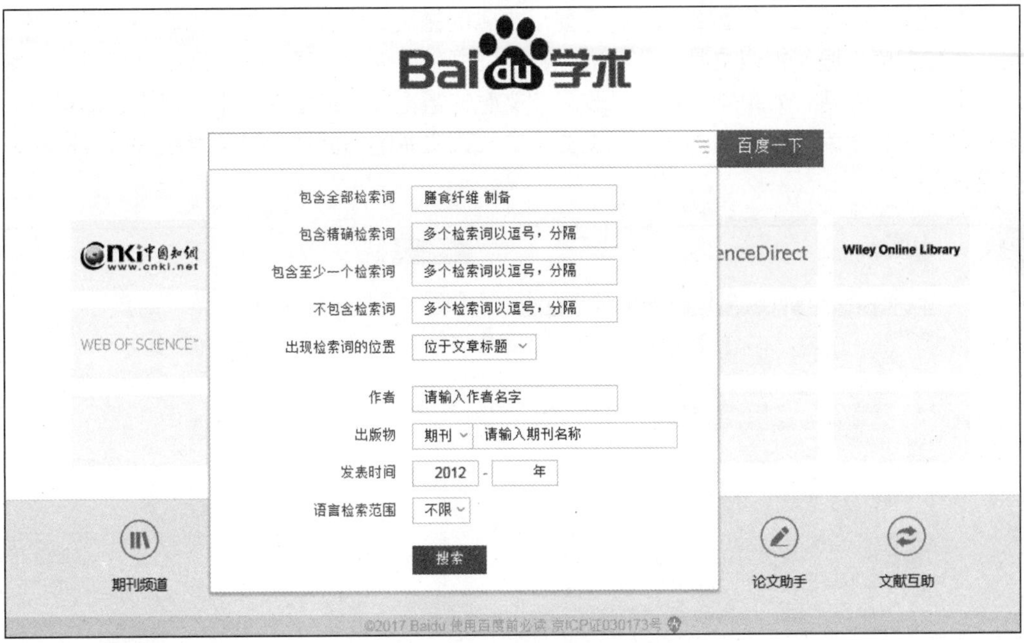

图 6-6　百度学术高级检索界面

2. 检索结果

如利用高级检索查找 2012 年以来的有关“膳食纤维制备”方面的文献，并将检索词限定在“题目”字段，如图 6-6 所示，检索结果如图 6-7 所示。检索结果分左右两栏显示，左栏为时间、领域、核心、关键词类型等的限制，可以进一步缩小检索范围；右栏显示检索出来的结果数量和题录信息，文献可以按照相关性、被引用频次以及发表时间等进行排序。其中被引量是来源于国内外的多个数据库和网站的统计结果，借此用户可以知道文章影响力情况；来源是集结了收录有该文献的多个数据库或网站。

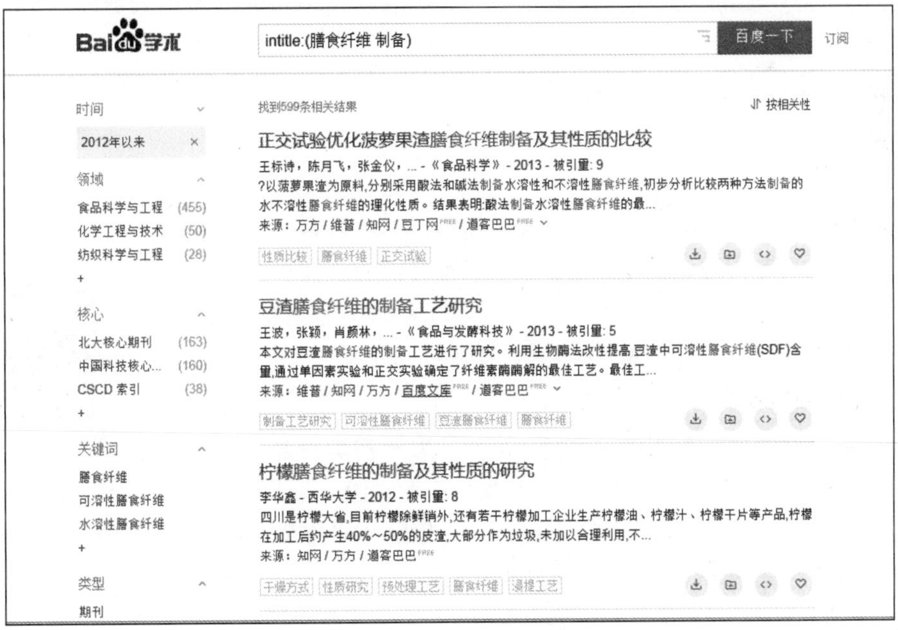

图 6-7　百度学术检索结果界面

单击文献的题目（见图 6-8），可显示文献的题目、作者、摘要、出版源、被引量、网站或数据库来源、相似文献、参考文献、引证文献等信息，通过来源网站用户可以了解该篇文献是否免费，如果学校订购了收录该文献的数据库，直接单击相关链接，即可打开该文章所在数据库的索引页面，下载浏览全文。该文献的右面还有其年度引用统计图和研究点分析。

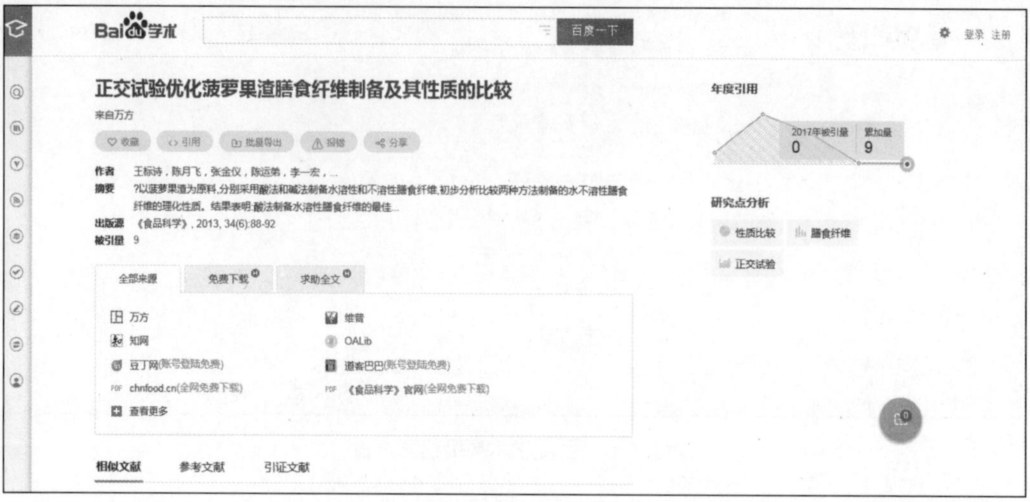

图 6-8　百度学术检索结果文献详细显示界面

6.3 常用网站介绍

虽然搜索引擎满足了我们查找信息的基本需求，但有时检索结果数量太大，真实性也需要进一步核实。还有更多的网站是专门针对某方面内容或某种特殊目的而建立的，内容可靠，信息详细全面。下面就给大家介绍几种和学习生活密切相关的专业网站。

6.3.1 教育类网站

教育网站是专门提供教学、招生、学校宣传信息及共享教材、教学资源等的网站。一般情况下教育网站的后缀域名是 edu，代表教育的意思，也有部分域名是以 com/cn/net 作为域名后缀。

常用网址

1. 中国教育在线

中国教育在线以满足各类教育需求为主，发布各类权威的招考、就业、辅导等独家教育信息。中国教育在线囊括高考频道、考研频道、留学频道、基教频道、教师频道、外语频道、培训频道等众多频道，贯穿从幼儿园到继续教育的所有教育需求，用户覆盖终身教育人群。其主页如图 6-9 所示。

图6-9 中国教育在线主页

2. 世界教育信息网

世界教育信息网是中国国际教育信息资源平台，拥有在国内权威的国际教育资源优势，面向全国各地教育行政部门及各级各类学校，为提高我国教育国际化水平，开展教育国际化理论与实践研究提供信息与技术服务，为国际教育交流与合作提供项目服务，为各级各类学校及学生提供教育国际化的产品和服务。其主页如图 6-10 所示。

图6-10 世界教育信息网主页

3. 中国大学 MOOC

中国大学 MOOC 即“爱课程”网，是中华人民共和国教育部、中华人民共和国财政部“十二五”期间启动实施的“高等学校本科教学质量与教学改革工程”支持建设的高等教育课程资源共享平台。该网站集中展示“中国大学视频公开课”和“中国大学资源共享课”，并对课程资源进行运行、更新、维护和管理。网站利用现代信息技术和网络技术，面向高校师生和社会大众，提供优质教育资源共享和个性化教学资源服务，具有资源浏览、搜索、重组、评价、课程包的导入导出、发布、互动参与和“教”“学”兼备等功能。其主页如图 6-11 所示。

图 6-11　中国大学 MOOC 主页

MOOC（慕课）含义：“M”代表 Massive（大规模），与传统课程只有几十个或几百个学生不同，一门 MOOC 课程动辄上万人，最多达 16 万人；第二个字母“O”代表 Open（开放），以兴趣为导向，凡是想学习的，都可以进来学，不分国籍，只需一个邮箱，就可注册参与；第三个字母“O”代表 Online（在线），学习在网上完成，不需要远行，不受时空限制；第四个字母“C”代表 Course，就是课程的意思。

6.3.2 求职招聘类网站

求职招聘类网站指运用互联网及相关技术，帮助雇主和求职者完成招聘和求职的网络站点，包括针对雇主的服务和针对求职者的服务，如招聘信息发布、简历下载、定制招聘专区、求职简历生成、职位搜索、薪酬查询等。

1. 应届生求职网

应届生求职网是中国领先的专门面向大学生及在校生的求职招聘网站，以大学生需求为导向，注重给大学生提供满意的网上求职服务体验，用权威、高效的专业服务做好大学生与社会的对接，除提供应届大学毕业生校园招聘信息，还提供兼职实习信息以及校园宣讲会和校园招聘会信息，覆盖上海、北京、广州等全国多个大城市。其主页如图 6-12 所示。

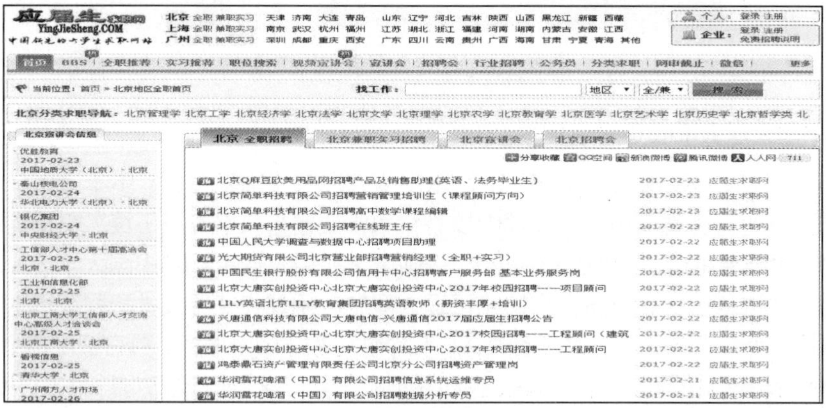

图 6-12　应届生求职网主页

2. 前程无忧

前程无忧是集多种媒介资源优势的专业人力资源服务机构，网站致力于为积极进取的白领阶层和专业人士提供更好的职业发展机会；同时，网站致力于为企业搜寻、招募到最优秀的人才。前程无忧提供报纸招聘、网络招聘、招聘猎头、培训测评和人事外包在内的人力资源服务。其主页如图 6-13 所示。

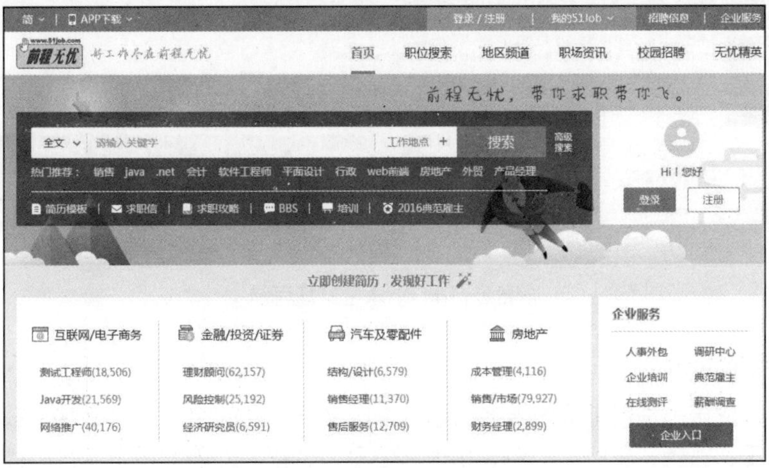

图 6-13　前程无忧主页

3. 智联招聘

智联招聘面向大型公司和快速发展的中小企业，提供一站式专业人力资源服务，包括网络招聘、报纸招聘、校园招聘、猎头服务、招聘外包、企业培训以及人才测评等，是拥有政府颁发的人才服务许可证和劳务派遣许可证的专业服务机构。

6.4 学术论坛介绍

学术论坛是一种丰富的信息资源和信息交流方式，主要形式是 BBS（Bulletin Board System），即电子公告板或电子公告栏。BBS 是一种交互性强、内容丰富的电子信息服务系统，用户在这里可以享受各种信息服务，发布信息、讨论、聊天等，依托网络强大的技术支持，成为参与者更广泛、互动性更强、讨论更自由的新型交流空间，也是网络舆论形成的主要平台。目前，论坛呈现出多元化和专题化的趋势，不同专业、不同需求的用户都可以找到自己感兴趣的论坛。下面主要介绍几个学术论坛。

学术论坛

1. 小木虫论坛

小木虫论坛创建于 2001 年，是国内具有影响力的学术站点之一，是科研工作者进行学术资源、经验交流的平台。其会员主要来自国内各大院校、科研院所的博硕士研究生、企业研发人员。论坛涵盖的内容有化学化工、生物医药、物理、材料、地理、食品、能源、信息、经管等学科，除此之外，还有基金申请、专利标准、留学出国、考研考博、论文投稿、学术求助等实用内容。其主页论坛导航如图 6-14 所示。

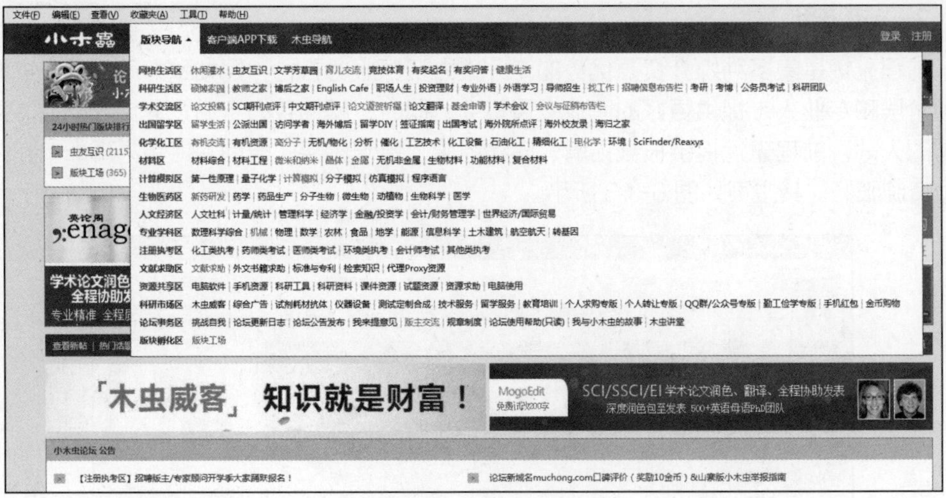

图 6-14　小木虫论坛导航

2. 零点花园论坛

零点花园论坛也是目前国内著名的学术论坛之一，设有 100 多个板块（或者栏目），涵盖化学化工、医药、生物、材料、物理、信息、经管、外语等多个学科门类；主要面向国内的科研工作者，为会员提供实验技术讨论、专业知识交流、文献检索服务、科研课题申报、考硕考博信息、会议招聘、休闲娱乐等全方位的服务。论坛的另一个特点是汇聚了一批文献检索专家，查找珍稀文献的效率很高。其主页如图 6-15 所示。

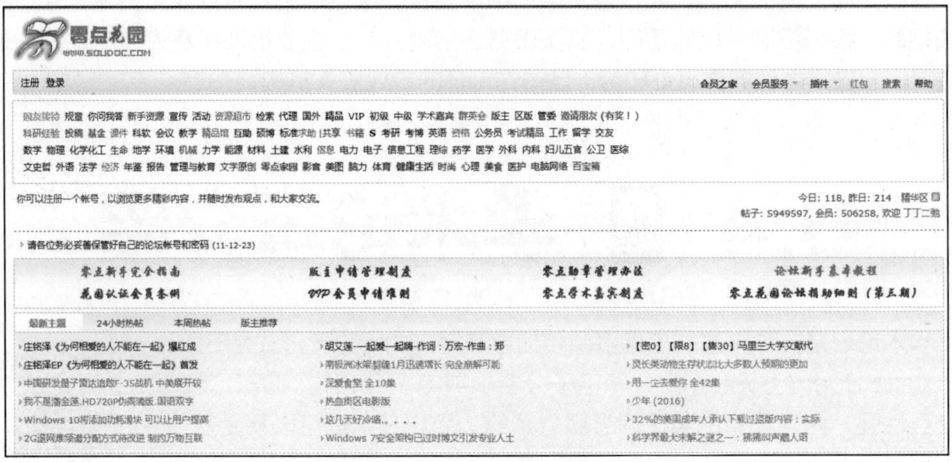

图 6-15　零点花园论坛主页

3. 丁香园

丁香园成立于 2000 年，主要面向医生、医疗机构、医药从业者以及生命科学等相关领域，是目前该行业规模较大、具有影响力的专业性社会化网络平台之一，含 100 多个医药生物专业栏目，采取互动式交流，提供实验技术讨论、专业知识交流、文献检索服务、科研课题申报、考硕考博信息等服务。目前，网站拥有丁香人才网、丁香通、丁香客、用药助手、丁香医生、PubMed 中文网、调查派、丁香会议等产品，并尝试将服务的范围扩展到大健康领域。其主页如图 6-16 所示。

图6-16　丁香园主页

6.5 开放存取资源

开放存取（Open Access，OA）是20世纪90年代在国外发展起来的一种新的出版模式，旨在促进学术交流，扫除学术障碍。它依托网络技术，采用“发表付费，阅读免费”的形式，通过自归文档和开放存取期刊两种途径，实现开放期刊、开放图书、开放课件和学习对象仓储等内容的知识共享，用户引用开放存取作品而生成新的学术成果，必须注明其来源。这部分资源的获取不以校园网为限，在可以上网的地方就可以获取，是一种对科研、工作、学习、教学都非常有帮助的资源。

开放存取资源

6.5.1 开放存取概述

1. 开放存取的定义

按照布达佩斯开放存取先导计划（Budapest Open Access Initiative，BOAI）中的定义，是指某文献在Internet公共领域里可以被免费获取，允许任何用户阅读、下载、复制、传递、打印、检索、超链接该文献，并为之建立索引，用作软件的输入数据或其他任何合法用途。

用户在使用该文献时不受财力、法律或技术的限制，而只需在存取时保持文献的完整性，是对其复制和传递的唯一限制，或者说版权的唯一作用应是，使作者有权控制其作品的完整性及作品被准确接受和引用。

“开放存取”是在基于订阅的传统出版模式以外的另一种选择，是一种新的学术信息交流的方法。作者提交作品不期望得到直接的金钱回报，而是提供这些作品使公众可以在公共网络上利用。通过数字技术和网络化通信，任何人都可以及时、免费、不受任何限制地通过网络获取各类文献，包括经过同行评审过的期刊文章、参考文献、技术报告、学位论文等全文信息，用于科研教育及其他活动。该项运动的目的是促进科学信息的广泛传播、学术信息的交流与出版，提升科学研究的共利用程度，保障科学信息的长期保存。

2. 开放存取的类别

（1）OA 期刊

OA 期刊是一种免费的网络期刊，旨在使所有用户都可以通过因特网无限制地访问期刊论文全文。在论文质量控制方面，OA 期刊与传统期刊类似，采用严格的同行评审制度。

（2）OA 存储

OA 存储也称为 OA 仓储或 OA 知识库，包括基于学科的存储和基于机构的存储。

学科 OA 存储最早出现在物理、计算机、天文等自然科学领域，多采取预印本的形式在网上进行免费的存取和检索，以供同行交流、学习。所谓预印本（Preprint），是指科研工作者的研究成果还未在正式出版物上发表，而出于和同行交流的目的自愿先在学术会议上或通过互联网发布的科研论文、科技报告等文章。基于机构的存储，是指一些学术组织开始自发地收集这些可共享的学术信息，将其整理后存放于服务器中，供用户免费访问和使用。

6.5.2 国内资源简介

1. 中国科技论文在线

中国科技论文在线是经教育部批准，由教育部科技发展中心主办的科技论文网站，该网站提供国内优秀学者论文、在线发表论文、各种科技期刊论文（各种大学学报和科技期刊）全文，此外还提供国外免费数据库的链接。

2. 中国预印本服务系统

中国预印本服务系统提供国内科研工作者自由提交的科技文章，一般只限于学术性文章。系统的收录范围按学科分为 5 大类：自然科学、农业科学、医药科学、工程与技术科学、人文与社会科学。目前，预印本系统已经并入 NSTL 网络服务系统，作者要提交或者管理个人论文，需通过 NSTL 系统首页进行登录，然后再访问预印本系统；同时，新用户的注册也要到 NSTL 首页完成。

3. 开放阅读期刊联盟

开放阅读期刊联盟所列资源，是由国内几十家期刊出版后，提供全文免费供读者阅读，或者应读者要求，在 3 个工作日之内免费提供各自期刊发表过的论文全文（一般为 PDF 格式）。读者可以登录各会员期刊的网站，免费阅读或索取论文全文。

4. 香港科技大学图书馆知识库

香港科技大学图书馆知识库，是由香港科技大学图书馆用 Dspace 软件开发的一个数字化学术成果存储与交流数据库，收有该校教学科研人员和博士生提交的论文（包括已发表和待发表的）、会议论文、预印本、博士学位论文、研究与技术报告等。

5. 中国科学院科学数据库

中国科学院科学数据库的内容涵盖化学、生物、天文、材料、光学机械、自然资源、能源、生态环境、湖泊、湿地、冰川、大气、古气候、动物、水生生物、遥感等多种学科。中国科学院各学科领域几十个研究所的科研人员共同参加了数据库的建设，此数据库汇集了中国科学院研究人员在长期的科学研究实践中积累的大量具有重要科学价值和实用意义的科学数据和资料，国内外用户都可以登录此数据库进行查询。

6. 生物信息科学数据共享平台

生物信息科学数据共享平台（Science Data Sharing Platform Bioinformation，SDSPB）是上海生物信息技术研究中心的核心部门。SDSPB 以 2006 年 12 月成立的上海生命科学数据中心为基础，目前已经逐步发展成为国内重要的生物信息科学数据共享平台和生物信息技术公共服务平台的实际载体。SDSPB 主要聚焦生命科学领域中高通量组学、系统生物学、药物研发、公共卫生、生物医药产业信息等学科的进展，定期采编和整合相关领域的最新研究进展、研究方法、数据资源以及科研新闻，从而为生命科学领域的研究人员提供全面的技术服务。

7. 北大法律信息网

北大法律信息网法规中心提供包括法律法规司法解释全库、中国地方法规库、国际法律等多种不同类型的法规数据库，提供用户所需的法规文献；此外，用户还可以通过题目、作者、全文的方式查找所需的法学文献。

8. 中华古籍资源库

中华古籍资源库是列入“中华古籍保护计划”的“中华古籍数字资源库”项目的重要成果。本数据库以保护古籍、传承文明为宗旨，使珍本秘籍为广大读者和研究者所利用，让中国传统文化精粹得到共享。

6.5.3 国外资源简介

1. 开放存取期刊目录（Directory of Open Access Journals，DOAJ）

DOAJ 是一个重要的开放平台，目前已经收录了 8 842 种期刊超过 10 万篇论文，其中有 691 种期刊可以直接检索全文，并且期刊的品种仍在不断增加。

2. 海威出版社（HighWire Press）

海威出版社是全球最大的提供免费全文的学术文献出版商之一，于 1995 年由美国斯坦福大学图书馆创立，目前已收录电子期刊 710 多种，文章总数已达 230 多万篇，其中超过 77 万篇文章可以免费获得全文。收录的期刊包括生命科学、医学、物理学、社会科学等，并可以检索 Medline 数据库收录的期刊，并浏览文摘题录。

3. 论文搜索网（Find Academies Press）

论文搜索网提供多种顶级刊物的上百篇论文，涵盖艺术与娱乐、汽车、商业与金融、计算机与技术、健康与健身、新闻与社会、科学教育、体育等各方面的内容。

4. arXiv 预印本库

arXiv 是美国国家科学基金会和美国能源部资助，于 1991 年 8 月由美国洛斯阿拉莫斯（Los Alamos）国家实验室建立的电子预印本文献库。其建设目的在于促进科研成果的交流与共享，帮助科研人员追踪本学科最新研究进展，避免研究工作重复等。目前库中包含物理学、数学、非线性科学、计算机科学 4 个学科共计 50 多万篇预印本文献。

5. The Online Books Page 在线图书

The Online Books Page 是由美国宾夕法尼亚大学教授 John Mark Ockerbloom 主

持的免费网站，最早从 1993 年开始，在网上免费提供电子图书，目前拥有超过 3 万本图书。其选书的标准严格，只有免费的、内容完整的、浏览方便的电子书才会被添加。

6.6 小结

在这一章里，我们总括了网络资源的特点及其服务形式；搜索引擎的部分，先概括了搜索引擎的定义及组成，并以百度为例介绍了综合型搜索引擎的使用，以百度学术为例，介绍了学术搜索引擎的使用；简单介绍了教育类、招聘类等网站的情况；以小木虫和零点花园论坛为例，介绍了综合型学术论坛的使用，以丁香园为例，介绍了医学专业学术论坛的使用；最后介绍了开放存取的概念和国内外开放存取的资源。大家平时要对本专业的网站、论坛及开放获取的期刊多做积累，这也是以后进行学习交流和文献获取的一种比较重要的途径。

6.7 习题

1. 利用百度搜索引擎查找最近 1 年以来发布的“信息检索课”的课件，但不包括医学信息检索的课件。

2. 利用百度学术，查找“大豆膳食纤维提取和制备工艺”方面的论文。

3. 简述网络信息资源的特点和服务方式。

4. 练习在小木虫学术论坛注册一个用户名，并在其“考研版块”中查找“2018 年经济学考研”的话题。

5. 什么是开放存取？列举几个中外文开放存取的网站。

Chapter 07

第7章 信息的综合利用

获取学术信息的最终目的是通过对所得信息的整理、分析、归纳和总结，根据自己学习、研究过程中的需要，将各种信息进行重组，创造出新的知识和信息，从而达到信息激活和增值的目的。本章将分别讲解信息收集、文献整理软件的使用、信息调研与分析、科研的选题和科研论文的写作。

7.1 信息的收集与获取

文献收集，是指利用各种不同的渠道、方法收集特定信息的过程。在科学研究活动中，从科研选题，到科学实验以及科研成果的鉴定，都离不开对信息知识的收集和利用。文献信息的收集作为一项基础性的工作，是科学研究的重要环节。快速、准确、全面地收集相关信息，并通过对信息的综合、分析，从中选出自己所需要的信息，从而指导自己的日常工作、科学研究以及论文写作，是科学研究工作者应该具备的一项基本技能。

信息的获取概述

7.1.1 信息收集的方法

1. 科研信息的收集原则

（1）针对性

信息的收集必须以用户及其特定的信息需求为基础，要针对研究课题和信息分析的目标有计划地搜集和整理信息，如政府的规划、计划、决策，科研机构的课题攻关、课题研究、成果评价、科研管理，企业的产品研制、技术开发、项目评估，甚至是个人的学习、生活规划等。

（2）新颖性

信息的利用价值取决于该信息能否及时获取，只有新颖、及时的信息才有助于准确把握科学研究的方向。因此，要以课题为中心，及时搜集和选择能够反映科学研究领域中最新研究成果的资料，以确保所收集的信息能够反映学科的研究现状和发展水平。

（3）系统性

只有系统、全面地搜集信息，才能完整地反映科学研究活动的全貌，为决策的科学性提供保障，才能顺利进行课题研究，保证得出正确研究结论。所以，获取资料应尽可能做到系统、全面，切忌片面、零散，否则会导致得出错误的结论，影响信息分析成果的质量和水平。

（4）准确性

准确性是信息收集工作的最基本的要求。在信息收集中，要充分考虑文献信息的真实性、准确性和权威性，以保证研究建立在比较客观、正确的基础上。因此，在注重文献信息收集的系统和全面的同时，要注意信息收集对象的权威性和真实性，如提供信息的机构性质，数据库、网站的权威性等，对收集到的信息要反复核实，不断检验，力求把误差减少到最低限度。

2. 信息收集方式

科技信息的收集可通过非文献资料形式和文献资料的形式获取，即非正式渠道的信息收集和正式渠道的信息收集。

（1）非正式渠道的信息收集

非正式渠道的信息收集，即非文献形式的信息直接收集过程。常见的方法有同行间实地调查和交流、参加学术会议、实物解剖等形式。同行间实地调查，包括实地了解研究进展、参观生产试验装置等，也可以通过信函或交流形式进行。参加学术会议及相关展览会的方式非常有助于了解课题已经取得的成果、发展前景及存在的问题。解剖实物，是指对实物进行解剖和分析，从中获取有关信息。

（2）正式渠道的信息收集

正式渠道的信息收集，即通过专门的工具和途径，从浩瀚的文献信息中系统地检索相关文献信息的方法，是科研信息收集的主要途径。依据信息收集的内容、性质及目的的不同，所采取信息收集的工具和方法也会不同。例如，以了解具体事件、数值和知识等为目的的信息收集，应该首先选择利用具有参考工具书性质的三次文献，如百科全书、年鉴、设计手册、学术机构指南、名人录等工具来实现；若要快速了解特定学科领域的研究动态，则应以综述性文献为主要检索对象；而对于一个科研课题，则应根据课题研究的目标要求，以一次文献为主要的检索目标，利用二次文献或者全文数据库，尽可能全面地检索相关文献。

除此之外，还可以根据信息收集的具体内容和要求，采用更有针对性的技术和方法。例如，技术攻关性质的课题，文献收集的重点通常是科技报告、专利、会议文献和期刊论文；仿制性质的课题，收集文献的重点首先是同类的产品说明书、专利说明书和标准资料，其次是科技报告和期刊等；综述性质的课题，文献收集的重点通常是近期发表的一次和三次文献；对于科研成果水平鉴定及专利信息检索，应以相关的科技成果公报类期刊、专业期刊、专利和专业会议文献为收集重点。信息收集的同时要对检索文献进行分析，找出与课题相关的核心分类号、主题词、重要的具有领先性质的专家、重要的期刊或会议等，利用这些线索再次进行检索或复查，以求尽可能全地获得相关信息。此外，还要注意收集相关公司企业的信息，必要时直接向它们索取产品样本、说明书等。

3. 在信息收集过程中需要注意的问题

（1）文献信息的收集兼顾国内外

收集文献要对国内、国外资料同样重视，不能偏废，尤其注意那些具有独创性的文献。国际资料有助于了解国际研究动态，开拓思路，但首先要注意了解国内本专业研究动态。如果不了解国情，盲目地模仿国外的做法，必然会走弯路，更不可能得到具有领先水平或突破性的科研成果。

（2）系统检索与最新文献信息相结合

运用系统的检索工具，可以较全面地收集所需文献，在检索工具的选择中，应根据实际需要，利用多种数据库进行检索，避免单一检索系统报道文献的局限性，提高查全率。此外，还要注意与课题相关的最新文献信息的收集。对于那些尚未收入到检索工具的最新文献，应随时浏览最新几期的期刊目次。

（3）重视核心期刊

期刊是重要的信息源，核心期刊是在专业范围内，刊载文献数量较多，引文率、文摘率、利用率较高，文献寿命长，专家学者推崇的期刊。在日常工作中，应精心选择几种中外文核心期刊，及时浏览和阅读。科研人员如果能结合自己专业的特点，精选和熟悉本专业的核心期刊，可以在最少的时间和精力范围内，掌握最重要和最新的信息。

（4）研究论文与综述文献相结合

研究论文，特别是具有先进性、新颖性、独创性的论文，是科学研究有所发展的标志。但我们同样不能忽视综述评论性文献的收集，这类文献往往能反映学科发展的概况和动态，对专题发展的历史、争论的焦点、研究课题之间内在的科学关系等问题，进行综合性评述，具有较高的参考价值。

（5）重视非文献形式信息的收集

非文献形式信息也称非正式交流的信息，如口头交流、报告、讲座、参观同行实验室、展览等，都可从中获得重要的信息。此外，应学会利用各类网络论坛（BBS）、聊天工具及 E-mail 等，与同行专家对一些研究工作中出现的问题随时进行探讨和研究，交流信息。也可以利用 Internet 上专业的搜索引擎，相关网址中的 News、Newsgroup、What’s New、Today’s News、Latest News、Hot Topics 等来获取最新和热点信息。

7.1.2 文献信息的阅读

阅读文献是科研工作者的基本功。明确阅读目的，掌握科学的阅读方法，有助于提高阅读效率，达到事半功倍的效果。

阅读文献的目的多种多样，一般可归纳为：科研选题、科研课题设计和课题总结；解决教学、科研、工作中具体的疑难问题；系统掌握、扩充专业知识；分析和研究某些文献资料；以及其他一些特殊目的。

比较可行的科学阅读文献的方法有以下 6 种。

（1）先浏览，后粗读，再精读

在短时间内以较快的速度阅读查到的文献及专著的大致内容即为浏览，其方法是一看题目，二看关键词，三看摘要，四看前言，五看结论。阅读文献时，往往要浏览、粗读、精读互相配合，做到粗中有细，精中有粗，区别情况，恰当应用。

（2）先国内后国外

对于查到的中、外文文献，要按文献涉及的内容，先读主题内容相同的中文文献，后读外文文献。中文文献没有语言障碍，有助于理解文章的内容，从而可以提高阅读外文文献的速度。另外，国内文献后面所附的参考文献，许多是国外资料，可进一步扩大查阅外文文献的线索。

（3）先近后远

对于检索到的文献，应首先阅读最新发表的，再追溯阅读较早年代发表的，这样可以迅速掌握当前有关专业或学科的最新研究成果及其发展动态、趋势。若已满足研究需要，可停止阅读既往年代的文献，节约阅读时间。

（4）先文摘、后原文

应根据文摘提供的信息，决定是否需要阅读原始文献，减少阅读全文的时间。

（5）先三次文献，后一次文献

若收集的文献包括综述和科研论文等一次文献，应先阅读综述，以便对有关课题的现状、发展趋势有一个全面的了解，在此基础上，根据需要阅读有关期刊论文、会议资料等。

（6）重点阅读

有说服力的数据、启发性的观点、严谨的推理，应作为重点内容来阅读。

7.1.3 信息获取的方法

如果检索到的信息不是全文，仅仅是文献线索——题录或文摘，那么就需要根据文献线索索取原文。索取原始文献时要掌握就近索取、方便快捷的原则。以下介绍一些常用的方法。

（1）利用本单位或本地图书馆的馆藏目录和全文数据库

根据检索工具提供的期刊刊名或图书的书名等线索，利用图书馆的馆藏目录来查找一次文献（原文）。

（2）利用联合目录

联合目录是提供多个图书馆图书或期刊收藏情况的目录。目前联合目录有两种形式，一是印刷型的联合目录，二是网络版联合目录。可根据联合目录提供的原文收藏地点，利用可行的方法去索取，如利用信件、E-mail 联系收藏地点的工作人员，或通过当地的同学、朋友帮助复印。

（3）与著作者直接联系

有的二次文献中提供了著者联系方式，如通信地址、E-mail 等，可以据此直接与著者联系，获取原始文献。

（4）图书馆之间的馆际互借（Interlibrary Loan）服务

馆际互借是现代图书馆重要和发达的一项服务职能。世界上任何图书馆都不能做到大而全，为了满足读者的需要，图书馆不仅要依靠本馆资源，更要依靠国内或国际其他馆的文献资源。文献资源的互借利用，在图书馆之间已达成共识。

（5）互联网上的原文搜寻

Internet 上含有大量的科技文献信息，其中也不乏原始文献，如图书、期刊论文、专利文献、学位论文、会议论文等。现在网络上的免费资源越来越多，也确实是一种行之有效的信息获取方法。

7.2 文献整理工具——EndNote Web 的使用

在科研工作中，科研人员经常需要阅读和下载大量文献，如果仅靠手工管理个人参考文献，可能会出现文献管理混乱、修改论文时参考文献需要反复修改等诸多问题，而专业化文献管理工具可以很好地帮助科研人员高效管理文献。

文献整理工具

目前常用的文献整理工具包括 EndNote、NoteExpress、RefViz

等。其他文献整理工具还包括 Reference Manager、Refworks、Quosa、ProCite、Zotero、Biblioscape，以及医学文献王、Notefirst 等。对于科研人员来说，上述工具在文献的发现、组织与管理功能方面既有相近之处，又有各自的特色，并且有的互相之间可以实现对接。这几款软件基本都可以满足科研人员文献管理的需要，可以根据个人需求选择合适的软件。

所有的文献整理工具的功能大致相同，主要如下。

- 检索：支持数以百计的全球图书馆书库和电子数据库，如万方、维普、中国知网、Elsevier ScienceDirect、ACS、OCLC、美国国会图书馆等。一次检索，永久保存。
- 管理：可以分门别类管理百万级的电子文献题录和全文，独创的虚拟文件夹功能更适合多学科交叉的现代科研。
- 分析：对检索结果进行多种统计分析，从而使研究者更快速地了解某领域里的重要专家、研究机构、研究热点等。
- 发现：与文献相互关联的笔记功能，能随时记录阅读文献时的思考，方便以后查看和引用。检索结果可以长期保存，并自动推送符合特定条件的相关文献，对于长期跟踪某一专业的研究动态提供了极大方便。
- 写作：支持 Word 和 Latex，在论文写作时可以随时引用保存的文献题录，并自动生成符合要求的参考文献索引。软件内置 3 000 种国内外期刊和学位论文的格式定义。首创的多国语言模板功能，可以自动根据所引用参考文献语言不同差异化输出。

下面主要以 EndNote 的 Web 版为例，介绍如何对文献进行有效整理。

7.2.1 注册及下载插件

1. 注册

Web of Science 用户可以免费注册 EndNote Web，注册成功后，校内外均可使用。

2. 安装插件

登录之后单击右上角的“显示快速入门指南”，可通过“使用指南”学习使用。其中的“创建”中有“Cite While You Write™ 插件”，下载后按照提示安装。插件安装之后，会在 Word 文档的工具栏中，出现与 EndNote 相关的工具按钮，方便插入和格式化参考文献，如图 7-1 所示。

图 7-1 EndNote Web 使用指南页面

7.2.2 文献的收集和导入

收集参考文献的方式有 4 种：手工输入、在线检索、从数据库直接导入和以文件的形式导入。

1. 手工输入

鼠标指针停留在图 7-1 所示界面上面一行的“收集”时，单击“新建参考文献”，在打开的页面里可以把文献题目、出版年、作者等信息手动输入相应字段。其中“参考文献类型”可以通过下拉菜单进行选择，如图 7-2 所示。

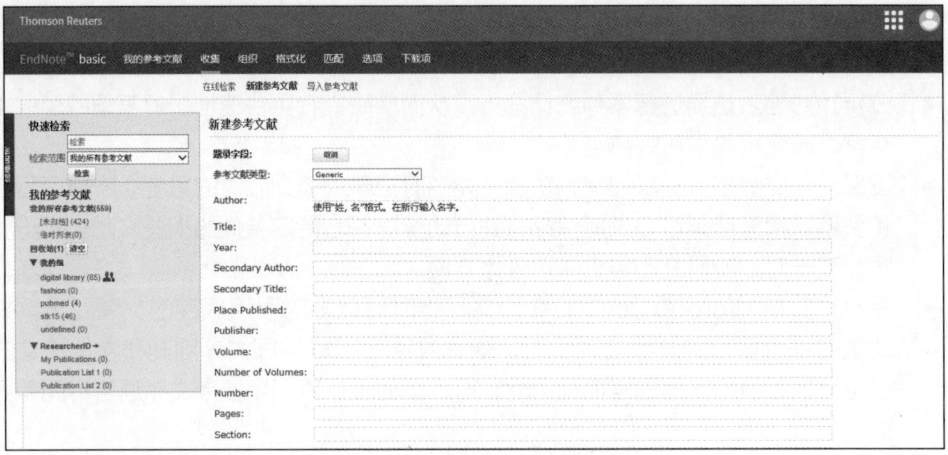

图 7-2 新建参考文献页面

2. 在线检索

鼠标指针停留在图 7-1 所示上面一行的“收集”时，单击“在线检索”，分 3 步完成。

第 1 步，先单击“选择收藏夹”，选择数据库之后，复制到收藏夹，“我的收藏夹”中最多添加 25 个数据库。这时点开选择的下拉菜单后，会出现刚才复制到“我的收藏夹”中的数据库，选择其中一个数据库，如图 7-3 所示。

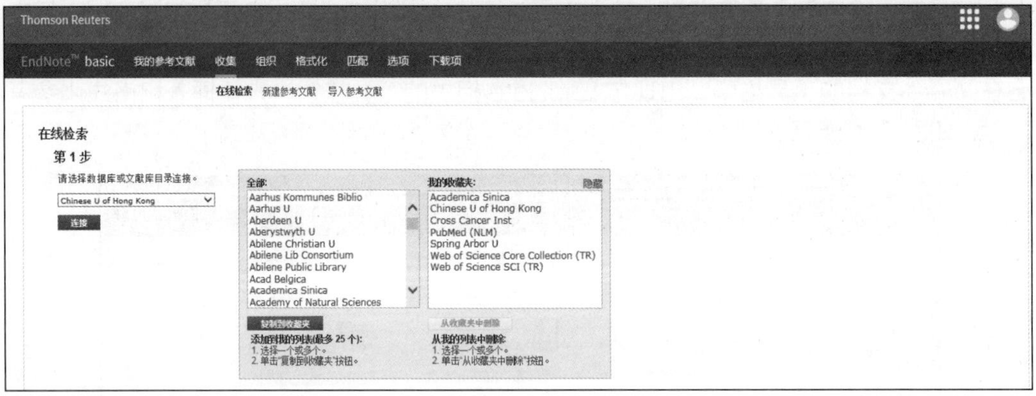

图 7-3 在线检索第 1 步

第 2 步，单击图 7-3 所示界面中的连接，连接到数据库后，出现检索界面，输入检索词，如图 7-4 所示。有些需要订购才能访问的数据库，在进行连接后，会出现登录页面，登录后才能进行检索。

图 7-4 在线检索第 2 步

第 3 步，单击图 7-4 所示界面中的“检索”按钮后，出现检索结果页面，勾选所需要的文献，选择“添加到组”里面的某一个组或新建组，如图 7-5 所示。

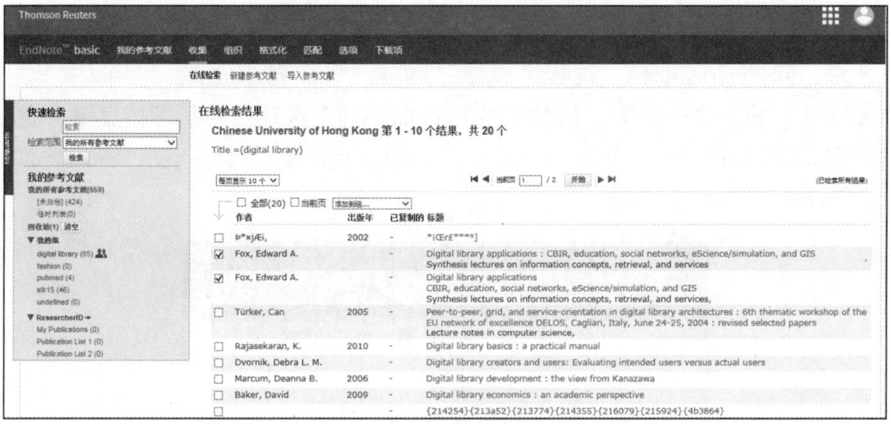

图 7-5 在线检索第 3 步

3. 从数据库直接导入

如打开 Web of Science 数据库的主页，按照要求进行检索，在检索结果页面勾选文献后，单击页面上方的“保存至 EndNote Online”，所选择文献即添加到 EndNote Web 中，如图 7-6 所示。

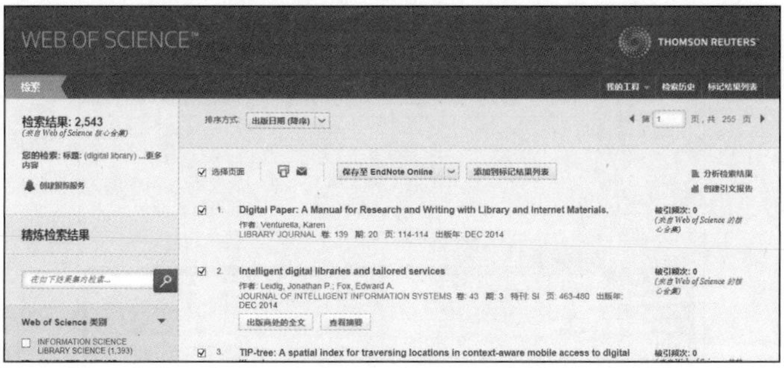

图 7-6 从数据库直接导入

4. 以文件的形式导入

下面以 ScienceDirect 数据库为例进行说明。

第 1 步，打开 ScienceDirect 数据库进行检索，在检索结果页面，选择文献，导出时格式选择为 RIS 格式，内容包括题录和摘要，输出生成文件，如图 7-7 所示。

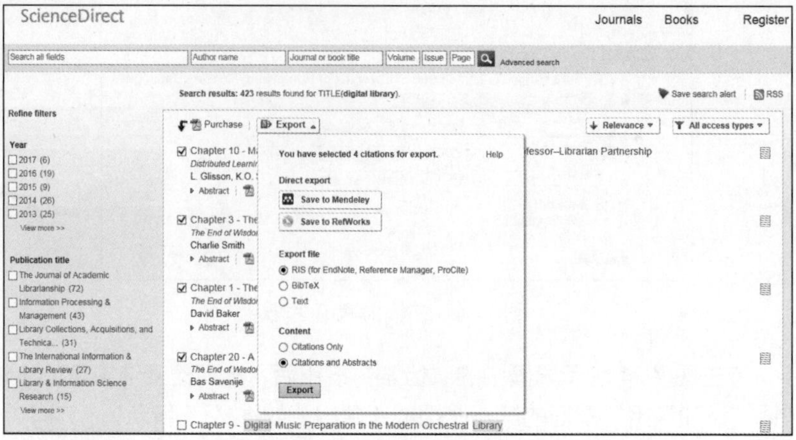

图 7-7　在 ScienceDirect 数据库检索后输出检索结果页面

第 2 步，回到 EndNote，选择“收集”中的“导入参考文献”；单击“浏览”按钮，选择刚才下载的文件打开。最关键的是选择“导入选项”，从下拉菜单中选择相应的数据库名字，如本结果是从 ScienceDirect 数据库中检索的，则在“导入选项”找到 ScienceDirect，选择保存位置后导入，如图 7-8 所示。

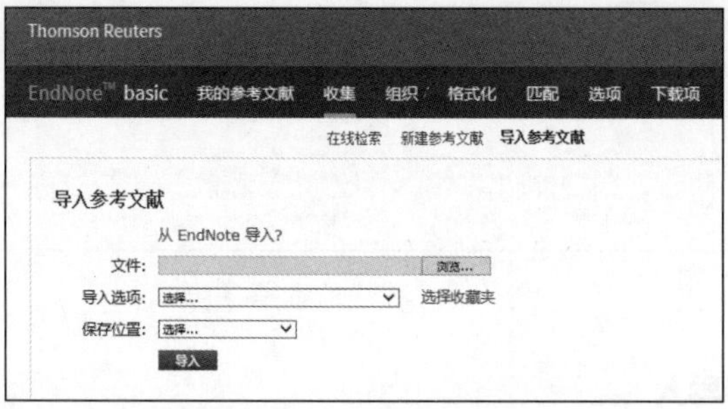

图 7-8　在 EndNote Web 中导入参考文献页面

再以万方数据库为例，打开主页进行检索；在检索结果中勾选文献并导出；在左栏的格式中选择 EndNote，然后导出生成文件，如图 7-9 所示。

图 7-9　在万方数据库导出文献页面

同样打开 EndNote，如图 7-8 所示，单击“收集”/“导入参考文献”/“浏览”，打开下载的文件，同样最关键的是选择“导入选项”，因为当时保存文件时选择的是 EndNote 格式，所以导入选项应该是 EndNote Import，然后单击“导入”按钮。

7.2.3 文献的管理和共享

1. 管理我的组

首先选择“组织”，单击“管理我的组”，包括“新建组”“管理共享”“重命名”和“删除”几个功能，如图 7-10 所示。其中，单击某一组后面的“管理共享”按钮后，按照提示输入其他人的邮箱账户，应用之后，即允许他人看到自己本组的文献。

文献的管理和共享

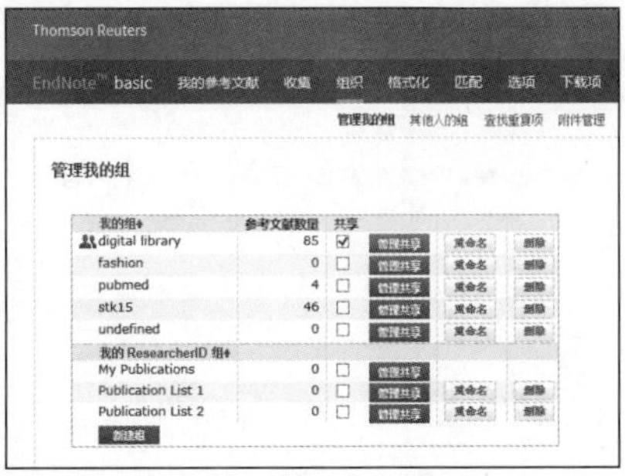

图 7-10　管理我的组页面

2. 与他人的组共享

在别人进行了同样的共享设置后，即可以浏览到其在 EndNote Web 里共享组的文献。

3. 查找重复项

单击“查找重复项”功能后，我的 EndNote Web 中所有重复文献会明显标示出来，单击“删除”按钮，即可删除重复文献。

4. 附件管理

首先要添加附件，如把数据库中的文献，与下载下来的全文进行关联，即把全文作为附件添加，操作步骤为：在数据库中选择要添加附件的文献，单击其题目下方的曲别针图标，再单击添加文件，如图 7-11 所示，根据提示选择自己要上传的文件，最多可允许上传 5 个附件。上传成功后，该文献题目的曲别针图标即由灰色变为蓝色。之后在组织的管理附件中，即可看到所有上传的附件，从而进行删除等管理。

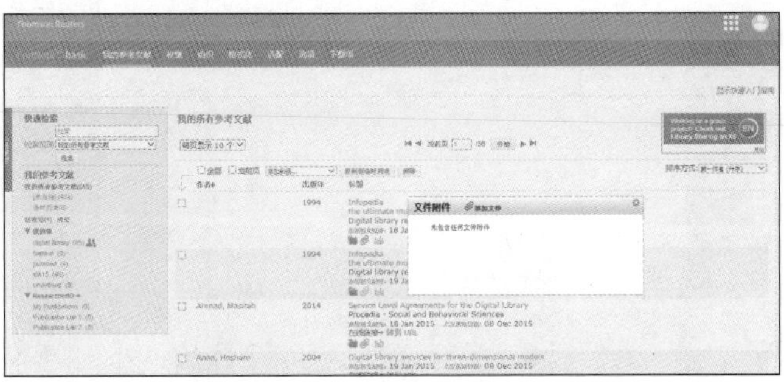

图 7-11　添加附件页面

7.2.4 论文撰写

文献整理工具可与 Microsoft Word 相嵌合，用户创建好 EndNote 数据库后，撰写论文时能够随时从 EndNote 中调阅和检索相关文献，并将需引用的文献按照期刊要求的格式编排在参考文献处。

1. 插入参考文献

在 Word 文档里单击与 EndNote 关联的工具栏中的“查找”按钮，在弹出的对话框中输入要插入参考文献的题目或作者姓名等信息，单击“Find”按钮后，选中显示出来的文献，单击“Insert”按钮，即插入成功，如图 7-12 所示，在文章正文中自动形成序号，在文章最后的参考文献中也自动形成该篇文献的题录。

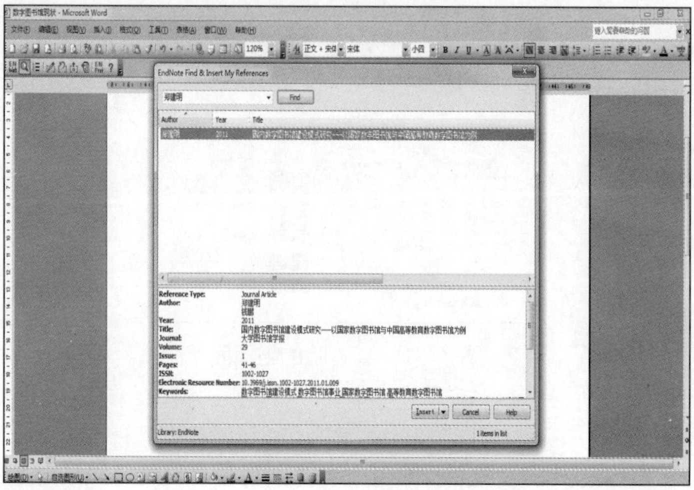

图 7-12　在 Word 文档中插入参考文献

2. 删除参考文献

通过 Word 工具栏中的“编辑和管理引文”按钮，找到要删除的参考文献，单击“Cancel”按钮即可，如图 7-13 所示。文献被删除后，正文中和文后参考文献序号均做相应的调整。

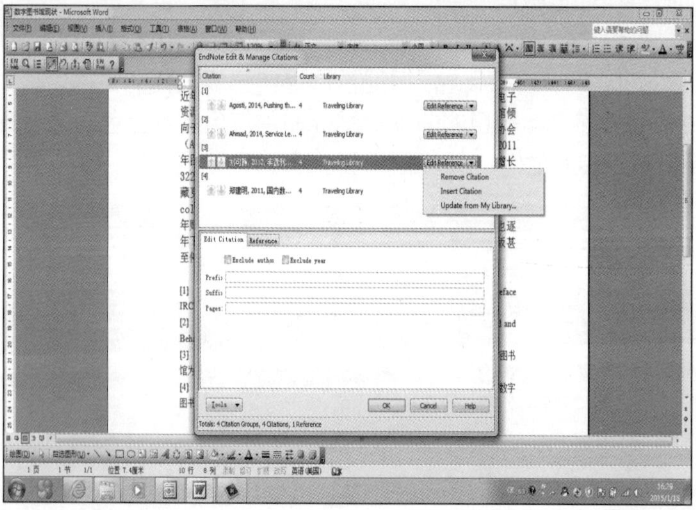

图 7-13　在 Word 文档中删除参考文献

7.2.5 论文参考文献格式化

单击 Word 文档工具栏中的格式化按钮，在弹出的窗口中通过下拉菜单选择期刊名字，自动形成该期刊所要求的参考文献格式，如图 7-14 所示。

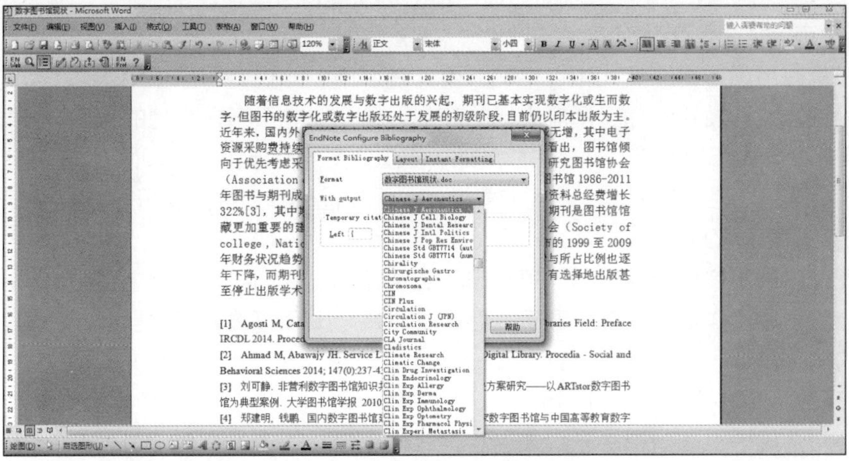

图 7-14　在 Word 文档中格式化参考文献

7.3 信息调研与分析

信息调研与分析是科研人员围绕特定地区、特定范围、特定环境或特定课题的科学研究需要，在广泛收集文献信息和实际调查的基础上，对所获得的信息采用科学方法，进行整理、分析、判断、综合，而得出的科学研究动态的评价性报告，包括既往研究状况的总结和未来研究。

信息调研与分析

7.3.1 信息调研

1. 信息调研的内容

信息调研的内容大体上可归纳为以下 8 个方面。

（1）科学情报调研

科学情报调研包括两个方面的内容：一是基础科技信息调研，二是科技政策、科研方法和科研组织管理的信息调研。

（2）技术信息调研

技术信息调研包括某种技术的沿革和技术原理，某种技术国内与国外先进水平的差距，本地区与国内先进水平的差距，本部门与国内同行业先进水平的差距，技术应用的条件和范畴，技术推广情况及实验手段等。

（3）技术经济信息调研

科学技术的推广和应用，首先要考虑其经济效益和社会效益。技术经济信息调研的核心是对一项技术决策进行经济评价，包括技术上的可行性、先进性以及经济上的合理性。

技术经济信息调研包括经济效果评价和社会效果评价两个方面。

（4）产品信息调研

产品的发展方向，直接关系到企业的前途与命运，因此，产品信息调研是一个企业要面临的重要课题。产品信息调研包括国家的技术、经济政策，市场情况的调查和预测，原材料供应情况的调查，同行企业技术水平和研制能力的分析调研等。

（5）市场信息调研

随时掌握市场行情的变化和价格的涨落，并且通过分析调研以预测未来的动态，不断改进产品性能或开发新产品，适应市场的变化，是企业立于不败之地的根本。市场信息调研的内容广泛，如市场动态、产品生命周期、本企业产品市场占有率调研、产品销售地点、产品用户心理、产品广告设计、市场的多样化、季节性和稳定性的调研等。

（6）管理信息调研

管理信息调研包括微观管理信息调研和宏观管理信息调研。前者主要是与科研机构、生产企业的管理工作有关的信息调研；后者主要是与国民经济发展的目标、计划、方针政策有关的信息调研。

（7）政策和法规信息调研

政策和法规信息调研指关于科技、经济总体政策，能源、环保、卫生、安全、金融、进出口贸易等方面的政策法规等的信息调研。

（8）预测性信息调研

预测性信息调研主要是探讨某项产品、某项技术、某个问题的发展趋势和发展规律，预测今后一个时期内的发展动向，并给予评价和做出预测性的结论，包括发展规律、影响发展的因素以及各环节之间的关系变化等。

2. 信息调研的基本程序

信息调研同其他科学研究的课题实施步骤一样，都要经过立题、制订调研规划、收集所需资料、信息价值的判断整理和综合分析、撰写调研报告等步骤。

（1）信息调研课题的确立

确立信息调研课题，即确定科学研究的对象、中心内容和目的。这是研究工作的起点，是关系到课题成功与否的关键。在课题的选择过程中，需要遵循科学性、实用性、可行性、效益性、计划性、先进性等原则。

（2）制订课题调研计划

课题确立后，为了保证科研课题的顺利进行，需要制订详细周密的调研计划，以了解和掌握课题研究的性质、内容、范围、主攻方向与技术路线、方法设备等。其主要内容包括课题说明、拟定详细的调研大纲、人员和调研时间步骤的合理组织。

（3）信息资料的搜集

信息调研主要从科技文献入手，通过对大量文献资料的搜集以及对日常学术信息的积累，用分析判断的方法，得出相应的结论。广泛搜集课题所需的信息资源是信息调研的重要条件。搜集文献信息的方法和途径有很多，除了本章 7.1.1 小节提到的文献收集方法以外，还包括实地调查和定题跟踪。

（4）信息价值的判断、整理和综合分析

获得信息资料后，通常需要对信息的价值进行可靠性、新颖性、适用性、典型性评价，以判明适用程度。

通过各种途径收集的信息，经过评价之后，还必须经过一定方式和层次的加工整理，在内容上加以浓缩，在形式上使之条理有序，具有系统性，然后运用逻辑思维和必要的数学方法，进行综合分析和研究。

（5）撰写信息调研报告

信息调研工作是通过对调研对象的观察、分析、判断、综合，最后提出的有事实、有分析、有观点、有建议的调研报告，即调研成果总结。信息调研成果必须以书面的形式反映出来。调研成果要依据大量的可靠数据和理论依据，采用严谨的逻辑论证方法得出，包括调研结果、结论、改进建议及科学的预测，供上级部门或科研人员参考和借鉴。调研报告反映了信息调研工作的质量。

7.3.2 信息分析

信息分析是信息调研过程中非常重要一步，是一种对信息定向选择和科学分析的研究活动，即按特定的需要有目的地对信息进行深度加工的过程。所谓信息加工的过程，就是对信息进行鉴别、评价、筛选、揭示、整序、分析、提炼、组织、综合研究，使信息从无序到有序，给信息重新定位的过程，从而达到去伪存真、净化信息环境、排除信息干扰的目的。

信息分析的方法很多，但主要可以归纳为两大类，定性分析和定量分析。定性分析是在逻辑分析、判断推理的基础上发展起来的，是传统的信息研究的主要方法。定量分析是运用数学方法对研究对象的本质特征进行量化描述与分析的方法，但这两种方法只是信息分析研究的两个方面，具体方法的运用要根据具体研究内容而定，必要时可以将两者结合运用。下面介绍几种常用的基本方法。

1. 对比分析法

对比分析法是对所收集的资料进行比较、鉴别、判断的一种方法，是信息调研中经常使用的一种方法。在信息研究中，常见的比较对象有：科学研究水平、发展特点的对比；社会发展的条件及历史背景的对比；某一学科或技术发展历史和现状的对比；技术方案和决策方案的对比；市场需求与销售情况的对比等。根据不同的标准和角度，对比法主要可归纳为纵向对比法和横向对比法。

（1）纵向对比法：对同一事物不同时期的状况进行对比，认识事物的过去、现在和未来发展趋势，提示事物的发展过程。

（2）横向对比法：对不同国家、地区、部门的同类事物进行对比，找出差距，判明优劣。这种方法主要用于同时期内科学研究、科学技术、管理决策等方面水平的比较。

对比分析法通常采用 3 种方式进行对比，即数字对比、图示对比和描述对比。应用对比分析法必须要注意在时间、空间范畴等方面的可比性，防止认识上的片面性，避免表面化。

2. 相关分析法

利用事物之间或者其内部各个成分之间的关系，如现象与本质、原因与结果、目标与途径、事物与条件等，通过对这些关系进行分析，从一种或几种已知的事物来判断或推算未知的事物，这就是相关分析法。相关分析法涉及研究对象的质和量两个方面，因此它包含定性分析和定量分析两项内容。这种分析方法的特点是由此及彼、由表及里、应用广泛，尤其适用于军事技术、专利及其他难得到的技术情况的研究。

3. 分析综合法

分析综合法是把研究对象分解，把复杂的事物分解成各种简单因素或若干阶段，分别加以研究，从而获得对事物本质的认识，再通过综合的方式，把事物的各个部分、要素进行归纳整理形成对事物整体认识的逻辑方法。

4. 文献计量法

文献计量法是从定量角度研究文献及其特征的发展规律的科学，包括文献计量法、引文分析法和词频分析法。

5. 专家调查法

专家调查法是以专家作为索取信息的对象，依靠专家的知识和经验，通过专家调查对问题做出判断、评估和预测的一种方法。专家调查法应用比较广泛，在一些数据缺乏或没有的情况下，专家的判断往往是唯一的评价根据。专家调查法又可分为专家个人调查法、专家会议调查法、头脑风暴法、德尔菲法。德尔菲法又称规定程序专家调查法，是由调查组织者拟定调查表，按照规定程序，通过函件分别向专家组成员征询调查，专家组成员之间通过组织者的反馈材料匿名地交流意见，经过反复几轮意见征询和信息反馈，使专家们的意见逐渐集中，最后得出比较一致的结论。德尔菲法是一种广为适用的研究预测方法，并逐步成为一种重要的决策工具。

6. 趋势外推法

趋势外推法就是把事物发展的已有的趋势延伸到未来，对未来做出预见的推理方法。

7.4 科研的选题

科学研究，是探求客观事物本质和规律性的活动。它的内容是观察新的现象，发现新的规律，创造新的理论、新的发明和新的产品。而科研选题是科学研究中首先必须面临的问题，也是科学研究关键性的一步，一个科研课题选定的恰当与否，直接关系到以后的研究成功与否。对于科研人员来说，一个好的科研课题的选定，不仅需要相当的知识储备、科学素养以及丰富的想象力，同时也要懂得课题的来源、选题的方法和原则等知识。

7.4.1 科研选题的基本原则

科研选题是一个复杂和艰巨的环节，也是创造性的思维过程。科学研究的目的是探求未知现象，发现和研究事物的发展规律，促进科学技术的发展和社会的进步。所以，创新性、科学性、可行性是科研选题首先应该遵循的原则，而需要性原则是科研选题实现其价值的意义所在。

（1）创新性原则

科学研究的灵魂在于创新，具有创新性的课题应该是具有新颖性和先进性的课题，即别人没有提出过、没有解决，以及没有完全解决的课题，把别人尚未解决的问题作为自己的研究起点，避免简单重复别人已经做过的研究。

（2）科学性原则

科学研究目的是探求客观事物的规律性，科研立题要符合自然界、社会、思维以及其他客观现实的规律和本质，选题要具有一定的科学理论根据和科学事实根据，切不可主观臆想，想当然地违背科学与实际。

（3）可行性原则

选定课题要切合实际，要充分考虑研究所需的设备条件、课题组人员的科研水平与能力，以及课题是否已具备研究基础。要充分考虑研究对象和研究环境的主客观条件，在注重研究课题的创新性和科学性前提下，课题一旦实施，能否顺利完成同样不应忽略。

（4）需要性原则

选定的课题要符合社会、生产和科学发展的需要，即科研课题要具有现实的意义和价值，包括经济价值和社会价值。也就是说，科研课题要符合经济发展的需要和政治、军事、文化教育等方面的需要。

7.4.2 科研选题的来源

1. 指令性课题

指令性课题指上级部门下达的课题任务。国家、省市及各种学术团体会定期提出许多科研课题，如国家的重点规划课题、年度课题，这些课题一般具有较重要的理论意义、现实意义，是选题的重要来源，具体包括国家自然科学基金、政府管理部门科学基金、单位科学基金等。指令性课题通常被称为纵向课题。

2. 委托课题

委托课题是受相关部门委托的课题，目的是借助受委托单位的技术和人才优势进行新产品、新技术和新方法的开发和研制，如工厂企业委托高校完成的科技攻关项目。

3. 自选课题

自选课题指研究人员通过自己的科研活动和日常工作而产生和形成的研究课题。常见的选题如下。

（1）从实践中获取选题

人们在现实生活和社会实践工作中会遇到各种各样的问题，需要我们去研究、探索，寻求解决问题的办法。大至世界政治、经济、文化艺术，小至日常生活中的吃穿住用行，选题的内容极为广泛，只要深入探索，就会发现有许多值得研究的课题。

（2）文献记载中获取选题

一些科学研究者在他们的研究过程中，会遇到或者发现理论上或者实践上的某些问题，但由于受当时的科学技术水平、理论知识，以及所处的环境、研究条件或专业知识结构的限制而无法解决；或者研究者对研究中发现的某些现象提出了一些假说，这些问题会被记载在文献中。所以，科研人员可以根据文献的记载，结合自身的研究基础，选择研究课题。

（3）从学术交流和学术争鸣中获取选题

学术交流指同行专家对某一特定的学术问题，在研究方法、结果和存在的问题等方面所做的探讨、交流。而研究人员对于某些学术问题会从不同的角度观察、研究和评价，从而会有不同的学术观点，这些不同学术观点之间的碰撞则为学术争鸣。学术交流和学术争鸣对于科研课题的选择非常有意义，研究人员可根据学术交流和学术争鸣中谈到的问题所涉及的某些事实与理由中发现问题，从中选定自己的研究课题。

（4）从学科交叉、渗透中获取选题

学科的交叉、渗透是科学在广度、深度上发展的一种必然趋势，科学的交叉和渗透必然导致新的学科以及新的研究领域的诞生，如比较学科、边缘学科、软科学、综合学科及超科学等。

（5）从直觉思维、意外发现中选题

科研人员对研究对象富有浓厚的探索兴趣，也是科研选题的一个重要来源。大量值得研究的选题，首先表现在各种社会现象和偶然事件中。这时，选题常常得益于科研人员的想象、灵感、直觉，以及对这些直觉、现象的思维和捕捉。例如，詹纳（Edward Jenner）由挤奶女工不患天花的现象，研究和发现了预防天花的牛痘疫苗。另如，郭沫若在对郑成功事迹的追踪调查中，意外发现了郑成功铸造的钱币，使中国自铸钱币的历史向前推进了将近200年，并进一步发现了郑成功的财政政策和复国宏图，推进了晚明史的研究。

7.5 科研论文的写作

科研论文，是科研工作者对自己开展的科学研究工作成果的论述性文章，是阐述原始研究结果并予以公开发表的文字性报告。科研论文是科学研究的手段和继续，同时也是表述科研成果、进行学术交流的一种工具。它是以科研成果为对象，采用科技语言、科学逻辑思维方式，并按照一定的写作格式撰写，经过正规严格的审查后公开发表的论文。撰写科研论文的目的是报告自己的研究成果，说明自己对某一问题的观点和看法，接受同行的评议和审查，以图在讨论和争论中接近真理，揭示自然界和社会的发展规律，推动社会的进步。

科研论文的写作

7.5.1 科研论文的主要表现形式

科研论文根据其不同的属性，可划分为不同类型。按其所属的总体学科门类，可将其划分为社会科学论文、自然科学论文、哲学论文等。按其论述的内容，可将其划分为研究报告、理论性研究论文、专题性研究论文、综述性论文等。按作者写作目的的不同，又可将其划分为学术论文和学位论文。

1. 学术论文

中国国家标准GB 7713—87对学术论文的定义："学术论文是某一学术课题在实验性、理论性或观测性上具有新的科学研究成果或创新见解和知识的科学记录；或是某种已知原理应用于实际中取得新进展的科学总结，用以提供学术会议上宣读、交流或讨论；或在学术刊物上发表；或作其他用途的书面文件。"从表现手法上看，科研论文是以议论和说明为主的议论文体，作者通过论文直接表达自己对客观事物的认识，推断事物的正确与错误，揭示事物的本质特征。

学术论文按其性质可以划分为学术性论文、技术性论文和综述性论文。

（1）学术性论文

学术性论文是科研工作者在其研究领域中，通过严谨规范的科学研究取得的研究成果，是一种原创性论文，例如新的学术观点的阐述，新的理论的论证，新的科技发明，新的科学发现以及某项重大的科学难题的突破等。这类论文以学术研究为主，其特点是具有创新要素，是科学有所前进的标志。

（2）技术性论文

技术性论文是工程技术人员在已有的科学理论、技术成果的基础上，为解决设计、工艺、设备、材料等具体技术问题而取得的研究成果的书面总结，为应用性研究论文，内容重点在于技术上的直接应用，是理论与实践的相印证。

（3）综述性论文

综述性论文是作者针对国内外某一新的学科领域，或者某一学科专题的科学研究进展或动态，在阅读大量的尽可能全的相关研究论文的基础上，经过自己深入的分析和综合，做出有价值的总结而写成的论文。综述性论文如果包含了作者对相关内容所做的推断、评价和预测，称为述评。这类文章能使读者在短期内了解某问题的历史、现状、存在的问题、最新成果以及发展方向，可以节约科研工作者查阅专业文献的时间，并帮助选择科研方向、寻找科研课题等。

2. 学位论文

学位论文是作者用以申请相应的学位而撰写的论文。国家标准 GB 7713—87 对学位论文所做的定义是："学位论文是表明作者从事科学研究取得创造性的成果或有了新的见解，并以此为内容撰写而成、作为提出申请授予相应的学位时评审用的学术论文。"与一般研究论文不同，学位论文的目的是展示作者的知识水平和研究能力，论文中要求详细地介绍课题的研究历史、现状、方法和具体的实验研究过程等，注重强调论文的系统性。学位论文按层次又可分为学士论文、硕士论文和博士论文。

（1）学士论文

学士论文可以是学术论文、调查报告，也可以是技术总结、技术设计等。这种论文一般只涉及不太复杂的课题，论述的范围较窄，深度也较浅。学士论文一般还不能作为科技论文发表。

（2）硕士论文

合格的硕士论文应能表明作者已经掌握了扎实的学科基础理论和系统的专门知识，掌握了某一方面的研究方法和技能，并具有从事专门技术和科研工作的能力和基本的科研论文写作能力。它虽然是在导师指导下完成的，但已经具有了一定程度的创新性，论文强调和注重作者的独立思考作用。通过答辩的硕士论文，应该基本上达到了发表的水平。

（3）博士论文

博士论文可以是 1 篇论文，也可以是相互关联的若干篇论文的总和，是研究生独立撰写的比较完整、系统，具有较高的学术水平的论著。博士论文被视为重要的科技文献，因为博士论文不仅能反映作者坚实广博的基础理论知识、系统深入的专门知识、独立从事科学技术研究工作的能力和较高的论文写作水平，而且其研究项目是该科学技术领域较为前沿的独创性成果，在学术和理论上都具有较大的科学意义，或者在实用上具有较大的社会效益和经济效益。

7.5.2 科研论文的撰写规范与要求

科研论文写作水平，往往直接影响科研工作的进展。如一篇好的科研选题报告或建设项目的可行性论证报告，可以促进一个有价值的科研项目或建设项目尽快开展；反之，一篇表达不规范、内容不准确的论文，也会使科研成果的公认受到阻碍，导致某种新理论、新方法不被人们所接受，某项先进技术难以得到迅速的推广，或者使一个具有发表价值的研究成果，由于文稿写作质量问题，不能被期刊编辑部门所接受。因此，作为科研工作者，应该掌握科研论文写作的一般方法，熟悉国家的有关标准和规定，并在写作实践中不断提高自己的写作能力，从而使自己能够得心应手地写出学术价值或实用价值高、科学性强、文字细节和技术细节表达规范的科研论文，使自己的研究成果在促进学术交流和推动科学技术及经济建设的发展中发挥应有的作用。

科研论文通常包括题目、作者署名与作者单位、摘要、关键词、引言、正文、结论（建议）、致谢、参考文献等部分。

1. 题目

文章的题目，是论文特定的思想内容、研究范围和深度的高度总结，是读者认识全文的窗口。题目选定应注意以下原则。

（1）简短精练

题目字数尽可能少而精，使读者印象鲜明，便于记忆和引用。在保证准确反映论文最主要的特定内容的前提下，题目字数越少越好，汉字一般在 20 个字以内，英文题目不超过 10 个实词。如果涉及内容过多时，可选择使用副标题以缩小主标题的字数。

（2）准确得当

题目应能准确地表达论文的中心内容，恰如其分地反映研究的范围和达到的深度，不能使用笼统的、泛指性很强和华而不实的词语。

（3）便于检索

题目所用词语必须有助于选定关键词和编制题录、索引等二次文献，以便为检索提供特定的实用信息。

（4）结构规范

首先一个题目只能有一个中心，不能同时有两个或两个以上无关联的内容。在一个中心的前提下，可以包括其中所含的两个问题，也可以包括与中心相关的另一个问题。其次，题目不是一个完整的句子，不能有动词出现。无论是中文还是英文，都要把动词转变为动名词。另外，题目中一般不要用标点符号，但有时可用圆括号、书名号、顿号、问号等。

2. 作者署名与作者单位

作者应在自己科研论文中签署自己的名字和工作单位、联系方式。署名具有 4 种意义：表明论文的归属；文责自负的承诺；利于编制二次文献，建立索引和查检；便于读者与作者联系。

个人的研究成果，个人署名；集体的研究成果，集体署名（一般应署作者姓名，不宜只署课题组名称）。集体署名时，按对研究工作贡献的大小排列名次。学位论文署名，研究生在前，指导导师在后。

署名者只限于那些参与选定研究课题和制订研究方案、直接参加全部或主要部分研究工作并做出主要贡献，以及参加论文撰写并能对内容负责，同时对论文具有答辩能力的人员；仅参加部分工作的合作者、按研究计划分工负责具体小项的工作者、某一项测试任务的承担者，以及接受委托进行分析检验和观察的辅助人员等，不列入署名范围，但在“致谢”中予以说明。

在作者署名下面要用“（　）”写明作者的单位、地址和邮政编码。

3. 摘要

摘要是论文的高度浓缩，它要求准确、完整、简练地介绍研究的目的、方法、结果和结论，不加解释和评论。

摘要的作用是便于读者了解论文的基本内容，便于二次文献的摘编和索引。

目前，科研论文经常使用的摘要类型有指示性摘要、报道性摘要、结构式摘要和报道－

指示性摘要。指示性摘要是对论文论题的简要说明，或者概括地表述研究目的，字数一般控制在 50 ~ 100 字。报道性摘要反映了作者的主要研究成果，能够让读者从中了解论文的全部创新内容，和尽可能多的定量定性信息。结构式摘要是报道性摘要的另一种表现形式，按照研究论文的结构，从目的、方法、结构和结论 4 个方面介绍论文内容，这是目前生物医学领域期刊普遍使用的一种摘要格式。报道 - 指示性摘要是介于报道性摘要和指示性摘要之间的一种摘要格式，即采用报道性摘要的形式介绍文献中信息价值较高的部分，以指示性摘要的形式表述其余部分的内容。中文摘要一般不宜超过 300 字，英文摘要不宜超过 250 个实词。在《文摘编写规则》（GB6447—86）中对不同类型综述的文字做了具体规定："报道性摘要和报道 - 指示性摘要一般以 400 字为宜；指示性文摘一般在 200 字左右为宜。"

摘要只能用文字形式表述，不能采用图表、化学结构式、数学表达式等非文字性资料，不列举例证，不分段。

科研论文的摘要一般要求采用中、英文两种形式。有的杂志中文摘要在前，英文摘要附在论文最后，也有的杂志在摘要位置同时刊有中英文两种摘要。英文摘要内容前要增加英文题目、作者和作者单位等信息。

撰写摘要应注意：力求简明易懂、逻辑清楚，不能含糊和重复；从旁观者的角度，客观反映原文信息，不能带有赞同和批评的倾向，采用第三人称书写；撰写英文摘要时，其时态与事情发生的时间相一致，叙述基本规律时用现在时，叙述研究的对象、方法、结果时用过去时；尽可能用规范术语，非公知公认的符号或者术语，第一次出现要写明全称。

4. 关键词

关键词是能够表达论文研究和讨论的主要内容的名词术语，是为了满足文献标引或检索工作的需要从论文中选取的词或词组。

我国学术论文编写规范（GB 7713—87）中，规定学术论文中应标引 3 ~ 8 个关键词，并尽可能使用规范化的词表提供的规范化词，如《汉语主题词表》《医学主题词表》《美国国家航空航天局叙词表》《工程与科学词汇叙词表》等。对那些确能反映论文的主题内容，但未被收入主题词表里的词或词组，只能采用自由词的形式，目的是为了完整准确地反映文章的主要内容。为了便于国际交流，应同时标引英文关键词，置于英文摘要的下方。

5. 引言

引言也称前言、导言、序言等，是论文主题部分的开端。写引言的目的是交代研究的来龙去脉，使读者对论文先有一个总体的了解，起引导读者阅读的作用。

引言的内容主要包括课题的研究现状、背景，研究的思路、目的、范围以及要解决的问题，并简要说明课题研究的意义，他人已经取得的研究成果，观点以及与本课题的关系等。

引言篇幅不宜过长，写引言要注意言简意赅、重点突出、客观直接。人所共知的知识和基本理论，最好不要在引言中出现，更不要介绍基本方法和推导公式，不要与摘要雷同，也不要夸大研究的意义和水平。

引言一般与结论相呼应，在引言中提出的问题，在结论中应该有所解答，但应避免引言与结论的雷同。对于比较简短的论文，引言可只用一小段文字表达，不必用单独一节。

6. 正文

正文是论文的核心部分，是论文的主体。论文的论点、论据和论证都在这里阐述，因此它要占主要篇幅。正文中要对已获得的材料和数据进行概括、抽象、判断、归纳、综合、推理，以求从现象中揭示本质，从变化中发现规律。文字表述要合乎逻辑、顺理成章、简明精练和通顺易读。所以，文章的正文是作者学术水平、逻辑思维与文字表达的综合产物。

由于论文涉及的学科、选题、研究对象和研究方法、工作进程、结果表达方式以及文章类型的不同，学术论文的陈述方式差异很大，因此，对正文要写的内容不能做统一规定；但是，总的思路和结构安排应当符合“提出论点，通过论据（事实和（或）数据）来对论点加以论证”这一共同的要求。

比较完整的科研论文，正文部分一般包括理论分析、材料与方法、结果与分析、小结与讨论 4 个部分。

（1）理论分析

理论分析即基本原理，是论文的立论基础和逻辑起点，包括论证的理论依据、对所做的假设及其合理性的阐述、对分析方法的说明。

（2）材料与方法

材料指研究中使用的实验（试验）材料、仪器、设备等。列出材料的目的是使同行科研工作者，根据作者提供的材料、仪器等能够进行重复实验（试验），便于核对论述结果的可靠性。方法是研究中采用的实验（试验）方法和操作步骤。如果采用的是别人用过的方法，只需写明是什么方法和标明文献来源。若对前人的方法有改进，则应将改进的部分叙述清楚；如果是作者自己设计和创造的新方法，则应详细介绍，使同行科研工作者在具备相同的设备和条件时能够重复实验（试验）。

（3）结果与分析

结果与分析是论文的关键和价值所在。除了给出研究结果外，同时要对结果进行定量或定性的分析，包括以绘图和（或）列表（必要时）等手段整理实验结果；通过数理统计和误差分析说明结果的可靠性、再现性和普遍性；进行实验结果与理论计算结果的比较；说明结果的适用对象和范围；分析不符合预见的现象和数据，检验理论分析的正确性等。

研究结果的表述要层次分明、数据可靠、分析深入、结论明确、表达简明规范。

（4）小结与讨论

对结果进行讨论，目的在于阐述结果的意义，说明与前人所得结果不同的原因，根据研究结果阐述作者自己的新见解，并以自己研究的结果、提出的观点与现有的研究结果比较，找出异同点，最主要的是突出新发现、新发明，说明研究结果的必然性或偶然性。同时，可以对尚未定论之处和相反的结果进行讨论，提出研究的方向和问题、新的设想和思考，以引起同行读者在这一方面进一步去研究和探讨。

7. 结论（建议）

结论又称结束语、结语，是对整个研究结果的总结性文字，它是在理论分析和实验验证的基础上，通过严密的逻辑推理而得出的富有创造性、指导性、经验性的结果描述。结论是对整篇论文的高度概括，要尽量简练、完整和准确。结论主要包含以下内容：论文研究结果说明了什么问题，得出了什么规律，解决了哪些理论和实际问题；论文对前人或他人的相关研究做了哪些检验和创新，与本文研究结果有哪些异同，作者做了哪些修改、补充和发展；论文及研究有哪些不足之处，哪些问题有待解决，对解决这些问题有哪些设想等。

结论里应包括必要的数据，但主要是用文字表达，一般不用插图和表格。建议部分可以单独用一个标题，也可以作为结论的最末一条。如果没有建议，也不要勉强杜撰。

8. 致谢

现代科学技术研究往往需要他人的合作与帮助，因此，当研究成果以论文形式发表时，作者应当对他人的劳动给予充分肯定，并对他们表示感谢。凡对本研究直接提供过资金、设备、人力，以及文献资料等支持和帮助的团体和个人均应列入致谢对象。

致谢可以在论文最后单列一节，也可不列标题，空一行置于结论段之后。

9. 参考文献

参考文献即文后参考文献，是在论文撰写过程中参考和引用的信息资料。在科研论文中，凡是引用前人（包括作者自己过去）已发表的文献中的观点、数据和材料等，都要对它们在文中出现的地方予以标明，并在文末以列出参考文献的方式列出，称为参考文献著录。

（1）著录参考文献的作用

- 反映作者的科学态度，也反映论文具有真实、广泛的科学依据，及论文的起点和深度。
- 作者在文中阐述自己观点的同时，也使他人的成果得以展示，这不仅表明了论文作者对他人劳动的尊重，也免除了抄袭、剽窃他人成果的嫌疑。
- 索引作用。读者通过参考文献进行追溯检索，查找相关文献，了解论文之间的科学联系，扩大信息获取范围。
- 节省篇幅。论文中需要表述的内容，凡已有文献记载的只需注明文献出处，从而避免了一般性表述和资料堆积现象，使语言精练，并节省了篇幅。
- 著录参考文献有助于科技情报人员开展情报研究和文献计量学分析。

（2）参考文献的著录方式

参考文献的著录方式，国际上流行的有许多种，我国国家标准《信息与文献　参考文献著录规则》（BG/T7714—2015）中规定采用“顺序编码制”和“著者－出版年制”这两种。其中，顺序编码制为我国科学技术期刊所普遍采用。参考的文献若为期刊中的析出文献，其规范格式为：序号，作者姓名，论文题目，杂志名称，出版时间，卷（期）次，页码。若为论著，其规范格式为：序号，作者姓名，论著名称，出版地址，出版社，版次，出版年，页码。

10. 文献分类号和文献类型标识码

为了从论文的学科属性的角度进一步揭示论文内容，便于建立和编制索引，以供查检，期刊编辑部和学位论文审定单位都要求对论文按照《中国图书馆分类法》进行分类。分类后的分类号和类目名称列入关键词的下方。在列出文献分类号的同时，中国知网“中国期刊全文数据库”还要求该数据库所收录期刊，对其刊登的论文做文献类型标识码的标注，与分类号一并列出。文献标识码的具体含义如下：

A——理论与应用研究的学术论文（包含综述报告）；

B——实用性技术成果报道（科技）、理论学习与社会实践总结（社科）；

C——业务指导与技术管理性文章（包括领导讲话与特约评论等）；

D——一般动态性信息（通信、报道、会议活动、专访等）；

E——文件、资料（包括历史资料、统计资料、机构、人物、书刊、知识介绍等）。

7.5.3 科研论文撰写的一般程序

科研论文的写作通常分为选题、搜集和整理资料、拟定提纲、撰写初稿及修改定稿 5

个步骤。

科研论文撰写的一般程序

1. 选题

选题是科研论文写作的第一步，包括限制性选题和自由式选题。限制性选题是在自己研究课题范围内的选题，如学位论文撰写及某项研究成果的论文的撰写等，所选题目受研究内容的限制。这种情况下，所研究课题的题目即可作为论文的题目。对于一些较大的研究项目，由于研究内容分支较多，其研究成果可以撰写成多篇论文，这就需要重新选题。对于题目不够突出和新颖的研究课题，撰写论文时也需要重新构思题目。自由式选题不受内容的限制，可根据自己的兴趣、工作中的经验、阅读中产生的新思想等，自由选择论文题目。

无论是何种类型的选题，论文选题必须遵守以下原则。

（1）新颖性

撰写论文时，要把自己的新观点、新见解和新发现尽可能地在题目中点出，起到醒目的作用，以吸引更多的读者。

（2）需要性

需要性指选题要符合科学技术进步与社会发展的需要，这也是论文写作的现实意义。具体地说，就是论文选题要为科学技术发展、国民经济建设、人民生活提高等方面服务，为科学技术转化为生产力服务。

（3）可行性

可行性指实事求是，从实际出发，从自己的基础、兴趣考虑，选择自己力所能及的题目。

2. 搜集和整理资料

文献资料是形成学术论点和提炼主题的基础。只有掌握足够的资料，才能了解自己研究学科的发展阶段、发展动向、研究范围和深度、存在的问题及目前的主攻方向等，这对撰写论文是十分必要的。文献资料主要包含 4 个方面：理论准备和知识准备的资料、别人已有的相关论述的资料、对立的有关的资料、背景和条件的相关资料。准确而全面的资料不仅可以帮助作者了解某一学科领域的发展动态，同时又为自己的论文提供了有力的论据。

整理资料指在材料搜集的基础上，对搜集到的资料进行比较、鉴别和整理，以认清性质，判明其真伪、估价其意义，去除那些关系较远的、重复雷同的、观点不明的、来源不清的、转手过多的材料，保留那些权威性较高、来源可靠、研究较为深入、代表性强的资料，再把提炼过的资料，按顺序排在各相关标题及分标题下，这样便于撰写论文时利用。

3. 拟订提纲

拟订提纲即用简洁明了的语言，安排论文的章节结构，把文章的逻辑关系展现出来。提纲是论文整体布局和层次安排的设计图，是构造论文的基本框架。

提纲通常有 3 种形式，分别是标题式提纲、简介式提纲和混合式提纲。

4. 撰写初稿

撰写初稿指按照写作提纲，围绕题目提出的论题中心写出论文初稿的过程。论文初稿是进行再创造的复杂思维过程，表达方式的选择与使用、段落的组织与衔接以及语言形式的运用，都是这个阶段要妥善处理的问题。初稿是论文的基础，有了这个基础，再进行修改、完善、提高就比较容易了。

初稿起笔有两种方式：一种是从引言起笔，即按照提纲的自然顺序，先提出问题，明确基本论点，再逐步展开，论证、归纳总结，得出结论；另一种是从正文起笔，即先写正文，后写结论，再写引言。

在撰写初稿时，尽可能放开思想，既要照顾到提纲的要求，又不要受原提纲的限制，将自己的分析能力、判断能力、逻辑思维能力全部发挥出来，凡思考到的观点、见解、推理、判断等都写出来，最好是一气呵成。撰写稿子时，思维高度集中，大脑的兴奋和活跃程度比较高，往往会产生新论点、新思路，有时还会推出比原论题更深、更高的新认识和新观点。

5. 修改定稿

初稿完成后，需要再三推敲，反复修改。修改的主要任务是斟酌论点、检查论证、调整结构、推敲文字。初稿修改通常分两个阶段，前一阶段着重对论文的内容、结构和篇幅进行修改，使文章观点明确，主题突出，层次分明，字数恰当。后一阶段主要对文字进行修改，以保证论文在内容上逻辑清楚、论点明确、顺理成章，在文字上语言流畅，用词准确，合乎语法。同时，还要保证论文结构、用词、图表规范合理。

7.6 小结

本章分别讲解了信息收集与获取、文献整理软件的使用、信息调研与分析、科研的选题、科研论文的写作等。大家要合法地利用信息，不要侵犯他人知识产权。

7.7 习题

1. 如何进行科研信息的收集？

2. 简述科研信息的阅读方法。

3. 简述信息调研的内容。

4. 在Web of Science的SSCI数据库中检索“高校数字图书馆研究”方面的文献（检索词限定为题目字段），导入EndNote Web文献整理软件，并练习把其中的几篇文章插入一篇文本格式的论文。

5. 简述科研论文的基本结构及每部分的写作特点。